光华公管论丛

制造景观

基于黔东南乡村旅游实践的叙事

MANUFACTURING LANDSCAPE

BASED ON THE NARRATION OF THE RURAL TOURISM PRACTICE IN THE SOUTHERN STATE OF GUIZHOU PROVINCE

谢小芹 著

本书出版得到西南财经大学中央高校基本科研业务费专项资金2017年专著出版资助项目（JBK170803）及四川省社会治理创新研究团队（JBK170508）项目资助

目 录

第一章
导　论

“我讨厌旅行”，半个世纪以前结构主义大师克洛德·列维－斯特劳斯（Claude Levi-Strauss）如是说。但正是讨厌旅行的列维－斯特劳斯因其讨厌的旅行而缔造了经典名篇《忧郁的热带》，成就了人类学史上的一段佳话。姑且不论旅行与旅游的区别，他所讨厌的并不是旅游本身，而是旅游带来的身体和精神上的负担和包袱。大多数作为游客的外来人到达一个旅游目的地后，不是疾呼“上当受骗”、“再也不想来了”之类的抱怨话语，而是想要真正体验在异域环境中自由自在而又具有尊严的生活，过一种短暂的“诗意地栖居”生活。

“碧山计划”是2011年6月由欧宁策划的知识分子在安徽乡村地区共同生活的实验，意在探讨徽州乡村改造和乡村重建的可能出路，并探索一条集多种功能于一体的新型乡村建设模式。因其携带有中国精英知识分子的理想情结和乌托邦在乡村社会的一厢情愿，故而备受争议。关于“碧山村要不要安装路灯”的争论：村民们非常希望有路灯，否则泥泞的夜路没法出行；而外来诗人和游客却认为，有了路灯就看不到星星了，破坏了乡村的诗意。“碧山计划”是一种典型的强制性、单向度的旅游设计叙事系统，殊不知，知识分子的乌托邦是否能够代表旅游者的真实需求，尤其是中国近年来兴起的新旅游者或者乡村旅游者。而这类群体往往被误导性地贴上机械的怀旧复古、回归自然和欣赏落后的标签，“越是落后的，就越对他们有吸引力”这是对其的误导和歪曲。乡村旅游者被深刻地打上了后现代社会的印痕，但其绝对不是一种呆板地遵从传统的机械主义者，其乐意追求的也非碎片化的生活方式。他们真正追求的是一种流动的传统，而非静止的文化和板结的传统，是对传统历史文化精髓的欣赏和尊重；他们追求的并不是一种落后的生活方式和文化，而是一种自由的、无拘无束的以及人与自然、人与人、人与自身高度和谐的回归自然和田园的生活方式；他们并非各玩各的，而是期待和寻找主客互动，是对地方的高度认同和对当地特色的保护；他们强调一种多元异质的主观体验、感悟和认知，认为旅游的过程也是一个自我理解、自我发现和自我认知的过程。“碧山计划”则有意扭曲了真正乡村旅游者的真实需求，只是一种自说自演的精英筹划而已。

近期发生的“峨眉山景区村民阻路维权事件”起因于企业和政府等外来力量控制景区发展，村民在旅游开发和发展中始终处于利润分配的最低端。这是一种地方性知识的城市化和开发方式的经济独裁化，作为文化持有者的村民则被排斥在边缘，成为观望者和迷茫者。而生活于当地环境中的人才是地方性知识和传统文化的真正主人，村社规则、仪式活动、风俗习惯等都是当地人在发展过程中不断创造出来的，凸显出逝去的祖先、现在的我和未来的子孙的绵延感。乡村旅游的核心是当地的文化或族群生活的方式，而人是文化的载体，人的缺场将会导致文化彻底丧失意义，而文化又在不断地形塑生活在其中的人。产销合一和人景合一，这也是乡村旅游者所真正追求的一种境界。如何在全球化潮流中维持一种“去中心化”的他者形象，是旅游目的地能否具备长期吸引力的关键。

旅游涉及游客、当地人和设计者，这就给乡村旅游提出了更高的要求，即如何协调三者之间的关系：对游客而言，要减轻其在旅游过程中的负担和压力；对于当地人而言，要合理分配利润和保护当地传统文化；而对于设计者而言，要设计一条既符合产销者需求又能符合自身利益的旅游发展之路。那么，什么样的乡村旅游才是真正的乡村旅游，乡村旅游的价值和意义何在，这是乡村旅游研究的元问题。只有明确了这些问题，才能进一步推进对乡村旅游的研究。本书从“乡村旅游是什么”的本质命题出发，提出“制造景观”概念，围绕“景观是如何被制造出来的”这一核心命题，指出当前乡村旅游开发是在“他者文化是可以消费的”这一观念下制造出的一簇簇旅游景观，旨在探讨少数民族地区的村寨及文化在乡村旅游开发过程中为何以及如何演变为一种制造出来的旅游景观，即景观制造的原因、过程、机制及后果。本书重点在于探讨一个特定少数民族地区旅游开发中权力、资本和地方的关系，商品、景观与文化的关联及乡村旅游的本质。本书基于西方马克思主义的立场来反思乡村旅游开发中出现的诸多问题，核心主题仍然指向文化商品化论题，但克服了该理论在研究方法上的二元性和研究内容上的“弱介质化”和“行动者缺场”的局限。因此，旅游介质和行动者这两大视角使具有行动者意义的文化商品化研究成为可能。此外，笔者提出了“主体间性的诗意化栖居”是乡村旅游的本质的观点。

第一节 问题的提出

一 历史、文献与经验中的思索质疑

（一）历史之思：旅游的演变史

正如学者所言，“我们不能孤立地看待旅游现象，应该把它置于社会发展的‘语境’中去考察，只有这样，才有助于我们理解旅游这一独特的社会活动的本质”[①]。也就是说，旅游发展的历史必须与社会发展阶段勾连起来。旅游的演变史大致可分为三个阶段：从农耕社会特定阶层的旅游到工业社会的大众旅游，最后到正在经历或即将到来的后工业社会的乡村旅游。旅游在人类发展史上古已有之，亚洲古代的朝圣旅游、古希腊奥林匹克体育活动等也伴随着大量的旅游行为。本书将旅游发展开端定位在农业社会。在农耕文明下，旅游作为少数人的特权，不论是宗教朝圣、政治军事使命，还是个人的冒险精神，旅游涉及的都是特定阶层的、较为奢侈的活动。一般而言，只有少数有钱和有闲暇的人才能开展旅游，而这些人往往是贵族出身，平民百姓则与旅游无缘。因此，早期的旅游带有明显的贵族化气息。

自20世纪50年代以来，随着现代交通条件和设施的改善等，包括亚洲地区在内的几乎所有国家的旅游活动和旅游产业都开始迅速发展起来。20世纪

① 彭兆荣：《旅游人类学》，民族出版社，2004，第3页。

80年代以来，旅游便成为世界范围内的一种时尚，以其独有的方式成为世界上最大的一种工业。它已经达到了这样一种情形：只要你可以阅读到的、可以看到的旅游，就可以去实现它。[①] 在这个阶段，普通大众也可参与到旅游中来，旅游摆脱了贵族意味而正式迈入大众旅游的时代，即所谓的现代旅游（又叫大众旅游、规模旅游或群众旅游）。在工业文明下的现代旅游兼具大规模旅游活动及旅游产业的两大特征。“你旅游了吗?”几乎成了当代人交流时不可或缺的问候方式。一方面，现代旅游是由现代性阴暗面推动而开展的逃避、怀旧、寻找异域感的行为等；另一方面，旅游实践离不开现代社会提供的交通设施和休假制度等。因此，旅游是现代社会“好恶交织”[②] 的产物。在西方，乡村旅游是在工业化和现代化完成之后的一种对其理性反思的结果，工业化、城市化、理性化的过程也伴随着祛魅、世俗化、精神世界的枯竭、价值意义的丧失、人的主体性的消解等。尽管西方国家在20世纪50年代就进入了大众旅游时代，而中国在改革开放后才进入大规模的群众旅游时代，但它们拥有一个共同的特征，即现代旅游的一个基本发展背景是现代工业社会。旅游作为世界领域内的一种产业，即“旅游工业”，旅游工业时代的来临，是工业社会的产物，旅游业高速发展伴随的是地方文化环境破坏，社会问题丛生，人与自然、人与人和人与自身之间的矛盾不断凸显。大众旅游发展的弊端不断暴露，而作为旅游新形势的后现代旅游或乡村旅游开始出现。

乡村旅游的雏形可以追溯到19世纪中期的法国。1855年，一位名叫欧贝尔的法国参议员带领一群贵族来到巴黎郊外农村度假。他们品尝野味，乘坐独木舟，学习制作肥鹅肝酱馅饼，伐木种树，清理灌木丛，挖池塘淤泥，欣赏游鸟，学习养蜂，与当地农民同吃同住。这些活动使他们重新认识了大自然的价值，加强了城乡人们之间的交往，增强了城乡人们的友谊。[③] 20世纪60年代，西班牙开始发展现代意义上的乡村旅游。随后，美国、日本、

① 彭兆荣：《旅游人类学》，民族出版社，2004，第2页。

② 王宁：《旅游、现代性与“好恶交织”——旅游社会学的理论探索》，《社会学研究》1999年第6期。

③ 石强、钟林生、向宝慧：《我国乡村旅游发展研究》，载郭焕成、郑健雄《海峡两岸观光休闲农业与乡村旅游发展》，中国矿业大学出版社，2004。

波兰等国先后推出乡村旅游产品，乡村旅游逐渐盛行开来。20 世纪 80 年代后，在欧美一些发达国家，乡村旅游已具有相当的规模，并且已走上规范发展的轨道，显示出极强的生命力和越来越大的发展潜力。[①] 而中国乡村旅游起步较晚，且与城市信仰的发展和新农村建设密不可分。随着中国城市化的进程不断加快，快节奏和紧张的生活使城市人各种压力增加。这是一种现代风险和危机，这些危机促使城市人产生了逃避倾向和怀旧情结。在乡村社会中，城市人可以体验一种缓慢和悠闲的生活方式，这是乡村旅游所能赋予人的价值。近年来，乡村旅游成为地方政府促进乡村发展、实现新农村建设等的法宝，尤其是在老、少、边、穷地区，“旅游脱贫致富”、“旅游实现小康”等发展话语不断浮现。各地农村社区开始开展旅游实践活动，尤其是在政府的倡导下，乡村旅游发展更加活跃起来。新农村建设如火如荼，乡村旅游正好可以派上用场。“文化搭台，经济唱戏”成为政府一大口号，尤其是自 2006 年中国“乡村旅游年”举办以来，乡村旅游几乎成为众多省区市发展的支柱产业。因此，中国乡村旅游的发展具有浓厚的经济产业特性。“乡村旅游虽然历史悠久，但只是到了今天这个有点后现代味道的时代才显示出特别的意义和更加旺盛的生命力，今日旅游正日趋走向‘乡村化’（ruralization of tourism）。”[②] 然而，乡村旅游因其取得的成绩及凸显的问题而争议不断。一部分人认为乡村旅游的实施增加了当地人的经济收入、提供了就业、带来了基础设施的改善及村庄面貌的焕然一新。这些人不乏政府官员和学者，他们更多地看到了乡村旅游带来的经济福利及人民生活水平的提高。而另外一部分人则注意到了旅游带来的意外后果，如乡村旅游开发中村民参与性不强，政府的行政色彩过浓，乡村旅游公司的经营性较强，大部分收益溢出村外，当地文化、生态等遭到巨大的破坏，人们生活水平提高不大，村民与政府和公司的矛盾及冲突不断，村庄原汁原味的文化丢失，村社集体瓦解。近年来，乡村旅游发展备受诟病，因此，本书主要从“乡村旅游是什么”入手，将乡村旅游发展的困境置于社会发展阶段中进行

---

① 马彦琳：《环境旅游与文化旅游紧密结合——贵州省乡村旅游发展的前景和方向》，《旅游学刊》2005 年第 1 期。

② 左晓斯：《可持续乡村旅游研究——基于社会建构论的视角》，社会科学文献出版社，2010，第 1 页。

解读，这样的话，其矛盾和冲突才能得以明晰地展示。工业化生产方式就是对文脉和地脉的逆向倒转，文化的特殊性上升为普遍性，这导致文化内核的丧失和文化内涵的消解。因此，将工业社会的普适性规则运用在乡村旅游特殊性的领域之中，我们可以将其看成是两套不相容的系统出现碰撞，并最终引发系列问题。

（二）文献“二思”：文化商品化理论的局限及乡村旅游的本质

根据文献阅读，笔者一直在思考两个问题：一是文化商品化的研究存在研究方法上的二元性和研究内容上的“弱介质化”与“行动者缺场”的问题，因此，笔者尝试从二重性的方法论出发，以行动者和强介质为理论视角开展对文化商品化的研究；二是乡村旅游的本质问题有待从本质层面进行深入研究，于是，笔者提出了“主体间性的诗意化栖居”是乡村旅游本质的观点。

1. 关于文化商品化论题的研究

在乡村旅游的研究论域中，最有影响力同时也备受争议的就是文化商品化理论。尽管研究者及研究贡献众多，但这仍然是一个十分值得深入挖掘的问题。格林伍德（Greenwood）可谓文化商品化研究的开创者和集大成者，他以西班牙的一个旅游村为田野点，从人类学的视角探讨了其传统文化仪式活动——阿拉德仪式——在旅游开发中遭受的异化，最后他提出了“文化能被商品化吗?”这一开创性的议题。之后，围绕他的研究，研究者们形成了观点迥异的两派。围绕文化商品化是利大于弊还是弊大于利的问题，两派争论不休。然而，笔者认为目前关于文化商品化研究存在两方面的局限性：第一，方法论上的二元论；第二，内容上的“弱介质化”和“行动者缺场”。就其研究方法论而言，文化商品化理论将当地文化和非当地文化、农村特殊主义的文化演进之路和城市普适性的文化演进之路等区分开来，凸显出乡村旅游中由“地方性”塑造出来的文化的重要意义，这是乡村旅游存在的基本前提。然而，目前的研究将二元对立的思考框架推崇到极致，认为乡村与城市、农耕与工业、村落与外部、传统和现代等是绝对二元对立的，由此，他们陷入一种二元对立研究范式的困境。这又具体表现在两方面：一方面是坚持机械的结构论论调，他们认为当地文化是在当地语境中生发出来的，理应保持原形和原汁原味，甚至陈规陋习也应该成为保护对象；另一方面是遵从一种极端保守和机械的唯物主义路子，他们认为当地文化在形式和内容方面都不能改变，他们甚至倡导一种静止的文化观。然而，他们在批判旅游带来的博物馆化时也让自己的研究博物馆化了。

就其研究内容而言，文化商品化理论的强项是将人类学引入旅游研究中，这指的是人类学从东道主和游客的角度来展开对人的研究，这是一种较为传统的研究路径，到目前为止，相关方面的研究取得了不错的成绩。然而，传统的研究路径也面临一些挑战。第一，文化商品化的传统研究在很大程度上遮蔽了对连接两者纽带的探讨，即对诸如资本、权力、导游和符号等旅游介质的研究。中国学者杨丽娟将这一提法明确化并指出介质研究的重要性，“起着中介桥梁和纽带作用的介体在旅游实践中，往往决定着旅游体验的质量高低，并因其良莠不齐的专业意识和技能触发了大量的旅游问题。因此，介体在中国旅游中有着非常重要的研究价值和意义。但现有的介体研究非常薄弱：一是数量少；二是质量不高，多发表在一般期刊；三是零散研究多，缺乏指导主线和系统性；四是客体化消解：即把介体作为客体景观建构产生吸引功效中的一部分，回归了传统的两端式（即东道主与游客）研究，而消隐了介体的‘纽带’本质以及由此引发的特性问题，缺乏把介体作为一个整体单元进行独立研究，研究中出现了明显的‘弱介体’化趋势”①。她从介体的角度出发研究文化商品化，提出了一个崭新的研究视角。然而她并未对其展开深入探讨，同时她忽视了对介体背后的行动者和宏大法则的关注。在工业文明的社会形态下，无论是规划公司、旅游行业协会和旅游局等隐性介体，还是诸如导游、旅行社及旅游饭店等显性介体，皆受制于中国特殊的政府主导的政治法则和全球普遍的资本主导的经济法则，作为旅游介质的权力和资本才是真正的“操盘人”。第二，文化商品化因其携带有站在东道主的角度呈现目的地的挤压和商品化的意蕴，这就遮蔽了行动者在这一过程中的行动意义和价值。在乡村旅游中，有着当地人的反抗和赞同，也有游客的抵抗和附和，即便这种行动有时十分乏力。在地方小场域和空间中，行动者的行动意义和价值在于对宏大的结构、网络、背景和过程等

① 杨丽娟：《西学东渐之后：旅游人类学在中国》，《思想战线》2014 年第 1 期。

起到一种限制作用。对文化商品化研究局限性的根源在于对乡村旅游本质的模糊认知，而后者是乡村旅游研究的前提和基础。

2. 关于乡村旅游本质的研究

众多学者通过对乡村旅游概念的研究后达成共识，他们认为文化性和乡土性是乡村旅游的本质，而笔者认为这只是其表象而非本质。张廷国认为，“现象学研究的是现象的本质，是那种使某‘事物’成为某事物的东西——没有它就不成为该事物。现象的本质就是事物的‘共相’，它可以通过对支配着现象本质的外在表现和具体结构的研究来加以描述。换句话说，现象学试图系统性地揭示和描述生活经验中的内在意义结构”①。海德格尔是从本质出发思考问题的众多学者之一，他提出人存在的本质就是“诗意地栖居”②。笔者认为现象学对于乡村旅游本质的研究有重要的启发意义。乡村旅游正是一种存在形式。从存在的本体论高度来解读乡村旅游是什么，这是一种新的思路。乡村旅游暗含着当地人与游客这两大主体的交汇。“主体间性”是西方哲学的一个概念，是关于主体与主体之间的一种关系，王洪光等认为“主体间性理论从根本上是关注主体与主体之间的关系，实现由仅关注主客体关系中的主体性内涵，向关注存在的更本质方面——主体与主体之间关系的转变”③。本书提出乡村旅游的本质是“主体间性的诗意化栖居”，这个论断具有两方面的含义。一是谁具有诗意栖居的权利？即诗意栖居的主体是谁。这里不仅包括世世代代居住于此的当地人，因为文化是他们祖祖辈辈保留和衍生出来的，是他们长期栖居的结果。此外，游客也理应享有诗意的栖居权，过一种短暂的、没有包袱和负担的诗意生活是他们进入异质环境中的真实需求。二是诗意栖居的关键性主体是谁？如果说

---

① 张廷国：《现象学不是什么是什么》，《江海学刊》2009年第5期。

② “人诗意地栖居”是德国诗人荷尔德林的诗句。荷尔德林在诗中有一句“充满劳绩，但人诗意地栖居在此大地上”，他认为人越有诗意就越趋向于栖居于大地之上，而不是翱翔在天空。因此，他提出人存在的本质是“人诗意地栖居在大地上”。而后经过海德格尔的不断创新和发展，他将其提高到人的本质的存在性高度来进行研究，这也是其全部理论和学说的依归。详见海德格尔《诗·语言·思》，彭富春译，戴晖校，文化艺术出版社，1991，第185~201页。

③ 王洪光等：《主体间性：女性人文贫困问题的理性反思》，《大庆师范学院学报》2014年第4期。

第一层含义区分出了旅游主体的问题，那么第二层含义则对主体进行关键主体和一般主体的层级划分。关键主体是比一般性主体更加重要的主体，在乡村旅游语境中，关键主体是当地人，是他者的文化，是在当地自然环境、社会环境和文化环境交汇中的地方性知识库。何景明指出，“在发展策略上要变给予游客们想要的（giving the customers what they want）为生产我们能出售的（producing what we can sell）”①。他的言外之意并非是真正生产和出售文化，而是要始终保持他者的关键主体位置。他者及其文化是乡村旅游之“根”，缺少了它，文化对于游客而言也仅仅是供人观赏的吸引物而非在异域社会体验的一种独特的生活方式，乡村旅游也就不再是乡村旅游了。

（三）当下之间：日常生活和田野调查中的旅游

乡村旅游是什么，这既是一个理论问题，也是一个实践性很强的问题。本书的问题意识直接起源于旅游时代中人对旅游的感悟和认知，这里的人既包括畅游在旅游中的普通人，也包括在旅游时代做旅游研究的学生、老师和专家学者等。前者主要涉及旅游生活中的日常实践，后者主要涉及旅游研究中的经验实践。从日常生活之间的旅游到经验调查中的旅游，从生活中的初步感觉和体验到研究中的深刻理解和理性认知将最能说明本书研究的问题意识，即在文献之外，以经验为导向的路子能更好地提出一个问题。

1. 关于日常生活中的旅游感知

时常看到周围的朋友到不同的乡村地区去旅游，其中不乏乐观者和悲观者两类人。乐观者旅游回来后的幸福度极高，他们在旅游活动中感受到了旅游带给自己的价值和意义，“那个地方很好玩，就像是一个县城一样”，“吃了一路，看了一路，好尽兴”等，即他们将旅游地看成是所谓的好吃好喝的地方。而悲观者在去旅游目的地之前，那种兴奋和期待之情跃然脸上，而旅游回来之后除了一脸的疲惫不堪，剩下的更多的是言语上的抱怨，“我们上当受骗了”，“我以后再也不会去那个地方了”，“感觉没有什么好看的”，“真不值得去看，还不如在家看看电视”，“跟城市没什么两样，到处都是灯红酒

① 何景明：《国外乡村旅游研究述评》，《旅游学刊》2003年第1期。

绿的”，诸如之类的话语不绝于耳。虽然不能描述出他们在旅游过程中的遭遇和事件，但从这些只言片语中，笔者接收到的信号是他们在旅游过程中的不愉快情感，本该是轻松愉快的旅游经历却演变为对旅游的抱怨甚至厌恶。他们在旅游的过程中或许遭到了强买强卖、被导游欺骗、被旅游地小贩的高价索买、宰客，甚至在旅游地发生了一些矛盾和冲突，这些旅游遭遇汇总起来使得他们将乡村旅游作为埋怨和批评的靶子。不论是乐观者还是悲观者，他们所“乐”和所“悲”皆指向制造出来的一套景观。因为前者并非在经历真正的乡村旅游，他们迷失在一套围绕工业化、理性化和城市化的文化观念而制造出来的景观所产生的一种“催眠行为和刺激力量”[①]中，他们为催眠术的幻象与让人昏乱的娱乐形式所麻痹[②]，他们是一群典型的“景观的幻象囚徒”[③]，他们是景观制造中的“同意者”。而后者怀着真正体验、寻找异域、追求自由等乡村旅游理念去旅游，但并未体会到，所以他们在旅游场域中和回到生活场景中不断地抱怨和反抗，这是制造景观的“对立者”。

作为旅游者，笔者也去过不少地方。贵阳市花溪区的布依族村寨，即镇山村，这个村自然风景非常优美，环境宜人，生活在其中的布依族村民，除了少数经营农家乐的老板较年轻外，大多是年迈的老人，零零散散地漫步在村寨中。大多数妇女也跟随丈夫外出务工，这是一个典型的留守儿童和留守老人的村落。笔者比较满意那里的自然风景，但媒体上宣传的“布依族风情”丝毫未见到。“布依族的文化去哪儿了？”笔者顿感失落。“布依族人都外出了，布依文化还能持续吗？还能持续多久？”布依族作为一个勤劳善良的山地部落民族，在贵州的高原上创造出与当地环境相适应的生活方式和文化类型，这是旅游者真正想体验的。然而，现在却面临文化上的危机，这也促使笔者不断思考，究竟是旅游本身在加剧村庄的萧条趋势和布依文化的衰败，还是地方政府和旅游公司在背后慢慢地曲解乡村旅游的本质并使其边缘化。

---

① 〔美〕道格拉斯·凯尔纳编《波德里亚：批判性的读本》，陈淮振、陈明达、王峰译，江苏人民出版社，2005，第 81 页。

② 杨亭：《德波的景观社会批判》，《西南师范大学学报》（人文社会科学版）2005 年第 2 期。

③ 〔法〕居伊·德波：《景观社会》，王昭风译，南京大学出版社，2006。

2. 经验调查中对乡村旅游的理性认知

有两次来自田野的调查促使笔者更深刻地从乡村旅游系统与工业系统的悖论中去思考“乡村旅游是什么”这样一个本质性问题。第一次是在2012年，笔者通过云南大学举办的暑期研修班，对位于元阳县红河州的菁口村进行了为期半个月的调查，通过对这一村庄的旅游发展过程进行深入调查，笔者对旅游的理性认知增加了不少。菁口村作为一个哈尼族村寨，云南大学将此作为一个学术训练的田野点，是元阳县政府全力打造的一个民俗文化村，起初政府扮演单一角色，自2008年12月28日世博公司正式挂牌以来，“政府 + 市场”的模式就得以建立，于是政府和公司之间的“合谋行为”就产生了。据一位多年来从事菁口民俗研究的老人介绍，政府与世博公司签订了50年的协议，由政府出资33.7%，公司出资66.3%，对菁口进行大规模的投资。到目前为止，世博公司已在旅游上投资了8700多万元①。村庄整齐的密密麻麻的道路、新修的蘑菇房和其他现代建筑静静地矗立在那里。菁口的旅游开发宣称的是自然与人文景观，但事实上并非如此。笔者所到的7月理应是旅游旺季，但是村庄中游客并不多，尽管有《太阳照常升起》的商业娱乐符号引诱，以及由梯田、蘑菇房、云海等提取的自然资源符号构造出的优美和谐图景赋予游客以极大的旅游想象，但游客对此评价仍然较低，“很多东西都不是原汁原味的了”、“跟宣传上介绍得很不一样”、“没什么看的”、“建筑也现代化了”等。如果单纯作为一个旅游者的话，那么笔者会跟普通游客的心态一致。笔者在这里并没有体验到旅游的极大乐趣和悠闲意味，相反是看了之后有还不如不看的感觉。不仅游客不满意，就连当地人对旅游开发也极不满意。政府和公司全力打造并共享红利，而作为当地文化持有者的村民却被排斥在外。由于公司和政府垄断旅游经营，村民不能从旅游中获得多少福利，相反，大多数年轻人在外务工，而老人在家务农，形成了典型的“半耕半工”的家庭经济结构，“三留守”驻足村庄，成为文化的最后坚守者。旅游于村民而言，是油水互不相干，是两张皮。村民说：“旅游是不关我们的事，随政府怎么搞，我们做我们自己的

---

① 据老人介绍，这个数字算是比较保守的估计。根据现有的规划蓝图，世博公司的投入将会更大。

事，要不干活，要不务工。”

第二次调查地点位于贵州省凯里市的夏银村，即本书的田野点。这个村与箐口村形成了鲜明的对比，这是一个非常热闹的村寨，用前旅游开发公司董事长、现任县政府办公室主任杨圣兴的话来讲，“这是一个在5年内被快速引爆的村”。“20亿农民站在工业文明的入口处：这就是20世纪下半叶，当今世界向社会科学提出的主要问题。”[①] 通过旅游，夏银村从一个农业文明社会迅速地汇入工业社会文明潮流中。从2008年贵州省第三次旅游产业发展大会（以下简称旅发大会）在夏银村召开以来，政府开始高强度地介入旅游，政府试图将夏银村作为黔东南甚至是贵州的一张名片，将其打造成贵州的一个亮点。刚开始由管委会牵头，管理局和乡镇共管，而后成立国有旅游开发公司，大部分经营性的业务交由公司处理，而管理事项则由管理局管理，管委会作为他们的上级单位，全面负责旅游事务。政府和公司投入上亿元，从中赚取的利润也不少，根据杨主任介绍，“5年内，投资多，回报也多，投资主要偏向基础设施，游客年年递增，收入也一路飙升”。政府和公司赚足了钱，而对村民宣称，“我们投入多，欠款还没还完”。于村民而言，旅游业盛状也伴随着村民跟当地政府与公司矛盾的激发，三次大的群体性事件暗暗诉说着旅游活动“隐藏的秘密”，同时，村民与村民之间的矛盾也不断上演，尤其是在宅基地等涉及土地边界的问题上。似乎，原本作为一个情感共同体的村庄快速地滑向一个工具理性的原子化的村庄。一方面是政府的热情和大规模的投资与开发，另一方面是村民的冷漠和不断反抗。

日常生活感性认识以及田野经验调查中的理性认识，构成了本书直接的问题意识来源，这不断地促使笔者思考“乡村旅游是什么”这一旅游研究的元问题及其诸如乡村旅游的界定，乡村旅游中出现矛盾和冲突，乡村旅游中政府、公司、村委会等如何互动，当地人与游客如何互动，村民的参与度，地方文化的保持，现代化和全球化与乡村旅游的关联度如何，资本如何运转，文化如何发展，发展为了谁，如何发展等一系列问题。

---

① 〔法〕孟德拉斯：《农民的终结》，李培林译，中国社会科学出版社，2010，导论第3页。

二　问题的提出："他者"的文化限定是如何影响乡村旅游的

什么样的乡村旅游才是真正的乡村旅游，乡村旅游的价值和意义何在，这是乡村旅游研究的元问题，只有明确了乡村旅游的真正价值，才能对当前开展的乡村旅游进行深刻的认知。

在西方，乡村旅游是在工业化和现代化完成之后的一种对其理性反思的结果，工业化、城市化、理性化的过程也伴随着祛魅、世俗化、精神世界的枯竭、价值意义的丧失、人的主体性的消解等。"这已引发了一场特殊的、现代性的价值危机，或者说是社会联系纽带之有效性危机。充分缓解这种危机，需要创造（或突出）某种新的意义复合体（meaning complexes）或道德。宗教的衰落和社会内部制度性基础的蚀变，总会给个体和社会都带来不良影响，留下一片社会价值的真空。"[①] 乡村旅游恰好成为弥补这一价值真空领域的一剂良药，因此，乡村旅游的兴起与对这种现代危机的出现有密切关联。后工业社会所具有的差异、个性、碎片、审美等特性刚好与乡村旅游寻求的多样化的需求具有一致性，进入后工业社会的西方社会这一系统与乡村旅游这一系统具有高度的契合性和兼容性。

而在中国社会，农耕、工业和后工业社会是叠合在一起的，中国的乡村旅游是在工业社会中后期兴起的。极端的发展主义意识形态推动了迅猛的城市化浪潮，在中国表现出极端的城市信仰，尤其是对大城市的坚定追求。激进城市化话语权一路高歌，城市信仰成为降不了温的宗教。乡村旅游则是在工业化作为一项未竟事业的过程中实现的。中西方，乡村旅游出现的背景不同，一个是工业化完成之后的阶段，一个是工业化正紧张进行的阶段。虽然背景有所不同，但乡村旅游的宗旨具有一致性，即皆是对现代性的背离和对一种新生活方式的追寻。正如学者所说，"当地社会，尤其是当代都市社会的人们，面临各种各样的巨大压力，面临经济的、社会的、环境的和精神的四大危机，这些危机触发了人类灵魂深处的逃避主义本能，记忆中的田园牧歌开始产生魔力，这种怀旧情结成为今日乡村旅游发展的

---

① 〔英〕迈克·费瑟斯通：《消费文化与后现代主义》，刘精明译，译林出版社，2000，第163页。

巨大推力，这在发达国家尤为明显”[①]。可以说，不论是西方还是中国，乡村旅游的出现皆是对现代危机和风险进行反思的结果，其本质是城市人对农村生活的向往和急于摆脱城市窒息环境的一种逃避主义或怀旧主义，是为了体验与他们日常生活和工作环境不一样的文化和生活方式，而这种文化和生活方式理应是根植于当地社区环境的一种他者文化。

然而，毕竟中国的乡村旅游是在工业文明未竟事业之中产生和发展起来的，因此，就其社会发展阶段而言，乡村旅游在中国特殊的场域中拥有其特殊的内涵和指向。“景观是货币的另一面，也是全部商品的一般抽象等价物”[②]，制造出宏大的景观是资本获利的法宝，这是一种将文化作为商品来打造的思维方式。旅游开发就类似于制造景观，在景观（商品）制造（生产）的过程中，生产出来的景观并不是为了满足游客的真实需要，而是为了资本的价值增值，依靠（对景观的）消费来维持制造（生产），景观的使用价值已经服务于交换价值。在商品化、理性化等城市理念和文化限定下的产品，跟城市景观并无不同。而乡村旅游的核心是农耕社会的产物，是农业文明中的精华部分，它所遵从的是基于地方场景性的多样化和异质性，是当地的文化支撑起了乡村旅游的内涵，游客到乡村地区旅游是为了体验当地的生活方式和文化。因此，当乡村旅游遭遇工业社会时，即多样化与普适性在旅游界面上发生碰撞和冲突时，资本和景观的霸权性地位始终占据上风，使多样性原则迅速地转换成一种普适性的原则。乡村旅游的宗旨在于遵循地方文化的主体性和自觉性，而工业文明使当地文化成为按照工业化和理性化的城市理念而制造出来的大量的旅游景观。

本书的研究主题仍然是文化商品化问题，但克服了文化商品化理论在方法上的二元性以及内容上的“弱介质化”和“行动者的缺场”的不足，提出了“主体间性的诗意化栖居”是乡村旅游的本质的观点。在经验层面，笔者认为对目的地的旅游开发就是在制造一簇簇的旅游景观，用“制造景观”这一中层概念凝练和统摄经验材料，深入分析谁来制造，制造的过程、

---

① 左晓斯：《可持续乡村旅游研究——基于社会建构论的视角》，社会科学文献出版社，2010，第1页。

② 〔法〕居伊·德波：《景观社会》，王昭风译，南京大学出版社，2006，第17页。

机制及后果等，这是本书提出的主要研究问题。

第二节　本书的核心概念

我国的乡村旅游起步较晚，且与“城市信仰”[①] 的发展和新农村建设密不可分。法国情景主义者居伊·德波在《景观社会》中，从哲学的高度出发，延续马克思商品化理论，提出了景观社会理论。他将景观社会看成是资本主义发展的新阶段，景观的逻辑是继商品化逻辑之后的一种新的控制方式和更加抽象的逻辑，即对人的控制并不是赤裸裸的，而是让人迷失在景观幻象的无形管控中。受惠于经验调查和文本启发，笔者提出“制造景观”这一概念，作为本书的核心语词。因此，本书将“制造景观”引入乡村旅游研究中来，用以表征乡村旅游在现代工业社会时代的存在仅仅是作为一种被展现出来的图景，乡村旅游的开发过程也是旅游景观的制造过程。

目前中国社会仍然处于“标准化、专业化、同步化、集中化、好大狂和集权化”[②] 的工业社会阶段，大众普遍认可的生产价值占据主导地位，其最终目标指向经济价值的不断积累和利润的不断获取。对少数民族地区的开发实际上是一种景观的制造，制造出宏大的景观是资本获利的法宝，旅游开发就类似于制造景观，在景观（商品）制造（生产）的过程中，生产出来的景观并不是为了满足游客的真实需要，而是为了资本的增值和财富的累积，依靠（对景观的）消费来维持制造（生产），景观的使用价值已经服务于交换价值。乡村旅游的开发陷入以经济增长为中心的思维泥沼中，必须以“产量”、“增值”和“增量”等作为自身存在的价值。在商品化、理性化

---

① 张玉林认为中国的城市化道路与发达国家工业化之后自然而然的城市化道路和发展中国家对城市的认同而非信仰道路具有很大的不同，中国社会表现出对城市的信仰，尤其是对大城市的追求，他认为这是中国的“专利”，详见张玉林《当今中国的城市信仰与乡村治理》，《社会科学》2013 年第 10 期。

② 这六大原则是美国未来学家阿尔温·托夫勒根据西方经验而总结出的工业社会的统治法则，这同样也适用于中国社会，中国社会具有农耕、工业和后工业社会阶段杂合性的特征，但起主导作用的是工业文明的统治秩序和规则。具体参考阿尔温·托夫勒《第三次浪潮》，朱志焱、潘琪、张焱译，生活·读书·新知三联书店，1984，第 92 ~ 107 页。

和标准化等现代开发理念指导下的村寨文化，跟城市景观并无不同。如德波所言，“旅游业——打包消费的人类流通、商品流通的副产品——其实不过是去观看什么将变得陈腐庸俗的一种机会。到不同地方去旅游的经济组织已经本质上保证了它们的等值。删除了时间的现代化（这涉及旅游），同时从它自身中也删除了任何真实的空间”[①]。但德波过于强调景观对人的控制性，而人完全丧失了自主性，笔者认为中国基层社会中宗族、血缘和认同等传统因素以及具有现代反叛意识的游客仍然会对景观秩序产生一种抱怨、抵抗和反叛，即景观秩序中存在控制的一面，也会有反控制的一面，这就是行动者意义上的文化商品化研究。

本书将景观制造定义为：景观制造是权力和资本等制造者们将地方习俗、文化、族群生活及生活于其中的人等制造成一种旅游景观的过程。当地文化被开发商和政府视为一种可以供游客消费的商品和景观，通过权力、文化和资本之间的博弈，作为乡村旅游核心的地方文化则按照资本化、工业化和理性化的商品消费逻辑（景观逻辑）进行制造，从而产生出新的商品类型——景观，来满足资本所认定的游客探奇和猎艳的消费思维和心态，即在工业化的文化限定下的景观消费。殊不知，这样的旅游景观已经从当地场景中被置换出来，与现代城市文化在本质上毫无差别。旅游地最大的竞争力源于一种差异性、地方性和异域感，即拥有一套有别于其他地方和社区的生活方式和文化系统，而景观的制造过程反而是在对差异性、地方性和异域感的同化、消解和夷平。景观制造的逻辑就是资本借助现代科技手段扎根于乡村旅游社区，并将有意义的生活方式和文化连根拔起，最终导致游客和当地人“主体间性的诗意化栖居”受阻。

在景观制造的过程中，不同的行动者有不同的表现和行为。然而，作为大众游客，他们则迷失在景观制造的幻象中，沦为景观的囚徒和被支配者，甚至是合谋者。而对于真正的乡村旅游者而言，他们是不满意的，他们需要的是体验另一套完全不同的生活方式。在经验实践中，游客并未体现出德波所说的那样的完全无助和丧失抵抗，而是以一小股反抗的力量出现。对于当地人而言也是如此，当地村民既有在生计危机和利润刺激下对

① 〔法〕居伊·德波：《景观社会》，王昭风译，南京大学出版社，2006，第77页。

景观社会的认同，也有因遭遇剥削和文化失落而发出的反抗。这就是行动者理论显现出的优势，在构建出强大的景观监控中，有景观的俘虏，也有景观的对立者。本书建立起以游客和当地人为代表的行动者逻辑，打破包括德波在内的马克思主义对物化、商品化、强制与对抗等方面的单一向度的认识，如凯尔纳所说，“在这个世界中，金钱不能买到一切，神秘化的能指与实际的人类需求无关。在后现代的消费文化中，主体穿着设计者的工装，但是却仍然郁郁寡欢；景观变得无所不在，但是人们仍然感到厌烦；日常生活变得一钱不值，而人们都知道这一点”①。尽管在权力、资本和文化三者的相互博弈过程中，前两者始终占据上风，但文化的抵抗作用仍然不可忽视。景观秩序的统治并不是铁板一块，而位于其中的行动者以一种反景观秩序的对抗者身份现身，统治与反统治、控制与反控制、同意与对立及迷失与反抗同时存在。本书也将景观制造过程中的抵抗和对立的具体现象呈现出来，从行动者之间的相互关系入手分析本地人和游客的反抗与斗争，既有宏观层面的政治经济学的分析，又有微观层面的生命政治学的考察。

第三节 分析视角及研究框架

一 分析视角

马克思主义理论主要从物化、商品化和人的异化等角度描述资本主义社会的霸权性统治地位，马克思、卢卡奇、马尔库塞、德波、波德里亚等学者从不同角度描述出了资本主义社会异化的特质。卡尔·马克思本人从商品社会入手分析了资本对人的异化问题，即由人所生产出来的物反过来成为统治人的工具。而后卢卡奇从物化的角度继续论述了人与产品、人与人之间关系的物化。德波对马克思关于商品化理论的进行了进一步推进，他从消费的角度论述了表征和形象在资本主义高级发展阶段的控制形式，虚假的需求通过不论是集中的、弥散的还是综合的景观的权力形式而得以表达，人在其中丧

① 〔美〕道格拉斯·凯尔纳：《媒体奇观》，史安斌译，清华大学出版社，2003，第79页。

失了批判和抵抗的力量。他描述出异化的新阶段，“资本变成一个影像，当积累达到如此程度时，景观也就是资本”[1]，他在一个更抽象的层面提出了异化问题。而波德里亚则更向前推进一步，他从“符号—交换—价值”的角度论述了资本主义的仿真性，认为商品的发展是建立在符号和价值的基础之上的，没有主客体之间的分离，资本主义是一个没有社会意义的和更加抽象的社会，符号向社会领域全面渗透。波德里亚的工作可以被看成是对马克思和德波所描述的抽象化过程的灾难性余波做出评价的一种尝试。此外，阿多诺、马尔库塞等学者也从不同的角度研究了物化或异化论题。但他们的研究都是建立在马克思关于商品社会和物化论的基础之上的，无论是从生产的角度还是从消费的角度，无论是商品社会，还是景观社会抑或是仿真社会，其本质都是商品化的过程，是一个商品奴役人的异化过程。

本书延续马克思主义的学术批判路径，采用政治经济学和日常生活政治的分析方法，批判和反思在乡村旅游开发过程中出现的问题。本书从微观和宏观的角度分析了景观是如何被制造出来的，涉及旅游场域中资本、权力和文化间的政治经济学关系，是对马克思主义商品化批判理论的本土化和经验性解读，深化了马克思主义理论在乡村旅游研究论域中的运用和发展，是马克思主义理论在乡村旅游议题中的延续。因此，采用此理论视角对乡村旅游展开的分析具有深刻性。这样，从马克思主义的角度批判和反思“乡村旅游是什么”的元问题，就突破了当前对乡村旅游问题解释的乏力感，构建出新的解释框架，进一步丰富了乡村旅游研究的相关理论。马克思主义者分析了景观过程对人的管控和异化的一面，并未看到作为主体的人，无论是当地人还是游客，都在反景观制造过程中发挥一定的能动性作用。他们将游客和村民打包处理并作为一个整体性的被动体来看待，而未将游客和村民对资本和权力的反抗与斗争纳入分析范畴中，从而遮蔽了当前乡村旅游村寨十分复杂的基层情况。此外，本书对文化的批判和否定也从马克思最开始的政治经济领域转向文化和日常生活领域。本书提出的“制造景观”概念具有深度的理论意蕴而又体现出中国乡村复杂又特殊的情况。本书中的景观类似于商品，制造景观就相当于生产商品，其核心要义是：景观制造是景观按照权力和资

---

① 〔法〕居伊·德波：《景观社会》，王昭风译，南京大学出版社，2006，第49页。

本所认定的工业化、理性化和城市化的文化消费观念而生产出来的文化景观。“制造”一词较好地表达出政府和市场将传统文化从地方场景中置换出来而形成的一种新的消费文化景观的特性，文化已经不是基于地方场景生产而为当地人生活服务的一套生活方式，同样也不是按照游客对异域社会想象的叙述，而是按照资本自身价值增值的需求生产出来的消费景观，是在消费主义诱导下的虚假需求而非真实需求的基础上制造出来的。简言之，在一种文化消费观（他群文化的奇特性）的引导下，资本依照工业化大生产的模式，制造出一些旅游景观，来单向度地满足外来游客的消费需求。景观制造过程涉及权力、资本和文化之间的相互作用，当地人和游客的乏力反抗也不可忽视，因为这一股力量或许可以开启未来乡村旅游可持续发展的征程。

二　研究框架

本书在文化商品化理论的指导下，基于西方马克思主义的视角来批判和反思乡村旅游开发中涌现的诸多问题。在研究框架上，本书着重分析自然物—人造物、内部社区—外部游客、传统—现代、文化—商品等之间的关系，这些关系同样也贯穿于整本书中。在自然物与人造物的关系方面，自然物是基于地方场景基础上自然而然的一种文化和生活方式，而人造物则是经过现代化工具打造后而形成的一种新东西，由自然物向人造物的转向是自然物逐渐脱离原本意蕴的过程。内部和外部的关系是指原本由本地人来开发乡村旅游，现在却变为由权力和资本按照资本增值目标来开发，而这样的开发方式必然偏离文化原有的发展路径。在传统跟现代的关系层面，传统的一些因素被现代手段所替代，而并非是传统的再造和复苏。而以上的这三对概念，可以统合在文化与商品这一对具体的关系形态中。本书将景观等同于商品，文化向商品的转化过程就是景观化的过程，这是文化逐渐脱离本身内涵的过程，因此，这必然得不到当地人的认可。

在具体的分析框架上，采用“权力（县级政府）—资本（企业）—当地人—游客”四维分析框架。乡村旅游涉及政府、市场、旅游者和当地居民等不同的行动主体，因此，应将这些不同的行动者纳入其中。乡村旅游地的开发是由国家对旅游地进行“确权”（开发权）后，便交由市场（资本）来进行的具体化打造，最后乡村旅游地笼罩在景观社会的统治秩序中。在景观社会中，村民和游客发生了分化，一部分游客和村民对景观社会持有赞同的态度，这会大大加速景观社会的形成；而另一部分人则对其进行反抗，这在很大程度上能够延缓景观社会的成型。少数民族村寨社会演变为景观社会的实践正是这些不同的力量相互作用的产物。基于此，本书将在“权力（县级政府）—资本（企业）—当地人—游客”的分析框架下展开论述。在此框架中，政府主要指的是县级政府。在乡村旅游开发过程中，乡镇一级政府因没有多大权力资源而被排除在外，市级政府由于距离太远而鞭长莫及，中央政府对少数民族旅游开发扮演着奠定旅游开发的号召者角色，而县级政府成为直接的操作者和策划者。县一级政府会落实中央的政策，他们本身也会出台相关条例和政策来推动乡村旅游地的开发。因此，县级政府往往成为在旅游地进行开发确权后的宏观指挥长官。在县级政府对旅游地进行开发确权和奠定宏观色彩后，便将其交由资本进行打造，即成立专门的旅游企业采取不同的策略和方法对旅游地文化、习俗和传统等进行打造。因此，县级政府和企业便成为景观社会的两大制造主体，相互交织出现在开发的整个过程中。在旅游目的地，还涉及当地人和游客这两大群体。当地人是当地文化的持有者，当地文化及生活方式是他们长期栖居的结果。因此，对当地人的分析还应包括对当地传统、文化、惯习、行为和生活方式等的分析。游客作为外来者，是到异地进行短暂旅游的栖居者。总之，无论是游客还是村民，他们对景观社会的态度和行为显然已分化为默认和反抗，这种分化的态度和行为会在一定程度上加速或延缓景观化的过程。

总之，本书将研究框架定位于四类不同的关系形态中，即自然物和人造物、内部和外部、传统和现代以及文化和商品，前三者都可以统合在文化和商品这一对关系形态中，文化商品化理论同样也是本书的理论对话点。景观社会的形成是在权力、资本、当地人和游客四种力量相互互动中发生的。这种分析框架规避了单纯强调市场或国家的一元分析框架，或国家—社会、国家—市场和市场—社会的二元分析框架，抑或是国家—市场—社区的三元分析框架。该分析框架一方面能够呈现不同的主体在旅游场域中的博弈，凸显旅游研究中行动者的关联性；另一方面能够容纳中国乡村社会尤其是少数民族社会较为特殊和丰富的事实。因此，此框架具有十分明显的优势（见图 1－1）。

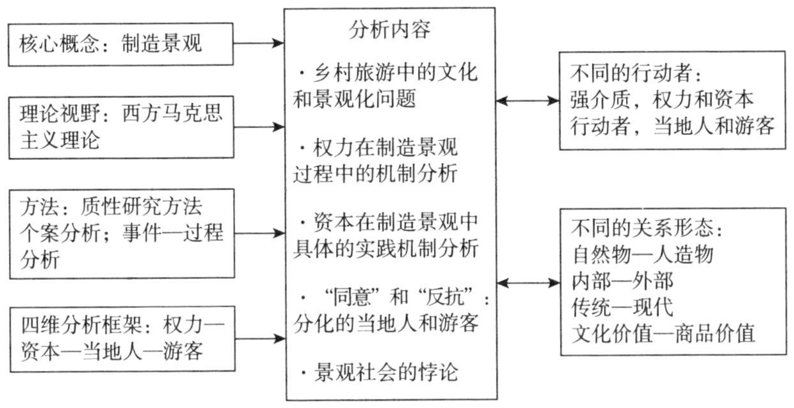

图1-1　本书的分析框架

第四节　研究内容

一　研究目标和意义

本书试图从文化商品化理论入手来反思"乡村旅游是什么"的元命题，在经验调查的基础上提出"制造景观"的概念，并将其作为本书的核心分析概念，从政治经济学的角度反思乡村旅游的本质问题；将乡村旅游的元命题通过"制造景观"这一中介而与村庄经验对接起来；从马克思主义政治经济学的角度分析乡村旅游及其核心——文化——遭遇的物化和异化；从微观和宏观的角度分析景观是如何被制造出来的，涉及旅游场域中资本、权力、文化和商品之间的复杂关系，是对马克思主义商品化批判理论的本土化的经验性阐释，深化了马克思主义在乡村旅游领域的研究；从行动者理论入手突破马克思主义学派关于物化和异化、商品对人的奴役的单向度分析，从当地人对景观社会的"基于生存危机和利润刺激下的一种'同意'"和"基于被剥削下的一种'对立'"以及游客对景观的"迷失"和"反抗"来分析景观秩序的霸权性及其遭遇的抵抗，这是基于乡村旅游实践过程的双向度分析；从制造景观的角度反思"乡村旅游是什么"是对研究问题的方法和理论上的创新，通过对景观、商品、文化、权力、资本和地方等概念的反思进一步对乡村旅游展开批判性的解读，从现象学的高度提出乡村旅游的本质是“主体间性的诗意化栖居”的观点。

本研究不仅在理论上具有较高的价值，而且在实践中也具有深远的意义。就其理论意义而言，本书旨在通过对文化商品化和乡村旅游本质的讨论，以资本、文化异化和商品化等马克思主义理论为观照，提出“制造景观”的中层概念，制造景观的核心是在他者文化被制造成一种可供消费的产品下，从马克思主义的角度和存在论的高度批判、反思和重构“乡村旅游是什么”的问题。这样就突破了当前对乡村旅游研究的乏力感，进一步丰富了相关理论。就其实践意义而言，乡村旅游无论是作为社区重建的道路选择，还是作为游客体验和逃避之所，其具有的经济、生态、社会等价值一直都备受关注，但一条可持续性的和具有生命力的乡村旅游之路是旅游学界和相关政府部门未能解决的一大难题。本书试图从个案研究的微观阐释入手，将乡村旅游纳入国家和社会的宏观发展过程，希望为当前乡村旅游的有序发展提供些许启发。

二　研究内容

本书的研究内容由以下几个命题构成：乡村旅游内涵中的文化逻辑、乡村旅游中的景观化现象、景观的制造过程、制造景观的后果。它们的逻辑链条是：当景观（商品）被制造（生产商品）后，而发生的制造异化（文化异化）的后果。具体而言，主要体现在以下几个方面。

第一，乡村旅游中的景观化问题。这里主要指出景观化是与乡村旅游的核心——当地人的一套生活方式和文化——相违背的。乡村旅游的内核和本质就是建立在农耕文明基础之上的文化类型，而建立在工业社会运行逻辑之上的景观化则与乡村旅游中文化的运行逻辑是不相融的，把前者强加于后者身上是会损害和破坏后者的。景观化是要将文化打造成如同其他商品一样的文化产品，是一种基于商品化和理性化思维上的一种人造物，将村庄文化捏碎后重新组合成一种可被消费的文化类型，制造景观就等于生产商品，由此导致村民日常生活的碎片化、村寨的展览化等。将本地文化景观化其实质就是将文化商品化，制造出可被消费的文化商品，这也是乡村旅游遭受诟病的根源。

第二，权力在制造景观过程中的机制分析。这里主要分析权力在制造景观中的运作过程，主要从政府对外的招商引资机制和对内的景区治理机制出发，政府发现“景点”后将其开发纳入政府的发展项目中来。为了节约开发成本和快速有效地实现开发效果，政府以极度优惠的条件作为招商引资的报酬。而对内，政府则开展特殊的治理方式，借助村干部和老协会，将权力以直接和弥散的方式渗透到村庄的每个角落。

第三，资本在制造景观中的机制分析。这里主要分析资本在旅游开发过程中的运行过程和策略问题。随着开发的进行，资本下乡并在旅游村寨中进行“布景”设计，在制造的过程中，按照“合并、重组、筛选、遮蔽、强调”等系列策略使当地文化能够按照资本增值的逻辑统合起来，景观的逻辑统一于“呈现出来的都是好的，好的才呈现出来”的资本逻辑之中。

第四，制造景观的逻辑和消费景观。这里主要分析景观的制造逻辑和消费逻辑。就前者而言，主要基于村庄和村民的视角，原本是作为自我文化的本地文化却在景观的制造过程中实现了自我向“他者”的转化，由此导致文化内涵的丢失和文化主体性的消解等。村庄共同体演变为主体缺失的原子化态势，生活于其中的村民被焦虑和紧张所包围。就后者而言，生产是根据消费而生产的，并不是出自游客内心的真实需要，这是一种在理性化和商品化的文化观念之下制造的虚假需求，因此，对于游客而言，这是在消费他们自己的文化，是一种“自我消费”。景观生产和消费的逻辑统一起来了，即景观逻辑统治社区，当地人与自己文化的断裂，人与文化的栖居关系被打破。内生于村庄社区的文化成为按照资本逻辑来打造的消费文化景观。游客看到的是可供消费的文化景观，而非具有主体性的地方文化，这虽然满足了部分大众游客的需求，但对于真正的乡村旅游者却不够，因此，游客也存在对景观社会的抵抗和质疑。在景观制造和消费的过程中，剥削和反抗同时存在，共识和异质并存，村民和游客无奈而又自愿地服从，加入景观生产中来，塑造出一幅“村寨车间”的图景。作为文化持有人的村民对景观秩序有“同意”和“对立”，作为体验异样文化的游客有“迷失”和“反抗”。

第五，被景观支配的村寨。这里主要涉及作为人造物的景观、如商品一般被打造的景观，反过来成了对人的霸权，通过两种方式形成对村寨的支配和控制：一种是直接的权力（政府和资本的集中的权力），另一种是弥散的权力，即旅游主义文化。最终导致的结果是：①文化断裂：文化资源的过度商品化，消费主义主导村庄发展，切断村庄自主性的生活化的发展道路；②无主体性的村庄：自我的他者化，归属感丧失，空间中的焦虑、紧张和不安；③日常生活的政治化与去生活化：抗争不断，分利秩序的达成；④空间生态的割裂：旅游飞地的形成。

第六，景观社会的悖论。反思景观社会造成的系列不良后果。首先是特色不特。乡村旅游对文化多样性和特殊性的要求与景观形成矛盾，景观与商品是一致的，由此造成本地文化的夷平化。其次是不可持续的村寨文化。景观制造者们打造出了一个被异化的民族和村寨文化，这种村庄再也无法有效地生产和再生产自己的特色文化。最后是产销分离。原本是找寻异域感的游客却被景观秩序压制和迷惑，绝大多数人成为被操纵的游客，通过与市场中介进行消费，而并非与村民互动，形成“景观—观众”的关系，在本质上是一种物与物的关系。景观社会悖论的根源在于他者的文化是一种该族群栖居的、自觉的氛围，并非对制造出来的景观的欣赏。主客间的文化交流理应基于文化尊重和文化自觉自信上的主体间性的交流和共享，而非一种商品化景观压倒和奴役一切的物化的关系。当资本霸权在工业文化中一扫天下时，乡村旅游也越来越远离其本质，这就是资本对人与自然、人与人和人与自身关系的异化，是对人的主体性的消解和抽空，是产销分离而不是产销一体。

第七，基于制造景观的反思。这里主要是对制造景观的批判和反思乡村旅游是什么的问题。从商品、景观和文化之间的关系着手，分析后两者在制造过程中的商品属性。从制造与生产的概念入手，分析“村寨车间”的产生及政治经济学含义。从他者的文化是可以被消费的文化观出发，分析景观文化丧失了文化主体性和自觉性以及主体间性的交往。最后是对乡村旅游的反思，人们将旅游作为对景观的欣赏，然而他者的文化是一种该族群栖居的、自觉的氛围，并非对制造出来的景观的欣赏，真正的乡村旅游是基于文化共享和主体间性基础上的参与和体验。

第五节 研究方法及田野点

一 研究方法

本书属于质性研究，质性研究是解释社会学和批判社会学传统的一种研究方法，“与一般的定性研究方法有所区别，质性研究是以研究者本人作为研究工具，在自然情景下采用多种收集资料的方法对社会现象进行整体性的研究，使用归纳法分析资料和形成理论，通过与研究对象互动对其行为和意义建构获得解释性理解的一种活动”①。质性研究方法强调研究者与研究对象在互动基础上的行动价值和意义，同样正因为如此，这遭到了实证主义者的质疑。而笔者认为如果没有一种互动跟解释，客观结论也是很难得出来的。因此，本书遵循一种在一定价值预设基础上通过与研究对象进行充分的互动和交流，最后得出“价值中立”的判断的研究方法。如学者所言，“质性研究将大显身手，着重实现解构、映射、讲述和扎根的功能，进而实现对社会文化自上而下、自下而上、具体而微和互动深描全方位的解读与诠释”②。因此，这样得出的结论的有效性就能得以保障。“质性研究通常要借助于个案研究的策略进行。因为个案研究能够体现质性研究的本质特征，个案比较擅长回答如何（how）和为什么（why）的问题，这种问题具有层层深入，逐步递进的特征。”③ 但是个案的研究路径问题始终受到质疑，个案的代表性问题一直是被推上风口浪尖的争论点，即在宏观与微观层面、在普遍性和特殊性方面始终不能很好地融通，个案的推广价值和意义在一系列的质疑声中被大打折扣。随着社会复杂性的增加，对单一个案的描述与分析越来越无法体现整个社会的性质，定量方法的冲击更是加剧了个案研究的不利处境。卢晖临等人在《如何走出个案》中介绍了个案产生困境

① 陈向明：《质的研究方法与社会科学研究》，教育科学出版社，2000，第 12 页。

② 姜辽、苏勤、杜宗斌：《21 世纪以来旅游社会文化影响研究的回顾与反思》，《旅游学刊》2013 年第 12 期。

③ 周春发：《旅游、现代性与社区变迁——以徽村为例》，社会科学文献出版社，2012，第 47 页。

的根源，“传统个案研究在这两个问题上所招致的批评变得空前尖锐起来。这主要基于两方面的原因：首先，现代社会的复杂性和异质性程度远远超出了此前的社会形态，微观的个案研究越来越不能作为认识社会的基本方式了；其次，建立在统计学基础上的定量研究以其精密的计算、无懈可击的从样本到总体的推论使个案研究相形见绌，个案研究继续存在的正当性和意义便成了亟待解决的问题”[①]。作者进一步就“如何走出个案”的问题进行了探讨，“个案研究在走出个案本身的道路上面临着一个悖论：个案研究从诞生之初，概括性就不是它所追求的目标。由于社会科学体系化的努力，特别是定量方法的冲击，个案研究若要立足就必须解决这个难题。面对这个几乎不可能实现的目标，也许社会学需要跳出个案研究的局限，另寻解决之道；在这方面，扩展个案方法的提出为我们开辟了一片新的天地”。他认为扩展个案法能够让个案研究走出困境，“扩展个案方法通过对宏观、微观两方面因素的经验考察，达到对问题的深入理解。问题可大可小，搜集资料兼涉宏观和微观两个方面，分析时则始终抱持反思性的信条，时时体察宏观权力等因素对日常实践的渗透性和影响力。研究者居高临下地看待具体生活，亦从具体生活中反观宏观因素的变迁。通过宏观与微观因素的往复运动，进而解答问题。它跳出了个案研究的狭小天地，解决了宏观与微观如何结合的问题。同时经由理论重构，它实现了其理论上的追求，也体现了这种研究方法的价值”[②]。

本书通过宏观与微观因素的往复运动，不断地链接理论和经验之间的联系，融入对微观的、过程性和动态性的考察，进一步挖掘乡村旅游中的各种“意义”问题。因此，本书从微观经验中抽取出“景观制造”的概念并作为本书的分析语词，探讨对资本、权力和文化三者之间的关系，并最终反思乡村旅游的本质问题。扩展个案方法的价值不在于像抽样调查那样从样本到整体的推广价值，而在于对理论的修正、推进和完善，其扮演的是辅助理论的角色。迈克尔·布若威指出这种方法具有的独特优势，“这种

① 卢晖临、李雪：《如何走出个案——从个案研究到扩展个案研究》，《中国社会科学》2007年第1期。

② 卢晖临、李雪：《如何走出个案——从个案研究到扩展个案研究》，《中国社会科学》2007年第1期。

方法具有四个向度的延伸，即观察者向参与者的生活的延伸，观察在时间和空间上的延伸，微观过程向宏观过程的延伸，最后是——根本的并促成了每一种延伸的——理论的延伸”[①]。同时，他认为“扩展个案法试图通过对田野中发现的异例的研究来重建既有的理论。与悬置‘情景’（context）不同，我们由理论导引的进路能够将在田野之上的历史的和当下的力量纳入分析之中”[②]。本书虽以一个村作为田野调查点，所访谈的对象和搜集的材料却溢出村庄之外，格尔兹认为，“研究的地点并不是研究的对象。人类学家并非研究村落——部落、小镇、邻里……他们只是在村落里研究”[③]。同样，有人也认为，“我的田野作业‘村’是一个超越边界的‘村－村庄社区’，我称之为‘跨界的村’——因为村的概念已经被各种力量整合了”[④]。在乡村旅游社区中，这一点体现得尤为明显，因为在旅游的作用下，村庄已经有全球化的力量、国家的政策、市场的进入、当地人、来自不同文化地区的游客等多种力量的相互交织。本书虽并未采取严格的人类学调查方法和民族志的写作方式，但囿于旅游社区本身的复杂关系和来自外部诸如市场、国家、全球化等宏观力量的相互交织的影响，本书立足于夏银村，同时将视野扩向村庄外部。因此，在具体的材料收集过程中，笔者的田野报告人除了村委、队委、老协会的人，夏银村中学和小学的老师，村庄精英及普通村民等外，乡镇、县级政府、管委会、管理局、旅游公司等领导和工作人员皆被囊括在内。“田野点的语境化”[⑤] 和“在村落里做研究”仍是本书的研究原则和路径。

“事件—过程”分析方法也是本书采取的分析方法。“‘事件—过程’分析法试图突破结构—制度分析的局限，在分析的过程中凸显了行动者的力

① 〔美〕迈克尔·布若威：《制造同意》，李荣荣译，商务印书馆，2008，第5页。

② 〔美〕迈克尔·布若威：《制造同意》，李荣荣译，商务印书馆，2008，第23页。

③ 〔美〕克利福德·格尔兹：《文化的解释》，纳日碧力戈译，上海人民出版社，1999，第29页。

④ 萧楼：《夏村社会——中国“江南”农村的日常生活和社会结构（1976—2006）》，生活·读书·新知三联书店，2010，第12页。

⑤ 这是布若威在《制造同意》中提到的一个概念（具体参见迈克尔·布若威《制造同意》，李荣荣译，商务印书馆，2008，第2页）。虽然他并未对其有过具体的阐释，但笔者认为这一概念指的是将话语和分析放在具体的语境中考察。

量。其特点是针对‘事件’的分析，真正把‘事件’本身作为分析的对象，把过程作为一个相对独立的解释源泉或解释变项，对其中的逻辑进行一种动态的解释，以期发现社会生活的隐秘。”[①] 这样的分析方法突出了不同利益者在旅游场域中的行动逻辑和策略，体现出微观和宏观的辩证关系，微观是在一定的宏观背景下得以成型的，宏观又是由众多微观组合而成的，通过微观反思宏观，将宏观和微观结合起来。“农村社会复杂而微妙的关系并不是在如‘小社区－大社会’、‘国家－社会’这样的结构中，而是通过许多偶然性事件特别是冲突性较强的事件才得以充分地展现或调动起来的。”[②] 因此，本书通过对旅游开发过程中的群体性大事件及村庄中的小事件进行“深描”，从宏观与微观层面的互动性来解释和分析这些冲突背后的深层次原因，展现出在旅游场域和空间中发生的具体事件、博弈和过程，同时考虑到村庄微观运行基础、发展状态同宏观的社会发展背景、权力结构和资本运行逻辑等情况，最终超越个案并走出个案，以更好地把握中国乡村发展进程和现代化过程。

二　夏银村：一个被开发的原住民社会

夏银村位于贵州省黔东南苗族侗族自治州雷山县东北部，距离县城 36 千米，距离贵阳市约 200 千米，有 1300 多户村民，6000 多人，苗族占全寨总人数的 99.5%。夏银村是中国乃至世界最大的苗寨，有 2000 多年的历史，由羊排、东引、南贵和平寨 4 个行政村组成，由也东、羊排、也蒿、东引、水寨、南贵、也哈和平寨 8 个自然村构成，以同宗聚居为主，同一个姓氏的人一般居住一起，少量杂居。其中羊排的人最早定居于此，因此，羊排的人是其他 3 个村的老祖先或老大哥，其他 3 个村寨的人都是羊排的兄弟和后代，因此，4 个村寨之间不能相互通婚。鼓藏头[③]、活路头[④]等传统领

① 孙立平：《“过程—事件分析”与对当代中国国家—农村关系的实践形态》，载清华大学社会学系编《清华社会学评论》特辑，鹭江出版社，2000，第 1～20 页。

② 孙立平：《“过程—事件分析”与对当代中国国家—农村关系的实践形态》，载清华大学社会学系编《清华社会学评论》特辑，鹭江出版社，2000，第 1～20 页。

③ 鼓藏头，是苗族人心目中的领袖人物，主要负责祭祀活动。这在后文中有详细介绍。

④ 活路头，也是苗家人心中的领袖，主要负责农耕活动。这在后文中有详细介绍。

袖也居住在这个山头。夏银村开发前，因为羊排土地较多，因此在4个自然村中，它是最富裕的，其次是东引、南贵和平寨。但开发后，村寨贫富排序则完全颠倒过来。改革开放之后，研究者和背包客陆续入村，2008年贵州省将夏银村作为贵州省的一张名片来打造，政府和公司的介入加速了村庄的发展速度和进程，同时也造成了系列问题。

（一）1980年前，原住民的日常生活区

苗族人到达夏银村的历史可以概括为不断的迁移。吴育标对此有研究，“夏银村人乃至整个苗族起源于以伏羲、蚩尤为领袖的东夷族。东夷族最早以古时的山东、江淮、江浙一带为中心，后来进入中原，分布在山西、河北、河南、安徽乃至陕西东部的广大地区，称‘九黎’，有所谓‘九隅无遗’。再后来，在涿鹿大战蚩尤族部战败后部分南迁，一部分迁到湖北、湖南，称为三苗，再由湖南进入贵州；一部分迁至太湖流域及江西一带，由武夷山、南岭进入贵州；还有一部分进入四川，由四川进入贵州”[①]。在清朝改土归流政策之前，夏银村人都是外化之民和生苗，即不受中央直接管辖而实行村寨自治。因此，村寨内部建立起一套完整的自治统治方式，有掌管娱乐活动如跳芦笙和祭祀的鼓藏头，有掌管开秧门和播种时间等农活的活路头，有调解纠纷的理老，还有最高权威人——寨老。寨老如同村支书，是村寨中权力最大的人，鼓藏头和活路头等都需要接受寨老的指挥。因此，除了在如民国和人民公社等特殊阶段外，很长一段时间，村庄权力都是由寨老掌握的，因此，村庄的治理方式也被称为“寨老治村”。村庄内部文化活动众多，有跳芦笙、开秧门、扫寨活动、祭桥节、吃新节、招龙节、爬坡节、苗年节和游方等，最为浓重的是12年一次的鼓藏节，在这个节日里，几乎村庄所有人都参与进来，周围村寨的人也可以参加进来。夏银村的服饰、语言、建筑、宗教、节日、活动等独具特色，皆是村民自发组织而形成的，这就给后来的乡村旅游开发制造出得天独厚的优势条件。这时段，几乎无外人驻足，夏银村与其周围如开觉村、麻江村等在情感和经济上相互来往和不断交流，在婚姻方面，开觉村是夏银村的后花园，即

① 吴育标、冯国荣：《夏银村千户苗寨研究》，人民出版社，2014，第3页。

两个村之间相互通婚，形成一个辐射范围较大的血缘和地缘网。

（二）1980～2008年，地方文化逻辑下的自主性发展

随着改革开放的到来，中国乡村社会不断地对外开放，夏银村也不例外。夏银村成立了村支“两委”和老协会组织，如活路头和鼓藏头等民间精英继续在集体化严密监控期之后得以重新激活，他们与村“两委”一起，共同开展对村庄的治理。一般而言，民间精英与村“两委”具有高度的重合性。20世纪80年代，研究者和对苗家文化感兴趣的人不断走访夏银村，90年代大量的背包客进入村寨，老外到夏银村来学习和体验生活的较多。一个叫路易莎（Louisa）[①] 的美国学者曾在政府官员的陪同下在夏银村居住时间长达3年，她是美国的人类学家，主要研究婚姻家庭。此外，来自法国、德国和日本等国家的人也蜂拥而至，他们给当地人留下了良好的印象。村民提起那个时候包括研究者在内的外来人时，总是充满了赞赏和自豪。对于在夏银村做调查最长时间的路易莎而言，村民对她的事情则很关心，包括来过几次、与谁来的、主要做什么等，因为她毕竟是来得较早的，同时她也是十分尊重夏银村人并且会讲不少苗语的外国人之一。外来人的不断进入和打工经济的兴起使夏银村的社会和文化结构在不断地突破既有的边界，虽然经济发展速度较慢，但村庄发展和治理在村“两委”和老协会等组织的共同治理下呈现良好的态势。传统文化也在接受着生活的“现实性”考验，文化起着“维系族群社会生活”的作用，生活的逻辑主宰着村寨。因此，可以说这是一个兼具传统和现代特质的村庄，是一个文化性和生活性的村寨。

（三）2008年至今，资本介入后的大规模旅游开发阶段

夏银村已有的自然风光、民俗文化和仪式活动等吸引着越来越多外界目光的关注，羊排、东引和南贵3个自然村寨，各自占据一座大山，而平寨则位于河谷。经济条件的限制和村民对古老吊脚楼的珍爱等使得村寨中的

---

① 美国人类学家，在夏银村做调查达3年时间，与村民同吃住，会简单的苗语，村民对她的印象很好。她以夏银村为调查点，在2000年出版专著《少数民族准则》。

吊脚楼保留得十分完好。随后，政府也发现了这个历史悠久、美丽动人的村寨，所以将4个行政村合并起来，并迅速将其确立为贵州省的一张名片。2008年9月，贵州省第三次旅游产业发展大会在夏银村的召开也正式拉开了夏银村旅游大规模开发的序幕，至此之后，规划、土地征用和房屋搬迁等围绕旅游的事件至今不断上演。2008年余秋雨的到来并题词“以美丽回答一切，看夏银村知天下苗寨”更是扩大了夏银村的名声。由县委县政府授权成立管委会，之后成立管理局，2009年又成立了夏银村苗寨旅游开发有限公司。政府搞管理，公司搞经营，景区的管理模式到现在基本稳定下来。“夏银村苗寨”成为对外宣传的名片，如其名，夏银村主要是以寨大、人多、集中而著称，号称“世界第一的苗寨”，夏银村可谓在名字上占据上风。鼓藏头、活路头、歌舞表演、拦门酒、祭祀活动、鼓藏节、吊脚楼、服饰等文化要素被政府和公司抽取出来并为游客服务。这样，一个传奇的“苗疆圣地”就被制造出来了。古街两边摆满了琳琅满目的商品，招揽游客的声音不绝于耳，店铺不断增加，几乎来自全国的商品都充斥在这个神圣的苗寨，歌舞厅、鬼屋、快餐店等扎根村寨并占据最显眼位置，现代服装、灵芝和药酒等外地产品随处可见，似乎这里更是一个购物的天堂和游乐园。村庄迅速从一个以务农为主兼具务工的社区形态转变为一个旅游村庄。旅游潮流席卷整个村寨，村庄发展偏离了原来的发展方向，个别村民用“旅游杀手”来形容旅游开发下村庄中的人事物发生异化的现象。其背后反映出村庄自觉自信发展路子的阻断，步入由政府和公司制造出的景观统治秩序中。

第二章

景观化：旅游开发中的商品化逻辑

在当前乡村旅游的相关研究中，有着文化真实性和文化商品化的理论之争，然而，争论背后存在着对乡村旅游本质的模糊认知。虽然针对乡村旅游的本质问题，当前学界已形成共识，但这一问题仍值得进一步反思并探究。本书将景观视为商品，景观化等同于商品化，认为乡村旅游的开发过程就是景观化和商品化的过程。

第一节　文化真实性与文化商品化之争

一　争论

关于文化真实性与文化商品化的争论，由来已久，该理论最早由国外学者提出而后引入国内。就国外方面而言，文化真实性来源于麦坎内尔(MacCannell)，他认为“旅游者的旅游过程，其实是对真实性追求的过程，旅游者期望融入旅游地的生活中，看到当地人的日常生活，但其实旅游地的旅游活动与设施是以布景的方式呈现给旅游者的，游客在前台所见的只是舞台化真实性”[①]。他进而在《旅游者：休闲阶层新论》中对中产阶级到目

① MacCannell D., “Staged Authenticity: Arrangement of Social Space in Tourist Settings,” *American Journal of Sociology*, 1973, 79 (3): 589 - 603.

的地寻找真实进行了研究，他认为旅游者看到的只是一种舞台性的真实，这种舞台化的真实性一方面是为了保护后台，保护目的地的传统文化免遭破坏，另一方面是为了吸引游客，让游客对其有兴趣。他更多强调本体上和客观意义上的真实。之后，围绕何为真实性的问题，众多学者争论不休，并形成了观点各异的两派。一派是发展并修正已有理论，如科恩（Cohen）通过对泰国山地部落旅游海报的分析也同样支持了麦坎内尔原真性的认识，他发现"为旅游目的而发明的文化产品过一段时间可能会合并到当地文化中或作为当地文化的表现被感知"[1]。这样，他将麦坎内尔的真实性理论修正为一种旅游者的经历，认为"原真性的内涵不是疏远而是关注目的地精神'中心'的最终意义"。唐纳·盖茨（Geerzi）继承了麦坎内尔的原真性概念，也认为旅游可能会破坏文化的真实性，而这种真实性又是旅游者所寻求的东西。埃里克·科恩（Erik Cohen）和斯科特·A. 科恩（Scott A. Cohen）将原真性概念进一步修正，并划分为两种："cool authentication"（地方或事件是通过专家和权威行为的论证，尤其是世界遗产地）和"hot authentication"（被旅游者的行为所实践和证明的，如在关于旅游地发展的留言簿或仪式上的留言）。[2]另一派则对已有理论持否定态度。如布鲁纳（Bruner）认为并不是所有的旅游者都远离他们生活的世界，也并不是所有的旅游者都在寻找一种如同麦坎内尔的真实经历。他将对地方文化和习俗的复制称为原真性复制品。菲尔（Feifer）认为，"后现代游客甚至能在遇到非原真性时也能找到乐趣，他们欣赏他们所进入到的一种景观的舞台化"[3]。博伊德（Rickly-Boyd）从建构主义角度论述真实性概念，认为"这种视角拒绝任何概念——真实和非真实——的二元对立，象征性真实性并不是建立在精确的和发现的真实性的基础上，它允许旅游者自己定义真实性是什么"[4]。斯坦纳和雷辛格（Steiner

---

① Cohen, "Authenticity and Commoditization in Toursm," *Annals of Tourism Research*, 1988 (5): 382.

② Daugstad, K., "Negotiating Landscape in Rural Tourism," *Annals of Tourism Research*, 2008, 35 (2): 405.

③ Daugstad, K., "Negotiating Landscape in Rural Tourism," *Annals of Tourism Research*, 2008, 35 (2): 400.

④ Rickly-Boyd J. M., "Through the Magic of Authentic Reproduction: Tourists' Perceptions of Authenticity in a Pioneer Village," *Journal of Heritage Tourism*, 2012, 7 (2): 127 - 144.

& Reisinger）认为“存在真实性涉及人的本性及其个体化经历的本质”[1]。

“文化商品化”是与文化真实性相对的一个概念，关于文化商品化的研究，格林伍德可谓开创者和集大成者。他重点探讨了地方文化作为一种旅游商品活动对东道地所产生的影响。他以西班牙的阿拉德仪式为案例，从人类学的角度探讨了旅游活动对传统文化仪式带来的冲击和影响，并提出了“文化能被商品化吗?”这一严肃的问题。他认为将文化作为商品来开发是理念上的错误，“把某个地方的文化盗用来作为商品兜售给游客，在这一过程中，没有一个人甚至没有策划者感到他们应对此负起码的责任。把文化当作自然资源或商品出售给旅游者，并认为旅游者有权来购买，这不仅仅是荒谬的，同时也是违背文化主权的”[2]。他认为文化商品化带来系列后果，“如果把文化当作旅游的一部分，对它进行包装，使之公开化，并作为商品对外出售，这样的文化使得人们不再像以前一样相信它了。所以，文化商品化实际上剥夺了文化的内涵，同时也剥夺了构成文化的方方面面。由于对文化的信念是一种内在的东西，在这种情况下，地方文化实际上被利用了，当地人也被剥夺了……所有这些地方文化的内涵都由于被当作吸引物而被改变或被破坏。这就使得一些曾经相信旅游文化内涵的人不再相信它”[3]。

而后关于文化商品化的争论，学界也形成了两派不同的论点。一派论点认为，文化商品化弊大于利。这主要涉及当地文化的同化、商品庸俗化及价值观的退化与遗失。米切尔（Mitchell）以北美小镇的商业化为例，他将旅游带来的负面影响用“创造性破坏”这一概念来形容[4]。特纳和阿西（Turner & Ash）认为“那些在远离西方世界的地方发展起来的文化的审美、愉悦价值，很快就被游客优越的经济状况吞噬，今天的旅游已经开始了消灭

---

① Steiner C. & Reisinger Y.，“Understanding Existential Authenticity，” *Annals of Tourism Research*，2006，33（2），299－318.

② 〔美〕格林伍德：《文化能用金钱来衡量吗？——从人类学的角度探讨旅游作为文化商品化问题》，载〔美〕瓦伦·L. 史密斯《东道主与游客——旅游人类学研究》，张晓萍、何昌邑等译，云南大学出版社，2007，第156页。

③ 〔美〕格林伍德：《文化能用金钱来衡量吗？——从人类学的角度探讨旅游作为文化商品化问题》，载〔美〕瓦伦·L. 史密斯《东道主与游客——旅游人类学研究》，张晓萍、何昌邑等译，云南大学出版社，2007，第151页。

④ Mitchell C. J. A. & de Waal S. B.，“Revisiting the Model of Creative Destruction：St. Jacobs，Ontario，a Decade Later，” *Journal of Rural Studies*，2009，25（1）：156－167.

文化的工作，甚至把旅游看作摧毁文化真实、破坏社会一体的主要武器。当地传统的文化制品已经被按照西式风格生产的旅游制品所取代"[①]。此外，布尔斯廷（Boorstin）的"假事件"[②]、努涅斯（Nunez）的"可口可乐化"[③]、乔治·里茨尔（Nizer）的"社会的麦当劳化"[④]、泽普尔（Zeppel）的"民族文化商品化"和"本土性的同质化"[⑤]等都是对文化商品化的进一步研究。而另一派论点认为商品化的趋势不可避免，其利大于弊。威尔逊（Wilson）在20世纪90年代对阿拉德仪式进行了跟踪研究并对格林伍德的结论提出了质疑，"Alarde仪式仍是与当地认同联结的生动的庆典，而且Basque的特点得到了强化"[⑥]。艾斯门（Esman）在对美国路易斯安那州的研究发现，"原本已融入美国主流社会的法裔Cajun人，受到来自法国、加拿大、比利时等法语地区游客对Cajun文化强烈兴趣的影响，又重新建立了自身对本地文化和族群的认同"[⑦]。皮奇福德（Pitchford）在对威尔士旅游业的研究中发现，"受到旅游发展所带来的经济利益的驱使，以及要求地方自治的政治运动的双重作用，普通威尔士民众的族群认同和文化认同的意识得到了重新建构和加强"[⑧]。瓦伦·L.史密斯曾在关于因纽特人的研究中指出，"在旅游的促进下，因纽特美学得到复苏，该地的因纽特手工艺者和手工艺产品的数量较以往都有大幅度的提升"[⑨]。而玛格丽特·斯苇以性别视角研

---

① Turner, L. & J. Ash, *The Golden Hordes: International Tourism and the Pleasure Periphery* (New York: St. Martins' Press, 1976), pp. 130 - 131.

② Boorstin D., *The Image: A Guide to Pseudo-Events in America* (New York: Atheneum, 1964), pp. 16 - 22.

③ Nunez T. A., "Tourism, Tradition and Acculturation: Weekendismo in a Mexican Village," *Ethnology*, 1963, 12 (3): 347 - 352.

④ 〔美〕乔治·里茨尔：《社会的麦当劳化》，顾建光译，上海译文出版社，1999。

⑤ Zeppel, H., "Selling the Dreamtime: Aboriginal Culture in Austrlian Tourism," in D. Rowe & G. Lawrence, eds., *Tourism, Leisure, Sport: Critical Perspectives* (Rydalmere: Hodder Education, 1998).

⑥ 宗晓莲：《旅游人类学与旅游的社会文化变迁研究》，《旅游学刊》2013年第11期。

⑦ Esman M. R., "*Tourism Asethnic Preservation: The Cajuns of Louisiana*," *Annals of Tourism Research*, 1984, 11 (3): 451 - 467.

⑧ Pitchford S. R., "Ethnic Tourism and Nationalism in Wales," *Annals of Tourism Research*, 1995, 22 (1): 35 - 52.

⑨ Valene L. Smith, *Hosts and Guests: The Anthropology of Tourism* (The University of Pennsylvania Press, 1989), pp. 55 - 82.

究的库拉人也在旅游的推力下扩大了摩拉艺术品的生产市场，“库拉居民在获得新的身份象征的同时，也满足了库拉群体的文化生活需求”[①]。亚当斯（Adams）认为，“旅游开发中，当地人民之间的相互协作关系和雇佣劳动关系得到加强，当地人并没有向通过旅游一步步渗透进来的资本主义屈服，而是成功地把新的生产方式融进了旧的生产关系模式中”[②]。此外，阿莫阿莫（Amoamo）[③] 和科恩（Erik Cohen）[④] 等人也对此有研究。

就国内研究而言，我国学者王宁对文化真实性有较为深刻的研究。他提出了“存在真实性”理论，认为“旅游地事物的真实性无关紧要，关键是游客欲通过旅游来激发生命中的潜在状态及发现自我，因此存在性真实性与旅游地事物的真实性无关”[⑤]。他进而将其划分为两种类型，即内省的真实性（intrapersonal authenticity）和人际间的真实性（interpersonal authenticity）。前者指的是旅游者个体的感受、认知和情感，后者涉及旅游者与旅游者、旅游者与当地人等群体间的状态，指的是这些群体之间通过交流而获得的真实感受。

而在文化商品化研究方面，我国学者大多用国内的个案来丰富、完善和延续西方的文化商品化理论。有对文化商品化的“弊”的分析。王宁借用墨顿的“社会学的好恶交织”而提出“旅游好恶交织”来进一步论证旅游商品化的内在矛盾[⑥]；彭兆荣提出“人为生态的异化理论”[⑦] 和旅游殖民主义理论[⑧]；左晓斯批判了干涉和商品化、屈从和奴役、拜物教和病态消

---

① Valene L. Smith, *Hosts and Guests: The Anthropology of Tourism* (The University of Pennsylvania Press, 1989), pp. 83 - 104.

② 宗晓莲：《西方旅游人类学研究述评》，《民族研究》2001 年第 3 期。

③ Amoamo M., “Tourism and Hybridity: Revisiting Bhabha's Third Space,” *Annals of Tourism Research*, 2011, 38 (4): 1254 - 1273.

④ Erik Cohen, “Authenticity and Commoditization in Tourism,” *Annals of Tourism Research*, 1998 (15): 383.

⑤ 王宁：《旅游、现代性与“好恶交织”》，《社会学研究》1999 年第 6 期。

⑥ 王宁：《旅游、现代性与“好恶交织”》，《社会学研究》1999 年第 6 期。

⑦ 参见彭兆荣《现代旅游中家园遗产的生态链——广西秀水村旅游开发潜伏的危机》，《广西民族大学学报》（哲学社会科学版）2007 年第 1 期。

⑧ 参见彭兆荣《旅游人类学》，民族出版社，2011，第 98 页。

费、美学化和浪漫化等文化异化现象[①]；张敦福从消费社会入手分析了“旅游形式的变化展现出生活世界的商业化、产业化、理性化，人的天性和主体性被重力挤压，而导致社会世界的祛魅，人们生活在麦当劳化的牢笼中”[②]；宗晓莲提出了旅游地空间商品化的问题[③]，何兰萍揭示了旅游消费的符号性和强制性[④]，刘志扬等提出“民族旅游麦当劳化”[⑤]，张敦福、徐赣丽和刘晓春提出了文化的“表演化和仪式化”[⑥]，陈勤建提出“伪民俗”[⑦]等，这些都是对国外文化商品化理论的延续。也有对文化商品化“利”的分析，孙九霞对旅游效应的正面研究可用“边疆的去边缘化”[⑧]和“再地方化”[⑨]来概括。屈锡华等从社会疏离的角度论述了旅游的正功能，她认为“开展旅游活动是治疗‘社会疏离’的新疗法，是社会和谐建设的新视角与新途径”[⑩]。此外，还有人认为文化商品化可以实现文化良性变迁，增强文

---

① 左晓斯：《可持续乡村旅游研究——基于社会建构论的视角》，社会科学文献出版社，2011，第114页。

② 张敦福：《当游玩变成一种消费机器——中国消费社会形式变迁的旅游人类学研究》，《广西民族大学学报》（哲学社会科学版）2007年第1期。

③ 宗晓莲：《旅游地空间商品化的形式与影响研究——以云南省丽江古城为例》，《旅游学刊》2005年第4期。

④ 何兰萍：《大众旅游的社会学批判》，《社会》2002年第10期。

⑤ 刘志扬等：《民族旅游及其麦当劳化：白马藏族村寨旅游的个案研究》，《文化遗产》2012年第4期。

⑥ 张敦福：《当游玩变成一种消费机器——中国消费社会形式变迁的旅游人类学研究》，《广西民族大学学报》（哲学社会科学版）2007年第1期；徐赣丽：《民俗旅游的表演化倾向及其影响》，《民俗研究》2006年第3期；刘晓春：《民俗旅游的意识形态》，《旅游学刊》2002年第1期。

⑦ 陈勤建：《文化旅游：摈弃伪民俗，开掘真民俗》，《民俗研究》2002年第2期。

⑧ 孙九霞、陈浩：《旅游对目的地社区族群认同的影响——以三亚回族为例》，《地理研究》2011年第4期。

⑨ 孙九霞、马涛：《旅游发展中族群文化的“再地方化”与“去地方化”——以丽江纳西族义尚社区为例》，《广西民族大学学报》（哲学社会科学版）2012年第4期；孙九霞、陈浩：《旅游对目的地社区族群认同的影响——以三亚回族为例》，《地理研究》2011年第4期；孙九霞：《社区参与旅游对民族传统文化保护的正效应》，《广西民族学院学报》（哲学社会科学版）2005年第4期。

⑩ 屈锡华等：《旅游活动：社会疏离缓解的新视角》，《西南民族大学学报》（社会科学版）2007年第2期。

化自信和加速世界进程[①]。

二　不足及找回不足

在西方，乡村旅游是在工业化和现代化完成后对其进行反思的结果，后工业社会所具有的差异、个性、碎片和审美等特性恰好契合乡村旅游中蕴含的多样化需求，进入后工业社会的西方社会与乡村旅游具有较高程度的契合性和兼容性。而在中国社会场域中，农耕、工业和后工业社会是叠合在一起的，中国的乡村旅游是在工业社会中后期兴起的，其背景是极端的发展主义意识形态推动迅猛的城市化浪潮下所形成的一种极端的“城市信仰”，尤其表现为对大城市孜孜不倦的追求上。激进城市化话语权一路高歌，城市信仰成为降不了温的宗教。中国的乡村旅游是在未竟的工业化过程中实现的，理应体现出中西方在研究背景上的不同。综观国内外相关研究，大多都暗含一个前提，那就是在方法论上存在着二元对立性。此外，在研究内容上，也存在介质研究的不足。针对这些不足，杨振之和杨丽娟的研究对其有极大的补充和推进。

当前研究在方法论上的不足被杨振之一针见血地指出来。他认为“探究争论的逻辑起点会发现这些研究在讨论之前都有一个假定的预设前提：将民族传统文化与大众消费文化严格地对立起来，似乎这两者之间的界限是决然不能逾越的。因此，已有的讨论大多囿限于这两类文化元素在旅游表演文化中所占比例的拉锯战中，始终立足于传统的二元对立研究范式，无法跳出非此即彼的思维框束”[②]。之后，他提出“第三性异质文化”概念，试图打破这种二元研究困境。他以九寨沟藏羌歌舞表演《高原红》为例，用索亚的“第三空间”当理论武器，从文化人类学的视解读自我与他者在旅游语境中互动并杂糅生成的第三性异质文化。这主要表现为民族传统文

---

① 陈丽坤：《离析现代化与旅游对民族社区的文化影响——西双版纳三个傣寨的比较研究》，《旅游学刊》2011 年第 11 期；唐雪琼、钱俊希：《旅游影响下少数民族节日的文化适应与重构——基于哈尼族长街宴演变的分析》，《地理研究》2011 年第 5 期；张瑾：《民族旅游语境中的地方性知识与红瑶妇女生计变迁——以广西龙胜县黄洛瑶寨为例》，《旅游学刊》2011 年第 8 期。

② 阳宁东、杨振之：《第三空间：旅游凝视下文化表演的意义重解——以九寨沟藏羌歌舞表演〈高原红〉为例》，《四川师范大学学报》（社会科学版）2014 年第 1 期。

化自我的现代性表述与主动建构，“在同一个表演空间里，游客与演员因为凝视与被凝视而共享着属于彼此不同的体验与快乐，自我与他者的界限也并不那么分明，让两者逐渐在欢愉中走向混合与交融，超越了所谓的二元对立概念而形成了他性化的第三空间”[①]。这种他性化是一种新的文化类型，“高原红文化表演就成为藏羌传统文化与大众游客消费文化之间的文化，即既非完全纯粹的原生态藏羌传统文化，也非完全同质的大众文化，而是在两者基础上生成的一种与第一种和第二种既有联系又有本质区别的混合型文化，可称之为第三性异质文化，也符合第三空间的理论含义”[②]。杨振之在研究方法上得以成功走出二元困境。

然而，在研究内容上，“第三性异质文化”的提出并不能弥补文化商品化研究中存在的“行动者”和“强介质”缺场的不足。这给后来的学者留下了空间，同时也带来了挑战。文化商品化理论的强项是将人类学引入旅游研究中，这指的是人类学从东道主和游客的角度来展开对人的研究，这是一种较为传统的研究路径，在旅游主体和旅游客体等方面的研究取得了很大的突破。然而，传统的研究路径也面临一些局限，即文化商品化的传统研究在很大程度上遮蔽了对连接两者的纽带的探讨，诸如对资本、权力、导游、符号等旅游介质的研究。纳什（Nash）认为“有闲的旅行者（游客），不管是个人还是群体，都可以看作是在一些旅游戏剧中扮演重要角色的人。戏剧场面中当然还包括各类东道主（如饭店员工、商店营业员和亲戚）、交通运输和导游人员（如飞行员、汽车驾驶员和导游）以及那些使他们能得以成行的人（比如旅游机构、朋友和亲戚）。所有这些演员以及与他们相关的人，都能成为旅游研究的对象。他们组成了非常之多的‘他人’，这些‘他人’正是人类学研究旅游现象时主要关注的人”[③]。纳什拓展了对主客之外的他人的研究，但并未直接提出介质概念并对其进行充分研究。“纳什并没

① 阳宁东、杨振之：《第三空间：旅游凝视下文化表演的意义重解——以九寨沟藏羌歌舞表演〈高原红〉为例》，《四川师范大学学报》（社会科学版）2014 年第 1 期。

② 阳宁东、杨振之：《第三空间：旅游凝视下文化表演的意义重解——以九寨沟藏羌歌舞表演〈高原红〉为例》，《四川师范大学学报》（社会科学版）2014 年第 1 期。

③ 〔美〕纳什：《作为一种帝国主义形式的旅游》，载〔美〕瓦伦·L. 史密斯《东道主与游客——旅游人类学研究》，张晓萍、何昌邑等译，云南大学出版社，2007，第 44 页。

有用‘介体’来概括和表述；没有专门独立出来作为一个需要强调的重要板块；没有区分介体体系中，由与主客体紧密程度而带来的层级性，难免有泛化的嫌疑”①。而中国学者杨丽娟将这一提法明确化并指出介质研究的重要性，“把介体作为客体景观建构产生吸引功效中的一部分，回归了传统的两端式（即东道主与游客）研究，而消隐了介体的‘纽带’本质以及由此引发的特性问题，缺乏把介体作为一个整体单元进行独立研究，研究中出现了明显的‘弱介体’化趋势”②。同样有人也指出这一点，路幸福认为“对旅游中介者研究较少，旅游中介者泛指旅游过程中的人、机构、物、符号等，是东道主—游客，目的地—客源地联系、互动的桥梁和纽带，是旅游系统和旅游人类学研究体系的重要组成部分”③。然而，他只是提出了这个问题而并未研究。杨丽娟则对此有一定的研究，她通过“导游”与其他多种角色的交往模式来强化旅游介质的研究后得出，“这 5 种关系（游客、旅行社、管理局、媒体及导游）相互交织，透过导游中介而扭合，在扭合的过程中充满着导游不断地博弈与挣扎，也造就了现实中的导游事件是一个有中国特色的问题，而目前现有的旅游人类学的理论并不能全面阐释导游问题的起承转合”④。她进一步将旅游介质引入文化商品化的研究领域中，“譬如在分析文化商品化现象时，旅游人类学带着文化‘是真是假’的疑问开始顺着两端分析游客和东道主的体验和感受，关注的是‘为谁商品化’和‘商品化谁’，即商品化的前与后，传统研究即到此为止。其实如果再进一步关注‘谁来商品化’与‘怎样商品化’，即关注商品化的过程与机制，就会发现此处的‘谁’是属于被遗忘了的‘边缘’对象——旅游介体——商品化的实施者更加深度影响着游客的体验与东道主的展演”⑤。她接着讲述道，“介体不仅起着东道主与游客的连接（作用），部分介体还能以‘操盘人’的身份和能量决定‘看什么’，‘怎么看’，直接影响东道主地方资源旅

---

① 杨丽娟：《西学东渐之后：旅游人类学在中国》，《思想战线》2014 年第 1 期。

② 杨丽娟：《西学东渐之后：旅游人类学在中国》，《思想战线》2014 年第 1 期。

③ 路幸福、陆林：《国外旅游人类学研究回顾与展望》，《安徽师范大学学报》（人文社会科学版）2007 年第 1 期。

④ 杨丽娟：《导游：旅游人类学的缺场》，《思想战线》2011 年第 5 期。

⑤ 杨丽娟：《西学东渐之后：旅游人类学在中国》，《思想战线》2011 年第 1 期。

游化方向和样态，以及游客的旅游体验仪式的成败和深浅”[①]。

三　仍悬而未决的问题——介质研究的不足和行动者的缺失

杨丽娟从介体的角度出发研究文化商品化，提出了一个崭新的研究视角。然而她并未对其展开深入的探究，同时也忽视了对介体背后的行动者和宏大法则的探讨。因此，当前关于文化商品化的研究仍然存在旅游介质研究不足和行动者缺场的问题。笔者通过对文化商品化和乡村旅游本质问题进行梳理，批判了前者陷入二元论和虚无主义的困境，借鉴了二元论内在统一性、差异性和主次分明的观点，赋予其行动者意义和旅游介质的扩展研究，使得具有行动意义的文化商品化研究成为可能。

中国的乡村旅游是在未竟的工业化过程中实现的，将作为旅游介质的权力、资本与行动者理论纳入乡村旅游研究中来，将是对文化商品化研究的补充甚至是升华，这就在很大程度上推进了文化商品化的本土化研究。然而，本书在研究范式上或许也具有二元论色彩，但这是对乡村旅游而非其他旅游研究的特殊之处。大众旅游、观光旅游等旅游可以定位在城市，而乡村旅游必须定位在与城市场域不同的乡村地区，两者各自产生的路径是彼此不相容的。从这个意义而言，两者是二元的和不可融合的。在中国工业化的场域中，政府和资本往往成为打破这种“主体间性的诗意化栖居”的“操纵人”。景观设计者为了迎合大众旅游者的需求而使乡村旅游实践出现了“偏题”和“扭曲”，而笔者对少数民族的田野调查正好可以力证这种说法。“制造景观”导致了对“主体间性的诗意化栖居”的破坏，而这是由中国社会处于工业化中后期的宏观规则所决定的。这是权力和资本的强介质合谋的必然结果。一方面，本书试图呈现权力对民族村寨开发权的确立及采取的系列政策和措施；另一方面，本书将最大限度地呈现少数民族村寨社会宗族、血缘、民族等特殊的面向，体现出当地人是如何在景观社会中开展行动的，而到访的游客又是如何在异域社会进行实践的。

左晓斯指出，“当今旅游研究尤其缺乏理论主线或线路，包括独特的理

---

① 杨丽娟：《西学东渐之后：旅游人类学在中国》，《思想战线》2011 年第 1 期。

论视角和清晰的研究思路”[①]。即便是国外的乡村旅游研究，也同样存在这方面的缺陷。总之，笔者认为对中国乡村旅游的研究应该将其置于未竟工业化这一背景下，用工业化和城市化的理念来模塑乡村社区在实践中体现出的对传统和文化的一种“景观化”处理方式，这也是乡村旅游在中国社会现实中备受诟病的根源。如邱建生所说，“工业文明的本质是‘资本的逻辑’，以利润最大化为目标。这种逻辑的起点是市场从社会中脱离出来并凌驾于社会之上的。这一逻辑的眼里没有‘负外部性’的概念，市场加诸自然和弱势人群的代价是被忽略不计的”[②]。总之，笔者认为无论是商品化、真实性等建构于二元对立研究范式中关于文化价值论的探讨，抑或是杨振之的“第三性异质文化”的论述，还是杨丽娟提出的“弱介质”概念，其实它们同样都存在一个认识上的模糊性，即对于“乡村旅游是什么”这一元命题的定位稍显不准，而这正是乡村旅游研究的基本前提。

第二节　乡村旅游本质研究

一　乡村旅游本质的共识性研究

“乡村旅游是什么”这涉及乡村旅游的本质属性问题，是其区别于大众旅游、观光旅游等旅游形式的另外一个事物的根本属性，是乡村旅游是这样而不是那样的根本性问题。国内外分别从乡村旅游的概念定义和动力机制方面进行了研究。

国外对乡村旅游概念的界定上，不同机构和学者有不同的界定。欧洲联盟（EU）和世界经济合作与发展组织（OECD）将乡村旅游（rural tourism）定义为“发生在乡村的旅游活动，其中‘乡村性’（rurality）是乡村旅游整体推销的核心和独特卖点”。世界旅游组织（UNWTO）将乡村旅游定义为“旅游者在乡村（通常是偏远的传统乡村）及其附近逗留、学习、体验乡村

① 左晓斯：《可持续乡村旅游研究——基于社会建构论的视角》，社会科学文献出版社，2010，第32页。

② 邱建生：《在地化知识与平民教育的使命》，《中国图书评论》2014年第6期。

生活模式的活动"①。以色列的阿里和奥迪（Arie Reichel & Oded Lowengart）和美国的阿当（Ady Milman）认为"乡村旅游就是位于农村区域的旅游，具有农村区域的特性，如旅游企业规模较小、区域开阔和具有可持续性等特点"②。比尔·布雷韦尔（Bill Bramwell）对乡村旅游的概念做了较为全面的阐述，"必须是在乡村地区；基于乡村特征（开放空间、乡村遗产等）；小规模的环境、经济、历史和本地性的综合模式"③。此外，科若克（Clock）认为"乡村（是）一种特殊的居住地；乡村社区（是）买卖的背景；乡村生活方式可以被移植；乡村文化的生活画面可以被加工、整体推销和出售"④。贝德福德（Pedford）将乡村旅游的概念扩大到包括"活生生的历史，如乡村习惯和民间传说，地方和家庭的传统、价值观、信仰和共同的遗产"⑤。

国外对乡村旅游动力机制方面的研究，有逃避、怀旧、体验、学习、追求自由、生命的自我实现等。有些是单一因素促发，但大多是多因素共同影响的结果。第一，一种逃避行为。格雷本认为"现代旅游另一个'离心'的主要动力来自时空距离，渴望逃脱当时当地的生活，寻求一种更'现代的'未来（如科学会展或超现代都市），而更常见的则是寻求自然、文化与历史的'过去'"⑥。柔杰克（Rojek）则把旅游看作人们对现代性的一种"解脱方式"（ways of escape）⑦。第二，怀旧情结。在旅游研究领域，对于怀旧这一主题的关注最早可追溯至布尔斯丁，他用"伪事件"（puseo-events）这一

---

① 世界旅游组织编《旅游业可持续发展——地方旅游规划指南》，旅游教育出版社，1997，第51页。

② Arie Reichel, Oded Lowengart, & Ady Milman, "Rural Tourism in Israel: Service Quality and Orientation," *Tourism Management*, 2000 (21), 237 - 248.

③ Bill Bramwell & Bernard Lane, *Rural Tourism and Sustainable Rural Development* (UK: Channel View Publications, 1994), pp. 7 - 21.

④ Cloke P., *Policy and Change in Thatcher's Britain* (Oxford: Pergamon Press, 1992), p. 25.

⑤ Pedford J., "*Seeing is Believing: The Role of Living History in Marketing Local Heritage*," in T. Brewer, ed., *The Marketing of Tradition* (Enfield Lock: Hisarlink Press, 1996).

⑥ 〔美〕纳尔逊·格雷本：《人类学与旅游时代》，赵红梅译，广西师范大学出版社，2009，第276~277页。

⑦ Rojek C., *Ways of Escape: Modern Transformations in Leisure and Travel* (London: Macmillan, 1993).

概念来分析旅游这样一种失常的行为和时代的病症[①]。纳什（Nashi）强调了旅游现象中的角色冲突问题，旅游者在游玩、休息、治疗和丰富自己的精神生活，其他人却必须工作、服务，这就是一种“社会壁垒”。他虽然没有直接提“怀旧”概念，但他的研究中已经认定了怀旧这一因素。他认为去殖民国家旅游尤其是第三世界国家旅游，带有对旧殖民主义的一种“怀旧”。格雷本指出“现代化的急遽变化需要通过对过去生活的体验，赋予现在一种坚固的、稳定的性质和暂时的展望”[②]。在《旅游、现代化与怀旧》一书中，他也指出现代化使人们产生怀旧心理，从而促使人们去旅游。还有很多学者认为旅游的核心隐喻就是怀旧[③]。第三，朝圣、体验和寻求意义等。首先是朝圣说和仪式说。体验与“真实性”有关，麦坎内尔认为旅游者是宗教朝圣者的现代化的化身，追求一种客观意义上的真实性，这是关于旅游是一种朝圣的说法。而格雷本认为采用“世俗和神圣”两分法，将旅游生活视为“神圣的”，这与日常生活的“平凡性”不同，最后他得出“旅游是一种特殊的世俗的仪式”的判断，他是旅游仪式说的代表。其次是多元体验说。科恩是较早将“旅游体验”引入旅游研究中的学者之一，他从功能论的角度将旅游分为休闲娱乐、转移、体验、实验和存在型五种类型，这五种类型可以归结为追求愉悦为目的和追求意义与真实性为目的的两种体验。尤里（Urry）认为旅游是体验一种异乎寻常[④]。最后是意义说。科恩认为旅游就是在寻求一种意义的满足[⑤]。格雷本认为旅游赋予生活以某种意义[⑥]。

---

① Boorstin D., *The Image: A Guide to Pseudo-Events in America* (New York: Atheneum, 1964), pp. 16 – 22.

② 〔美〕纳尔逊·格雷本：《今日东南亚的旅游与人类学：几点比较》，载杨慧等主编《旅游、人类学与中国社会》，云南大学出版社，2001，第69页。

③ Dann, *The Language of Tourism: A Sociolinguistic Perspective* (Wallingford: CBA Internation, 1996), pp. 218 – 228; Graburn, "Tourism, Modernity and Nostalgia," in Akbar Ahmmed & Cris Shore, eds., *The Future of Anthropology: Its Relevance to the Countm Porary World* (London: Athlone Press, 1995), pp. 158 – 178.

④ Urry John, *The Tourist Gaze: Leisure and Travel in Contemporary Societies* (London: Sage, 1990).

⑤ Erik Cohen, "A Phenomenology of Tourist Experiences," *Sociology*, 1979, 13 (2): 10.

⑥ Graburn, Nelson H. H. ed., "Anthropology of Tourism," *Annals of Tourism Research*, 1983, 10 (1): 1 – 189.

国内对乡村旅游的概念界定上，吴必虎认为“乡村旅游就是发生在乡村和自然环境中的旅游活动的总和”[①]。肖佑兴等认为乡村旅游是“以乡村空间环境为依托，以乡村独特的生产形态、民俗风情、生活形式、乡村风光、乡村居所和乡村文化等为对象，利用城乡差异来规划、设计和组合产品，集观光、游览、娱乐休闲、度假和购物为一体的一种旅游形式。它具有乡土性、知识性、娱乐性、参与性、高效益性、低风险性以及能满足游客回归自然的需求性等特点”[②]。彭兆荣从人类学视角强调“‘乡村魅力’对于都市人而言，或者并不是换一个‘地方’，而是换一种体认‘价值’；与其说是在‘乡村空间’旅行，还不如说是在‘乡村概念’中旅游。这里强调了作为旅游主体的旅客对乡村的关照或印象的重要性”[③]。左晓斯总结了国内外学者关于乡村旅游的概念后，将乡村旅游界定为“发生在乡村地区、主要以乡村性为旅游吸引物的旅游活动。一个相应的概念延伸便是‘乡村旅游区’（rural tourist zone），其特征是：以农业文化、传统民俗及田园风光（乡村景观）为依托；游客和居民活动均与农（林、牧、渔）业密切相关，活动范围大多限于真正意义上的农（林、牧、渔）业区；农（林、牧、渔）业人口在区内占据绝大多数”[④]。他将乡村旅游看成是“一种新旅游或者后现代旅游”。他认为“乡村旅游虽然历史悠久，但只是到了今天这个有点后现代味道的时代才显示出特别的意义和更加旺盛的生命力，今日旅游正日趋走向‘乡村化’（ruralization of tourism）”[⑤]。

国内对乡村旅游动力机制方面的研究，同样也可以划分为怀旧、逃避和体验三种理论派别。一是怀旧主义。熊剑峰认为“当旅游成为时尚，传统被再次认可推崇，便不难理解由怀旧引发的怀旧旅游其最终的指向即是传统文化与民族精神，其最终之目的即为对抗现代性对主体的异化，保持

---

① 吴必虎：《区域旅游规划原理》，中国旅游出版社，2001，第41~84页。

② 肖佑兴、明庆忠、李松志：《论乡村旅游的概念和类型》，《旅游科学》2001年第3期。

③ 彭兆荣：《旅游人类学视角下的“乡村旅游”》，《广西师范大学学报》2005年第7期。

④ 左晓斯：《可持续乡村旅游研究——基于社会建构论的视角》，社会科学文献出版社，2010，第9页。

⑤ 左晓斯：《可持续乡村旅游研究——基于社会建构论的视角》，社会科学文献出版社，2010，第9页。

主体自身的本土感和本土性”[①]。左晓斯认为“在当代社会，特别是当代都市社会的人们，面临各种各样的巨大压力，面临经济的、社会的、环境和精神的四大危机，这些危机触发了人类灵魂深处的逃避主义本能，记忆中的田园牧歌开始产生魔力，这种怀旧情结成为今日乡村旅游发展的巨大推力，这在发达国家尤其明显”[②]。二是逃避主义。黄洁从“乡土情结”的角度来看待乡村旅游，认为“乡村旅游正是在人类意识到人类环境恶化将使人类失去栖息地之后，开始成为城市居民青睐和追求的方向，它切合了近几年兴起的‘生态旅游’、‘绿色旅游’以及‘可持续发展’的巨大潮流，具有不可抵御的独特魅力。乡村旅游的兴起和发展原因固然有消费引导和旅游者从众心理的因素，但其根本动机是人类对自然的一种回归，是人类从心理上否定了逃离自然的行为后所产生的寻求心灵归宿的特殊情结”[③]。左晓斯则有系统的研究，他认为“逃避主义成为应对现代性与后现代性交织一团的都市生活的不确定性和张力的最常用策略”[④]。他进而认为乡村旅游追求的就是一种体验，不管这种体验是真实的还是非真实的。“由于当代社会中各种权力施加于人类灵魂和肉体上的各种限制、控制和操纵，人类逐渐滑入一种不真实或异化（alienation）的生存状态，普遍产生迷失真实自我的感觉。……全球蔓延，都市人群，特别是其中数量庞大、经济实力较强的中产分子，普遍感到焦虑、迷茫，感到个性或‘真我’（real self）的迷失。乡村旅游恰恰为他们提供了这样一些情境，使其有机会进入一个与自己日常生活完全不同的他者的世界（others' world），从而以他者方式做回自己、认识自己”[⑤]。他总结道，“他们（旅游者）不过是借助乡村旅游客体、乡村环境及乡村中的他者（乡村居民）追寻自己一度迷失的原真自我”[⑥]。三

① 熊剑峰：《怀旧旅游解析》，《旅游科学》2012 年第 5 期。

② 左晓斯：《可持续乡村旅游研究——基于社会建构论的视角》，社会科学文献出版社，2010，第 1 页。

③ 黄洁：《从“乡土情结”角度谈乡村旅游开发》，《思想战线》2003 年第 5 期。

④ 左晓斯：《可持续乡村旅游研究——基于社会建构论的视角》，社会科学文献出版社，2010，第 96 页。

⑤ 左晓斯：《可持续乡村旅游研究——基于社会建构论的视角》，社会科学文献出版社，2010，第 97 ~ 106 页。

⑥ 左晓斯：《可持续乡村旅游研究——基于社会建构论的视角》，社会科学文献出版社，2010，第 107 页。

是体验主义。2002年，派恩和吉尔摩的《体验经济》中译本出版后，体验研究才出现热潮。国内的旅游体验研究开端于谢彦君，他认为“旅游是个人以前往异地寻求愉悦为目的而度过的具有社会休闲和消费属性的短暂经历”[①]。白鸽认为“在具体的乡村旅游中，乡土文化是开展乡村旅游所依托的资源。乡村旅游可以使人们到乡村去体验和体会一种‘怀旧’的感觉，毕竟‘乡村’可以成为人们记忆中与‘过去’联系在一起的场景”[②]。彭兆荣认为“乡村旅游与地方性知识的吸引力有关。因为乡村可以被看作与传统文化的发生、与环境建立起来的自然关系以及‘面对面社群’（face to face community）的基本单位，对‘地方性’具有特殊的说明意义”。他认为“游客在乡村旅游可与传统和自然保持近距离的‘亲密接触’，享受宁静祥和的氛围，到大自然‘氧吧’获得身心的快乐健康。也可以是对都市喧嚣、快节奏的工作压力和人际关系的淡薄与疏离的一种暂时的逃避。也可以是到乡村去体验和体会一种‘怀旧’的感觉；毕竟‘乡下’可以成为人们记忆中与‘过去’联系在一起的场景”[③]。他认为“‘乡村魅力’对于都市人群来说成了一种‘挡不住的诱惑’，其意义更多的或许并不是让游客换一个‘地方’，而是换一种体认的‘价值’[④]。

通过概念定义和动力机制方面的研究，众多学者达成共识，即文化性和乡土性是乡村旅游的核心。如左晓斯所言，“虽然没有一个统一的认识，但是大多数学者认为乡村性是吸引旅游者进入乡村旅游的基础，也是乡村旅游营销核心和独特卖点，是区分乡村旅游与其他旅游类型的最重要标志”[⑤]。

二 不足和挑战共识——“人诗意地栖居”的提出

国外在探讨乡村旅游本质的同时，大致有两种取向：第一，从权力关系不均等的政治经济学角度进行界定，其中最著名的就是纳什的“旅游是

---

① 谢彦君：《基础旅游学》（第2版），中国旅游出版社，2004，第41～84页。

② 白鸽：《旅游开发对乡土传统文化的结构和解构——以柳林县三交镇黄河风情游为例》，《理论前沿》2014年第2期。

③ 彭兆荣：《旅游人类学视角下的“乡村旅游”》，《广西师范大学学报》2005年第7期。

④ 彭兆荣：《旅游人类学视角下的“乡村旅游”》，《广西师范大学学报》2005年第7期。

⑤ 左晓斯：《现代性、后现代性与乡村旅游》，《广东社会科学》2005年第1期。

帝国主义的一种形式”的理论；第二，将旅游视为一种朝圣的过程，探索旅游体验对游客的影响，格雷本的旅游仪式理论和象征意义说是这方面的代表。然而，这些研究将目光过多地聚集于目的地社会，正如学者指出的，“事实上，这两种取向都以游客的观念、动机或行为为关切的焦点。也就是说在对旅游本质的问题上，学者们注意的是‘输出社会’的集体意涵的分析，而较忽略对‘接受社会’的探讨”[①]。此外，左晓斯指出，“虽说西方国家对乡村旅游研究比我国起步要早，研究方法更成熟多样，研究更有深度，特别是个案研究积累较多，但仍然缺乏系统的、全面的、比较性的研究成果”。基于中国的本土经验，本书提出“制造景观”这一概念，最终提出乡村旅游的真正本质是“主体间性的诗意化栖居”[②]。

无论是关于乡村旅游概念的界定还是其动力机制方面的研究，都未能清晰地道出乡村旅游的本质问题。杨振之将旅游本质问题的研究向前推进了一大步，他通过梳理关于旅游的概念后认为，“迄今为止，都是对旅游表象的思考，是将旅游作为一种社会经济等表象来定义，而没有追问到旅游的本质”[③]。他认为旅游已经超越了朝圣、体验范畴，而后者只是表现而非本质。在“体验是乡村旅游本质”的主流观点下，他借用海德格尔在《诗·语言·思》中提出的，人的本质就是“诗意地栖居在大地上”，而提出旅游的本质是“人诗意地栖居”的观点。他认为“人通过旅游寻找到自我，尽管时间很短暂。但其价值就在于这一短暂的自我寻找，让人回归自我，而又不耽误人回到世俗生活”[④]。杨振之所开拓的研究思路对笔者的启发较大，他从存在和意义的层面并借用海德格尔的言论来看旅游的本质，提出旅游的本质是“人诗意地栖居”的观点，这样，他就将“人”置于旅游中的主要位置。他认为“旅游也是人存在于世界上的一种方式，由于日常生活已难于寻找到诗意，所以人们要去旅游，所以旅游的本质是诗意地栖居”[⑤]。

① 宗晓莲：《旅游开发与文化变迁——以云南丽江县纳西族文化为例》，中国旅游出版社，2006，序二第17页。

② 左晓斯：《现代性、后现代性与乡村旅游》，《广东社会科学》2005年第1期。

③ 杨振之：《论旅游的本质》，《旅游学刊》2014年第3期。

④ 杨振之：《论旅游的本质》，《旅游学刊》2014年第3期。

⑤ 杨振之：《论旅游的本质》，《旅游学刊》2014年第3期。

然而他主要从旅游者的角度出发来定义旅游的本质。受雇于游客自身视角的限制，他仅仅将人的范畴单一化，并狭隘地定位于游客这个群体，而在最大限度上忽视了“诗意”的生活方式“栖居”在谁的基础上。换句话说，他只阐释了作为栖居者的游客的主体问题，而忘记了被栖居者是作为另外一个主体而存在的，这另外一个主体就是当地人，当地人及地方性知识系统是人的存在的意义之所在，是栖居的载体和依附所在。缺少了他们，栖居将依附于谁就会成为一个问题。作为文化持有者的当地人在当地的环境中“诗意地栖居”，文化是当地人诗意地栖居的结果，这是乡村旅游的前提和基础，亦即没有一种真正的他者的文化，乡村旅游也就不成为乡村旅游了。

三　仍存在的困境和“主体间性的诗意化栖居”的提出

笔者认为当下对乡村旅游本质的研究仍须深挖，尽管国外的研究比国内较为成熟，但国外关于乡村旅游本质的探讨也值得进一步思考。杨振之所开拓的研究思路和方法对笔者的启发意义较大，他从存在和意义的层面借用海德格尔的言论来看乡村旅游的本质，提出旅游的本质是“人诗意地栖居”的观点。然而他主要从旅游者的角度出发来论述诗意的栖居方式，而忽视了当地人这一主体。本书对“乡村旅游的本质”问题进行了质疑和重新思考，并兼顾了“输出社会”和“输入社会”，但更多地侧重于后者，提出了“主体间性的诗意化栖居”是乡村旅游的本质。从“人”的存在性角度凸显出乡村旅游的本质，区分出长期栖居的当地人才是诗意化的关键主体，而作为短暂栖居的游客则是一般主体。因此，笔者提出“主体间性的诗意化栖居”的论点兼具二元论的长处和解构论的优点，分清了一般性主体和关键性主体的区别。

笔者认为乡村旅游暗含着两大主体的交汇。“主体间性”是西方哲学的一个概念，西方哲学从主客关系转向了主主关系的研究，是一种新的思路和研究方法。哈贝马斯将其运用于社会学领域中，他提出的交往行为就是一种典型的主体间性行为，因为这种行为是建立在相互理解和沟通的基础上的。在乡村旅游中，主客之间在文化上同样是平等的主体间性关系。因此，笔者在此基础上提出乡村旅游的本质是“主体间性的诗意化栖居”的观点。延续并拓展杨振之的观点，笔者认为乡村旅游已经成为一种存在意义上的生活方式，而这种生活方式具有“主体间性的诗意化栖居”特征，当地人居于关键主体的位置，而外地游客则居于一般性主体位置。文化是有关键主体性指向志趣的，否则文化对于游客而言也仅仅是供人观赏的吸引物而非体验的生活方式。这也是笔者与杨振之所谓的“第三性异质文化”不同的地方，笔者认为他者的文化才是乡村旅游的前提和基础，乡村旅游的主体性应该重点指向当地人而非游客。

因此，笔者的研究从文化商品化、第三性异质文化和文化变迁等具体问题的分析到反思“乡村旅游是什么”这样的元命题上来，批判了前者陷入的二元论和虚无主义的困境，借鉴了二元论内在统一性、差异性和主次分明的观点，赋予其行动者意义的表述，使得具有行动意义的文化商品化研究成为可能。本书批判了当下乡村旅游研究对于体验本质的认知而忽视了“人诗意地栖居”的生活方式，拓展了诗意化主体中“人”的类型，道出了他者才是诗意栖居的关键主体，而这是乡村旅游的前提性条件。因此，笔者认为“主体间性的诗意化栖居”才是乡村旅游的本质。该论点具有两方面的含义：一是谁具有诗意化栖居的权利？即诗意地栖居的主体是谁的问题。这里不仅包括世世代代居住于此的当地人，文化是他们祖祖辈辈保留和衍生出来的，因此，他们拥有栖居的权利；而且游客也享有诗意地栖居权，对于进入异质环境中的他们而言，过一种短暂的、没有包袱和负担的诗意的生活是他们的真实需求，这种真实需求是“non-gazing tourism”[①] 而非“tourism gaze”[②]。二是诗意化栖居的关键性主体是谁？如果说第一层含义区分出了旅游主体的问题，那么第二层含义则对主体进行了关键主体和一般主体的层级划分。关

① 这是由澳大利亚旅游研究者托尼·维尔提出的一个概念，他认为当今旅游需求已经从居于支配地位的“tourist gaze”演变为“non-gazing tourism”。可参见托尼·维尔《休闲和旅游供给：政策与规划》，李天元、徐虹译，中国旅游出版社，2010。李天元等人对其有进一步的分析，“如今全球国际旅游市场需求的主流早已不再是以饱眼福为目的的文化猎奇式‘旅游观光’，而是已经演变为追求务实性身心享受的‘非观光目的的旅游活动’”。具体参见李天元、张凌云、沈雪瑞《国际旅游文献中若干术语的汉译表述：问题与探讨》，《旅游科学》2012 年第 5 期。

② 这是约翰·厄里提出的一个概念，其实在很大程度上就是国人通常所说的以饱眼福为目的的文化猎奇式旅游观光或观光型旅游活动。具体参见李天元、张凌云、沈雪瑞《国际旅游文献中若干术语的汉译表述：问题与探讨》，《旅游科学》2012 年第 5 期。

键主体是比一般主体更加重要的主体，在乡村旅游语境中，关键主体是当地人，是他者的文化，是在当地自然环境、社会环境和文化环境交汇中的地方性知识库。他者及其文化是乡村旅游之“根”，缺少了它，文化对于游客而言也仅仅是供人观赏的吸引物，乡村旅游也就不再是乡村旅游了。这也是笔者与杨振之所谓的“第三性异质文化”不同的地方，他并未区分主体的层级问题，而笔者认为乡村旅游是有关键主体性旨趣的。当地人及其生产出来的文化才是乡村旅游的基础，乡村旅游的关键性主体理应指向当地人及社区而非游客。此外，作为人存在于乡村旅游中，对文化商品化具有一定的行动意义，有当地人的反抗和赞同，也有游客的抵抗和附和，同意者对文化商品化具有促进作用，而反抗者则对其具有较大的延迟作用。乡村旅游应该有自己的特殊之处，而并非如杨明华所说，“乡村旅游地的景观多都是根据大都市的期望需求以及观看目光来设计和打造的。经济不发达地区丰富的自然人文旅游资源往往是‘为富人准备的盛宴’”[①]。本书仍然延续文化商品化的路子，使具有行动者意义的文化商品化研究成为可能，重点突出该过程中文化成为“维系资本谋利的需要”而非“游客和当地人诗意化栖居生活的需要”及当地人被边缘化的处境，通过中国的经验来反思“乡村旅游是什么”这一核心问题。从系统论出发，笔者认为用资本主义和工业化的理念来重塑乡村社区是背离乡村旅游“主体间性的诗意化栖居”的本质的，是乡村旅游在中国基层社会场域中备受诟病的根源。

本书的研究主题仍然是文化商品化问题，但克服了其在方法上的极端二元性和内容上的“弱介质化”和“行动者的缺场”，提出了“主体间性的诗意化栖居”是乡村旅游本质的观点。从经验层面而言，用“制造景观”这一中层概念凝练和统摄经验材料，分析谁来制造、制造的过程、制造的后果等，最后上升到对乡村旅游本质的反思。具体而言，当乡村旅游与现代工业社会相遇时，一种源于本地、为当地人服务的一套特殊的文化系统被置换成按照商品化、理性化等城市文化观念而制造出来的一种同质化和物化的景观，这一过程的最终目的是利润的增加。“新旅游形式（含乡村旅游）把我们引向新的、更巧妙更智慧的创造旅游神圣光环（an aura of tourism）

---

① 杨明华：《乡村旅游城乡互动与区隔》，《贵州社会科学》2014年第5期。

的方式，并造就拜物教的新秩序（a re-ordering of the fetishism）。”[①] “城市化”下的文化限定并不是异域社会的想象，而是对工业社会和城市社会的叙事和想象。这种想象包含着制造的膨胀的虚假欲望，这种限定由消费逻辑和景观幻象的逻辑主宰。“随着旅游规模的不断扩大以及开发的深入，乡村旅游中的‘乡村性’特征会受到削弱，乡村特质将被不断侵蚀直到丧失。这种趋势在中国等本来‘乡村性’特征比较突出的发展中国家更加明显。这里城乡居民对物质享受的追求尚未得到满足，商业主义的逐利性更加直接而迫切；后现代意识也仅仅限于一小撮知识分子，后者对这种强大的趋势无能为力。”[②] 这是乡村旅游在中国工业文明下的悲剧色彩。

第三节 景观、商品及文化商品化

一 景观和景观社会

“景观”（landscape）的概念经历了从地理生态学、人类学到哲学研究的历程。首先是地理学和生态学上的景观，指的是自然风光和风景画面。19 世纪初，德国地理学家洪堡德（Von Humboldt）把景观引入地理学，并将其定义为“一个区域的总体特征”，即自然要素与文化要素的综合特征，强调了地貌的特征。后来苏联学家贝尔格成立景观地理学派。20 世纪 30 年代以来，景观概念被引入生态学，形成景观生态学派。美国地理学者迈尼希（Meinig）认为，“景观是我们所视的整体，我们各种感觉的印象……它是普遍存在的，是被观察而不必被赞赏的实体，它由我们的视觉所定义，并由我们的精神所解释，它是一个连续的表面，而不是一个地点、区位或被限定的地区”[③]。法国地理学家贝尔奎（Berque）认为景观不仅仅是视觉概念，而且在某种意义上

① 左晓斯：《可持续乡村旅游研究——基于社会建构论的视角》，社会科学文献出版社，2010，第 112 页。

② 左晓斯：《可持续乡村旅游研究——基于社会建构论的视角》，社会科学文献出版社，2010，第 214 页。

③ 〔英〕阿兰·贝克：《地理学与历史学——跨越楚河汉界》，阙维民译，商务印书馆，2008，第 111 页。

还包含了人们对于景观的鉴别，更为甚者，景观意识中还包含了构想的景观与记忆的景观，并且人们会将这两种景观综合到地点的意识之中。威恩斯（John A. Wiens）认为景观生态学是关注土地利用和人类景观结构的宏观上的特征。[①] 其次是人类学意义上的景观。人类学者本德（Bend）将景观同记忆、性别、策略联系在一起，强调景观是一个融合了历史、政治、社会关系以及人文感知的综合体。[②] 另一位人类学家赫希（Hirsch）将景观视为文化过程，寻求环境的"内部人"，并且探讨这些与土地相关的人对于景观所持有的看法。[③] Eric Hirsh 认为景观人类学的"景观"指的是人类对环境的主观性认知和看法。[④] 他进一步认为，景观人类学关注由外部观察者塑造的景观意象和由居民形成的风景两者的对立关系，其理论思想背后是"空间"和"场所"的概念对立。[⑤] 最后是哲学意义上的景观（spectacle）。该概念最早于 1959 年由德波等人在创立情境主义国际时首次提出，并在《景观社会》一书中作为对资本主义批判的核心概念而贯穿全书。但德波并未给景观下一个明确的定义，只是将其观点散落在书中的各个部分，如"景观是全部视觉和全部意识的焦点"、"不是影像的聚集，而是以影像为中介的人们之间的社会关系"、"异化的具体生产"、"一场永久性的鸦片战争"、"一种拜物教"、"非生命的自主运动"等。张一兵认为，"景观"是德波新社会批判理论的关键词，原意为一种被展现出来的可视的客观景色、景象，也指一种主体性的、有意识的表演和作秀[⑥]。此后，史蒂文·贝斯特认为景观是一种由真正的社

---

① John A. Wiens, "What is Landscape Ecology, Really?" *Landscape Ecology*, 1992, 7 (3): 150.

② Bender, B., *Landscpe: Politicals and Perspective* (Oxford: Oxford University Press, 1992).

③ Hirsch, E., *The Anthpology of Landscape: Perspective on Place and Space* (Oxford: Oxford University Press, 1995).

④ 〔日〕河合洋尚：《景观人类学视角下的客家建筑与文化遗产保护》，《学术研究》2013 年第 4 期。

⑤ 〔日〕河合洋尚：《景观人类学视角下的客家建筑与文化遗产保护》，《学术研究》2013 年第 4 期。

⑥ 张一兵对"景观"概念的来源有详细的追溯，"景观"（spectacle）一词，出自拉丁文"spectae"和"specere"等词语，意思都是观看、被看。台湾学者也将其译为"奇观"。笔者以为，"spectacle"不是令人惊奇地观看，恰恰是无直接暴力的、非干预的表象和影像群，景观是存在论意义上的规定。它意味着，存在颠倒为刻意的表象，而表象取代存在，则为景观。德波第一次使用"景观"一词，是在他发表在《情境主义国际》1959 年第 3 期对《广岛之恋》的影评文章中。据胡塞的考证，"景观"一词应该是源自尼采的《悲剧的诞生》一书。

会阶级统治的机构设施；是一种意识形态，源于现实的社会状况，这种意识形态拥有一种真正的催眠行为的刺激力量。[①] 尼古拉斯·米尔佐夫则认为景观就是资本，因为在景观社会里个人被景观弄得目眩神迷，被动地存在于大众消费文化之中，他唯一渴望的是获得更多的产品。[②] 国内最早对于情境主义国际译介的《新马克思主义传记辞典》中指出，景观是包括权力在直接的暴力之外将潜在的具有政治批判的和创造性能力的人来归属于思想和行动的边缘的所有方法和手段。[③] 多斯塔（Karoline Daugstad）对景观有全面的综述，他认为“地理学知识只是在地理上的呈现，比如地图、相片、绘画和基于 GIS 的系统。而后在 80 年代‘新的文化地理’或‘语言学转向’代表了不同的方法来理解具体的景观概念。它代表的是对传统实体主义的批评，其中物理变化不是引起变化的原因而是调查的主体。现在，景观被作为意识形态、价值判断和权力象征的代表而被研究，主要的关注点不在于景观本身，而是作为一个中介，它是如何表达社会和心理建构的。但也因强调一种可视化的意识形态而遭到诟病”[④]。

本书将“景观”视为与文化相对立的概念，地方文化具有“地缘性”和自然生成的特性，而景观与文化相对，景观既无“地缘性”又无自然天成的特性。本书的景观不仅仅具有地理学上的含义，更多的还是一种人类学、社会学和哲学层面的含义。本书既将景观视为对具体景点的打造，又将其看成是抽象的景观意识形态。景观是由权力和资本共同“商榷”和“谋划”出来的，而权力和资本对不同意见进行边缘化，让资本增值的目标掩盖在“服务于当地民众”和“促进当地发展”的美好口号中。部分游客和当地人成为景观制造的“同意者”和“协同者”，因此，景观的制造过程是集体化的产物。然而这个过程也充满了博弈和反抗，部分当地人和游客

① 〔美〕道格拉斯·凯尔纳：《波德里亚：批判性的读本》，陈维振、陈明达、王维译，江苏人民出版社，2005，第 81 页。

② 徐海敏：《从“景观”到“景观社会”：国内外研究现状述评》，《廊坊师范学院学报》（社会科学版）2009 年第 5 期。

③ 〔美〕罗伯特·戈尔曼编《新马克思主义传记辞典》，赵培杰等译，重庆出版社，1990，第 767 页。

④ Daugstad, K., “Nogotiating Landscape in Rural Tourism,” *Annals of Tourism Reasearch*, 2008, 35 (2): 405.

则成为景观社会的“反抗者”和“对立者”。

景观社会是由景观构建起来的社会，是传统村寨经过旅游开发后转型为一个景点的社会，这个景点的社会就被称为景观社会。如德波所言“景观，像现代社会自身一样，是即刻分裂（divisc）和统一的。每次统一都以剧烈的分裂为基础。但当这一矛盾显现在景观中时，通过其意义的倒转它自身也是自相矛盾的：展现分裂的是统一，同时，展现统一的是分裂”[①]。本书中的景观社会同样是分离和统一的。对于村社内部而言，景观社会是破碎和分离的，因为它按照自身的组织原则而对村庄文化要素进行抽取和重新组合，打破了文化子系统之间的有机联系，搅乱了村庄文化自身维系和再生产的机制，村寨传统呈现碎片化和意义消解的迹象。对于制造者而言，景观社会是统一和整合的，碎片化的文化组合正是景观社会的目标，景观制造者采取工业化生产方式将传统文化切割成碎片并按照资本增值的原则统合起来。在服务于价值最大化的目标下，文化可随时进行断裂式的抽取和重组。总之，景观社会有着来自政府和资本的赋权，其统摄下的村社已与传统村寨渐行渐远。景观社会是发展消解文化意义的社会，在这个社会中，人类在多样化的时空下多种选择能力消失殆尽。乡村社会沦为左晓斯所说的“非城非乡”的不可持续的状态，“它既不受当地人欢迎，也非游客所愿。其最终结局当然是衰落或被旅游业遗弃。然而，这种‘非地方’终究还是一种地方，只不过是一种被旅游业掠夺过、被贪婪的资本主义侵占和榨干了原汁的地方。游客可以随着资本家或投资者对新目的地和地方的探索和开发而移往他处，地方居民还必须世世代代在这种变质变性的地方生存繁衍”[②]。同时乡村景观将会走向消亡，并进入学者所说“创造性毁灭”的境地，“过度商品化会导致乡村传统生活‘被置换’，旅游真实性建构的文化基础被破坏，最终乡村旅游地将走向‘创造性毁灭’（creative destruction）”[③]。最后，乡村社会所失去的将不会再来，“今天，以资本和权力为核

① 〔法〕居伊·德波：《景观社会》，王昭风译，南京大学出版社，2006，第21页。

② 左晓斯：《可持续乡村旅游研究——基于社会建构论的视角》，社会科学文献出版社，2010，第213页。

③ Huang, Wall & Mitchell, “Greative Destruction: Zhu Jia Qiao, China,” *Annals of Tourism Research*, 2007, 34 (4): 103.

心的全球化知识体系已经在社会的各个层面占据了主要位置，从而具有了高度的政治正确和社会正确。在这个过程中，我们得到了很多，但也失去了很多。从更长的历史过程来看，我们得到的终将失去，而失去的将永不再来"[①]。

二　文化、商品及文化商品化

文化是人类学等社会科学永久不衰的研究话题。普洛格（Puluoge）和贝茨（Beizi）强调人在文化面前的主动性和创造性，指出文化与人的关系不是优秀的脚本和蹩脚的毫无想象力的演员之间的关系，人也并非扮演文化指定的角色，而是文化的创造者、文化特质的决定者。[②] 当地的文化是在当地场景中发生、发展和消亡的，是存在于当地的历史环境和自然环境中的。

本书从功能论的角度来定义文化，文化是基于地方场景生产和发展出来的以当地人为载体的一套生活方式。在乡村旅游研究中，传统文化或地方文化具有特殊的内涵和价值。宗晓莲指出"传统文化负载一个民族的价值取向，影响着一个民族的生活方式，拢聚着一个民族自我认同的凝聚力。传统文化是一个民族的历史生命在现实社会中的延续"[③]。就乡村旅游而言，不同学者对乡村旅游的界定是不同的，但其乡村性和文化性是乡村旅游的核心和要点，这是大家公认的。本书将乡村旅游定义为：旅游者在乡村社会中所经历与自己生活、工作场景迥异的另外一套生活方式，在追求的过程中，他们能与当地人充分和平等地互动，体验到不一样的文化类型。生活方式也就是文化，文化具有历史性和现实性，"所谓历史性是指这部分文化是经过长时间形成并传承下来的；所谓现实性，是指这部分文化在现实生活中被继承，仍具有生命力，是一种'活'文化"[④]。霍布斯鲍姆等人提出了"传统的发明"概念，意指"传统并不是恒定和稳固的，而是为适应新的需求而被文化的主体——

---

① 邱建生：《在地化知识与平民教育的使命》，《人文与社会》2014 年第 3 期。

② 宗晓莲：《旅游开发与文化变迁——以云南丽江县纳西族文化为例》，中国旅游出版社，2006，序二第 14 页。

③ 宗晓莲：《旅游开发与文化变迁——以云南丽江县纳西族文化为例》，中国旅游出版社，2006，序二第 5 页。

④ 宗晓莲：《旅游开发与文化变迁——以云南丽江县纳西族文化为例》，中国旅游出版社，2006，序二第 5 页。

人——所创造和发明出来，‘被发明的’传统之独特性在于它们与过去的这种连续性大多是人为的（factitious）”[①]。只不过在旅游过程中，“人为的”不仅涉及当地人，而且也涉及作为外来人的游客，他们才是“传统的发明”的真正主人。乡村旅游涉及的是当地人和游客两大主体的互动和平等交流。在旅游情景中，文化是旅游者需要体验的一套生活方式，文化是乡村旅游的核心。因此，基于文化主体性和文化自信自觉基础上的当地人和游客在旅游过程中实现着一种基于可共享的文化价值理念上的主体间的互动和交流。

文化是村落的家底，是判断一个地方是否具备乡村旅游潜质的关键衡量标准。有了深厚的历史沉淀和丰厚的传统文化，村庄就具有了独立的精神内涵，有了当地人的存在，村落就显得朝气蓬勃。当地的文化和族群生活蕴含着一种“维系族群生活”的功能，这就是邓正来所说的“生存性智慧”，即“人们在生活实践中习得的、应对生活世界各种生存挑战的‘智慧’”[②]。而景观化的展演则是对这种生存哲学的机械运用，当地的文化只是作为一种文本而非意义呈现出来，利用文本来宣传旅游，利用遗产定级来确保和延长旅游的生命。而这种单纯依靠宣传和遗产论证来表达的文化与原初上的文化意义已经相差甚远，其脱离了与村庄原有的亲密关联，其所承载的意义也已经丧失。景观逻辑暗含着这样一种意思，即文化是可以被碎片化看待的，当地文化可以被肢解，并可以由“碎片”串联起来。从当地文化中任意拾掇起一些文化要素都是制造者们所谓的文化的开发和挖掘，然而，这种拾掇并非是对文化的真正挖掘，而是所谓的对历史和文化进行揭秘的活动，用碎片化的文化来打扮、组装和冒充当地文化，当地文化就被彻底而颠覆性地“重塑”和“再造”。景观制造者们将文化生产的充满浓厚情感和意义的村寨场景切换成一种冷冰冰的和理性价值至上的车间工厂。另外，景观制造者们通过制造新的文化符号来进行历史和文化的揭秘。如对苗王的制造似乎就将苗王的历史进行“揭秘”，将这一民族领袖从当地文化中挖掘出来，塑造成为整个夏银村文化的人物核心。这是为了将最为古

① 〔英〕E. 霍布斯鲍姆、T. 兰杰编《传统的发明》，顾杭庞、冠群译，译林出版社，2008，第2页。

② 邓正来：《“生存性智慧”与中国发展研究论纲》，《中国农业大学学报》（社会科学版）2010年第4期。

老和最为传统的文化揭示出来，遵循的是“越是落后的就越是吸引人的”原则。历史和文化的揭秘活动造成了两方面的社会后果。一方面，景观的制造者们撬动和扭曲了当地文化和历史发展的秩序和规律。景观的霸权具有给事物赋予烙印的效应，让历史和文化发展的客观规律沾染上“人为”的印痕，通过夸大和凸显个别文化要素而制造出所谓的“落后”象征，达到吸引游客的目的，其最终是为了自身的经济价值。而这样的文化早已丧失了已有的文脉和地脉，严重损害了村庄发展规律和村庄秩序。另一方面，以外来者的眼光随意进行文化捏造和组装而形成的文化并未得到绝大多数当地人的认可，同样也未融入当地文化再生产的序列中，这是一种文化丧失主体性的过程。当地人在最大限度上对景观的抵制在某种程度上就是表达对这种揭秘活动的不满，同样，游客也不会真正对这样的文化感兴趣。文化持有人与文化之间的两相分离，这是文化最大的悲剧。

关于商品的概念，马克思主义学派则对商品的界定带有一种极强的批判主义色彩。马克思认为“劳动产品一旦作为商品来生产，就带上拜物教性质，因此，拜物教是同商品生产分不开的”①。这就是著名的商品拜物教理论，而后这种理论演变为货币拜物教和资本拜物教，这是马克思主义理论的精髓。这一理论是用来说明资本主义社会中人们生产关系的物化、人为物役和人为物转及人主体性的丧失等现象。而后格林伍德将商品化引入旅游研究中来，提出了文化商品化理论并对其进行了开创性研究，他以“文化能被商品化吗”这一反问的形式来刻画当地文化被作为商品出售的现实。与马克思主义对商品社会持有的批判态度具有一致性，他同样是从文化商品化的负面影响上来看待这一现象的，认为文化被作为商品来出卖，这会剥夺文化的内涵和文化持有者的文化权利。之后关于文化商品化的后果学界进行了正反两派的争论。

本书也探讨旅游过程中的文化商品化理论，延续马克思和格林伍德的批判性维度，将景观等同于商品的概念，制造景观的过程就是一个使文化演变为商品来出售的过程。当地传统习俗、文化、生活方式及传统人物等皆被视为一种商品来制造，其最终导致文化内涵的消失、人的主体性的丧

① 〔德〕马克思：《资本论》（第1卷），人民出版社，2004，第89页。

失和人与人之间关系的异化。因此，在这个构建起来的景观社会中，存在着当地人对“他者文化”的制造和游客对“自我文化”的消费。对于关键主体的当地人而言，被抽离出原有生长空间和语境的文化元素按照景观法则而统合起来。这样，原本作为一种他者和彼在的村寨文化反而成为对工业社会和城市社会的叙事和想象。对于一般主体的游客而言，他们并未将当地族群的生活方式和“他者的文化”与自我价值的实现连接起来，而是在进行“自我文化”的消费，偏离了短暂的“诗意化栖居”的本意。这就促使我们对乡村旅游的本质展开反思，乡村旅游到底是一种追求自由的诗意化的社会行为，还是一种追求利润的纯经济行为？笔者认为是前者。乡村旅游是旅游者到异域社会寻找和体验异质生活的一种活动，这涉及在异域社会的当地人和来体验异域生活的游客两大主体。对游客而言，他们内心的真实需求是融入当地的日常生活，体验异于工业社会和城市社会的当地文化，最后达到对自身和生命感悟力的提升，甚至是追求一种新的自由的目的，这是一种虽然短暂但充满诗意的栖居方式。而对于文化持有人的当地人而言，展现自身的生活方式并跟游客充分和平等地互动，除了可以增加经济收入外，还可以增加他们的文化自信自觉和族群认同。这样，通过当地文化或族群生活方式的勾连，游客和当地人之间就实践着“产销一体”的交流，也就是一种“主—主”的互动和交往，是一种“主体间性的诗意化栖居”。这是规范性意义上的乡村旅游。

然而事实上，乡村旅游规范性的意义却在工业社会的规则下被证伪了，因为在工业社会宏大的制度规则下，乡村旅游已经渐行渐远，其内涵和意义早已被边缘化。为实现价值的最大化，旅游地的风俗、习惯、仪式和生活于其中的人被不断地发现、生产和再创造，传统文化被肢解并被重新组合起来，村社原有的差异意向被均质化所取代。由资本的霸权和权力的专制合谋并按照可供消费的“城市”理念而生产出旅游景观，这种景观最终服务于利益最大化和资本增值的目标。鼓藏头、活路头、歌舞表演、拦门酒、祭祀活动、鼓藏节、吊脚楼、服饰等文化要素都服务于资本的增值目的，并且这些文化要素上升到景观的位置，其重组、强调、区隔和移植等成为景观制造的手段和策略。景观的制造遵从的是“呈现的都是好的，好的才得以呈现"[①] 的资本主义逻辑。部分人难以自拔而无法摆脱被控制的命运，也不乏对景观秩序的反抗者。景观根据利润最大化原则而被制造出来，而加大宣传和促销则是景观消费的重要步骤。"苗疆圣地"是政府和公司的一个宣传口号，其中蕴含着神秘、传奇和世界第一的含义。在广告、电视等媒介和"苗疆圣地"、"世界最大的苗寨"等宣传标语的刺激下，景观的名声不断向外溢出，人们被误导着根据广告和标语而非自身的真实需求去消费。本该由人的真实需求驱动的消费，现在却反过来，由景观制造的虚假和膨胀的消费决定景观的生产。规范意义和实证意义上的乡村旅游存在的巨大差异让我们看到了景观秩序中的两套相悖的逻辑，即"他者文化"的制造和"自我文化"的消费。

景观化将文化降格为可供消费的产品，如马克思所言的商品的交换价值统摄和驱逐使用价值，而占据绝对主导地位。这是一套有悖于文化分享的价值理念，最终，文化的使用价值也被景观的交换价值所替换。

第四节　人造物："落后"为何值得欣赏

一　人造物而非自然物

"自然"和"人造"是相对应的两个概念，自然物和人造物也如此。自然物的形成是一个不经过多少修饰及缓慢发展的过程，是居住于社区中的人与自然相处的产物，是人与物、人与人和人与自身关系投射到自然上的有机、良好和协调的关系形态。因此，这是一个自然而然的过程。而与之相对，人造物是有意而为之，是按照"目的"而有意"设计出来"的，在很大程度上偏离了自然运行的规律、历史情景的规律和文化脉络的规律。制造出来的景观就是一种丧失文化内涵的精致的人造物。地方传统文化按照工业化的生产方式被制造成一种大众化的和供人消费的旅游景观，而这种景观实际上是以资本的增值为目的的消费产品。然而文化本身具有跟物

---

① 〔法〕居伊·德波：《景观社会》，王昭风译，南京大学出版社，2006。

质“产品”不一样的特征，具有不可移动性和价值不确定性等特征，按照“城市”理念打造出来的旅游景观就使得原来的文化丧失了本来的意义。政府和公司在开发和制造过程中，通过现代技术、媒介和物等的介入而使得自然物不断改变，然而，这些现代元素进入得越多，就越形成对自然物的压倒优势。通过这些现代“物”的中介而使自然物随意被改造、重组和碎片化，人造物就抽空并替代了自然物，其最终结果是自然物越来越背离自身的本质特征。因此，制造出来的景观就成为一种脱离当地环境的人造物而非自然物。比如景观制造者们对外宣传的最具卖点的是苗家建筑物——吊脚楼，然而，在制造和不断对外宣传过程中，吊脚楼已非原物，其所具有的价值和意义也已背离其原有意义。

建筑与其所处的生态环境总是处于有机的联系之中，在自然环境的感知和限定中，在人文环境的熏陶和理解中，夏银村人创造出独具特色的建筑形式——吊脚楼及其有机的聚落环境，这些建筑表达出苗族人利用和使用环境的创造理念，建筑群体融入了整体的环境中。夏银村的吊脚楼是典型的干栏式建筑，是五千年东夷文明的活化石。干栏式建筑是东夷文明的象征，浙江河姆渡文化遗址曾出土过典型的干栏式建筑。干栏式建筑的主要特点有三：一是全木结构，不用砖，仅用瓦片覆顶，整栋楼用圆杉木做柱，杉木板做门墙与地板；二是榫卯式联结，无钉无铆；三是没有预先的设计图纸，全是制作者凭经验按传统工艺搭建而成。吊脚楼多在山坡建构，与山水融为一体。吊脚楼的建设过程分为看风水、筑屋基、备料、发墨、拆枋、凿眼、立房、上梁、盖瓦、装房。立房、上梁都有专门的祝词、歌谣，这些都是苗家文化的重要组成部分。除干栏式住房外，夏银村还有一些比较独特的建筑或场地，如风雨桥、粮仓、晾禾架、芦笙场、游方场、斗牛场、斗鸡场、防火塘等。

传统的苗家建筑的吊脚楼，一般是依山而建，层层叠叠，鳞次栉比、蔚为壮观。为了节约土地、共同抵抗外来侵害等，房屋一般沿白水河并延伸于三座山峰层叠而上，顺着地势从山脚到山顶。羊排和东引村寨相连，位于白水河的左侧，其寨峰就像一对健壮的水牛角，又似两座巨大的宝塔，雄伟壮观。而在白水河的右侧，是南贵村寨，寨子人少，其房屋建筑零星分布其中，从寨脚到寨峰的垂直距离有300余米。在寨下仰望，层层叠叠的吊脚楼有相似相叠的亭廊，每栋木楼的飞檐翘角，有如飞鹰展翅。这些连叠在一起的吊脚楼，远看好似大亭廊套着小亭廊，近看又是房连着房。在蓝天白云之下，传统吊脚楼体现出一幅天人合一的美景，蕴含着人气相通、人与自然和谐相处的理念。一般吊脚楼都建成三层，人们可以站在二楼的“美人靠”[①] 平视别人家的房顶，还可以远眺对面寨子的风景，这就是村民经常所说的“别人的阳台就是你家的房顶”。苗家人居住集中但又和睦相处，密密麻麻的建筑也给村民交流提供了良好的条件，不用亲自到家，在自家房子里大声说话，附近的人也能听到。吊脚楼是苗家人智慧的结晶，就地取木材，这样既节省建房成本又有利于在潮湿的气候中保持干燥。总之，传统的建筑拥有使用、美学、生态等多功能价值，其代表的文化内涵也十分丰富。

但开发后，夏银村的吊脚楼及蕴含的文化在快速地消失，尤其是观景台嵌入其中的南贵和旅游路线穿村而过的平寨，这两个村子的古建筑几乎全被拆旧建新，只有羊排和东引的房屋得以保留下来，游客观看的主要是这两个山头的吊脚楼。政府和公司将观景台设在南贵山顶，便于观看羊排和东引的吊脚楼。南贵被作为一个最佳观景点来开发，因此，不到 3 年时间，南贵变成了外地人开办农家乐的天堂。南贵有 95% 的房子被出租，出租方式有三种：一是本地人出房子，外地人装修；二是本地人出地基，外地人建房并装修；三是本地人提供装修好的房子，外地人直接经营。租金每年 2 万 ~6 万元，近年来上涨幅度较大，最高可达 10 万 ~40 万元。外地人与南贵村民围绕房屋出租关系而建立起一种新型的“地主关系”。只不过，真正的受益者不是“地主”而是作为“佃户”的外地人。平寨在当地话语中被区隔成一、二、三线。位置最好的是一线，位于旅游线路即古街道的附近，村民大多将房子出租给外地人做生意或开店铺和农家乐。二线是离旅游线路较远的地方，也有由外来人开的旅馆，游客偶尔也会到此居住。而三线是距离旅游线路最远的地方，游客几乎不去。因此，南贵和平

① 苗族民居在建筑上最大的特点是在吊脚楼二楼宽敞明亮的走廊上，有一种曲形栏杆，因苗族妇女们喜欢在此梳妆打扮、刺绣，客人来了也可以在这里聊天谈事，很方便，所以人们把它叫作“美人靠”，苗语叫“豆安息”。在堂屋正中央设置一个专门供人休息的地方，一般是敞开的，以便于通风和阳光照射进来。

寨的建筑和空间结构几乎被彻底改造，而只有羊排和东引的吊脚楼得以保留下来，因为这是政府和公司宣传的景点。为了制造出恢宏的效果，政府将“灯光”派上了用场，要求家家户户挂上传统的马灯，一到晚上，灯定时亮起来，便于游客观看。用灯光制造出来的建筑群落堪比城市的高楼大厦，观看建筑一般是在晚上，堪比城市夜景，这是宣传中的重点。本该是在村寨整体文化格局延伸基础上的景观设计却并未尊重已有的布局，原本是农田中镶嵌着的零零散散的和具有美学意义的吊脚楼如今却变成了密密麻麻和统一化的大楼和高楼。苗家吊脚楼传达出的天人合一、人景和谐融洽、景情相依、风水等意蕴早已消失殆尽，仅仅成为供人观赏的景点而已。将建筑的外形和躯壳用现代技术经过包装后便以“规模、气势、宏伟”呈献给游客，这些建筑物在夜景灯的照耀下显得十分耀眼。当游客一批批地被旅游线路、导游和观光车引导到观景台时，他们有的震惊于乡村社会还有与城市媲美的夜景，但也有人对此根本不感兴趣。

景观的设计本应追求的是延续已有的文化，并融新的文化于当地的文化系统中去，遵循整体的和谐、自然有机和浑然天成的原则。然而，在当地山、水和人等地方语境中顺势而成的自然物却被置换和抽空为一种人造物，在置换的过程中，自然物原有的历史传统、文化内涵和价值也就慢慢地失去。资本在工业化和商品化等城市文化的限定下对当地文化系统实施抽取、重组、凸显和强调，最终制造出展览性和可供表演的旅游景观，但这样的人造景观已经“脱域”于特殊的地方环境，跟城市景观毫无二致。在对自然物进行人工打造的过程中增加了诸如技术、灯光等现代“物”的一面，让后者以炫目、宏大和震撼的效果和影像展示于游客面前。因此，游客体验的并不是一种差异性的“他者文化”而是在进行“自我文化”的消费。部分游客迷失在资本打造出来的迷人景观中而沦为“景观的囚徒”[①]。

二　设计者的眼光：“落后”为何值得欣赏

在旅游研究中，政府和公司甚至众多学者都认为“落后”是驱使游客

---

① 〔法〕居伊·德波：《景观社会》，王昭风译，南京大学出版社，2006。

到旅游目的地的动力。“乡村旅游地的景观大多都是根据大都市的期望需求以及观看目光来设计和打造的。经济不发达地区丰富的自然人文旅游资源往往是‘为富人准备的盛宴’。”[①] 他们认为越落后就越能吸引游客，那些落后的地方是旅游者向往和期待的地方。因此，他们所做的工作就是对少数民族及其文化进行重新定位，即一个落后的和原始的部落，一些不为人知的奇风异俗。“落后”与“超前”是一对反义词，带有浓厚的感情色彩，在百度百科中“落后”共有六种解释：在行进中落在同行者的后面；不如人；迟慢、拖延；怠慢；指处于较低的发展水平上；犹后来，最后。然而将落后上升到供人观赏的景点位置，则是将传统文化中的精华和糟粕混为一谈。乡村旅游的核心要点是传统性和异质性，而这些传统性和异质性是农耕社会的精髓。设计者们将“落后”与“异质”和“传统”等同起来。一方面，他们将“落后”与“异质”等同起来。笔者认为作为新旅游者的乡村旅游者，他们寻求的并不是一种“落后”，而是一种“异质”。“所谓的‘原生态’，实际成为‘原始性’——野蛮落后——的隐喻”[②]，设计者将“异质”视为“落后”的隐喻，然而“现代旅游透露出忧郁的时尚因素，时尚恰恰又经常以对‘异’的标新立异为导向。表现在旅游活动中，‘他者’越是具有‘异’的特质，越是与游客的生活方式和文化形态差别大，对游客就越具有吸引力”[③]。但这里的“异”并不等同于“落后”，而是一种基于异地环境的“他者”的文化，是当地人自然地、自觉地栖居的生活方式。而“落后”几乎成了被刻意塑造出来的异文化的代名词，落后的就是异质的，落后就能满足游客追求地方真实性和自我实现的需求，现代大众旅游者在“落后”等于“异质”的话语中迷失了自我。另一方面，设计者们将“落后”等同于“传统”。“传统”的本意是与“现代”在时空方面的对立。在时间上，传统是悠远的过去的象征，在传统的历史长河中，越是久远的过去，就越因其美好而越值得怀念。传统的部落、奇特的风俗习惯、热情善良好客的土著人，甚至早已在现代化过程中遭到破坏的自然

---

① 杨明华：《乡村旅游城乡互动与区隔》，《贵州社会科学》2014 年第 5 期。

② 范可：《人类学者眼里的旅游》，《旅游学刊》2012 年第 12 期。

③ 彭兆荣：《旅游人类学》，民族出版社，2011，第 96 页。

风光等也被视为传统的标志物。这些传统的标志物因与现代信息和高科技组成的社会拥有巨大的时间距离而备受宠爱。离现在越是久远，就越是传统的，就越值得去看。在空间上，传统体现出区域间巨大的差异，尤其是东部沿海的现代人将云、贵、川、藏、青海、新疆等地方视为传统的代名词，尤其是少数民族聚居的贵州更是久远过去的代表。在对外宣传中，贵州有世界最大的保留原始特征的苗族聚居地的夏银村，有世界上最后一个人人佩枪带刀的扛枪部落岜沙[①]，有保持明朝传统遗风的屯堡人聚居地的天龙等。艾尔斯（Eyles）曾经说道，“地方是一种被感知的价值中心，她超越了单纯的物质性，是充满意义且不断变化中的社会与文化实体”[②]。“传统”和“异质”是代表不断变化而非静止不动的“地方感”。将“落后”与“异质”和“传统”对立起来，是混淆精华文化和糟粕文化的表现，是一种典型的机械和还原主义。设计者在“落后为何值得欣赏”的设计理念下传递出“越是传统的就越是美好的，越是落后的就越是值得看的”的信号，这就引发出系列后果：本该是生成于地方社会特殊场景的多样性的文化，现在却被政府和公司按照工业化的生产方式而建构成一套在“落后”宣称下的标准化的普适性的旅游景观；本该是游客对异质性特征的真实需求，却被资本建构成为一幅“落后”的、值得观看和欣赏的虚假的旅游图景；本该是乡村旅游核心点的、客观性的差异，却被建构成为一种主观色彩浓厚的“落后”。

此外，设计者们还将乡村旅游者对他者文化的需求引向一种观赏而非深度体验。在工业化开发的理念指导下，政府和公司将游客的需求定位为“猎奇、休闲、娱乐、游玩、参与和体验”。因此，这些需求已经远远落后于“诗意地栖居”的更高层次的需求，参与和体验也仅仅成为束之高阁的词语而已，在开发中，猎奇、休闲和娱乐性成为旅游实践的重点。但是游客最终看到的并不是真正的“落后”，而是具有现代意蕴的“落后”，“落后”在资本的包装下已经变得很先进和很时尚，并携带有现代化的印

---

① 岜沙，位于贵州省黔东南州，是贵州省开发的又一个旅游景点，其对外宣传的口号是“世界上最后一个枪手部落”。

② Eyles J.，“The Geography of Everyday Life，” in Geogory D. & Walford R.，eds.，*Horizons in Human Geography*（London：Macmillan，1989），pp. 102 – 117.

痕。游客的真实需求是追寻和体验他者文化，是度过短暂的诗意化的栖居生活，乡村旅游不仅是一个追求真实他者的过程，同时也是追求真实自我的过程。而在设计者们构造出的旅游景观中，传统村寨文化早已成了一种可被消费而又被抽空了内容的景点和商品，这样的旅游与村寨传统文化相去甚远。

三 打造景点：为何某些文化元素被提升到景点的位置

在“落后为何值得欣赏”的理念下，传统文化本身远离了其本源，景观化的过程是将原本自成一体和顺势而为的传统文化资源和要素碎片化为一个个的物化的景点。文化要素的重组遵从的是提取现成、快速营利和成本低廉的逻辑，景观的设计者们围绕制造出“落后”的可被消费的景观的目标，将最能代表异域色彩的传统文化要素提取甚至制造出来，形塑成一幅时空距离遥远的“苗疆圣地”印象。在夏银村社区，设计者们将最具有代表性且最能赚钱的传统文化要素提取出来，比如对鼓藏头和活路头等传统民族人物的打造，通过招商引资的方式对苗家米酒坊、蜡染坊的重新恢复，对刺绣坊的着重强调，对传统民俗歌舞表演的重新编排和组合，对拦门酒活动进行仪式化的处理，祭祖文化的表演化，等等。这些传统文化要素是现成的和看得见的文化，只要稍加改动就可以被快速地制造出来。而一些历史故事、民间传说等非物质文化因其打造成本较高而淡出了旅游开发的视线，成为消失的过去。作为开发意义上的景点必定满足以下几个条件：一是树立一个典型的权威性的人物形象，让人带动文化“活”起来。如对传统娱乐文化和农耕文化的恢复则借助于村庄传统人物鼓藏头和活路头，把本地活生生的人及文化提升到物化的景点位置，给予传统人物一定的工资报酬并充分利用当地房屋等场所，这样不仅可以节约成本，而且也让游客对夏银村充满了无限的向往。对消失的集权型和野蛮型的传统领袖人物的重新塑造和大肆宣传，就更能烘托出“苗疆圣地”的神秘感和传奇性。而理老、寨老等民族精英形象则在旅游开发中被遮蔽了，鼓藏头成为最为畅销的卖点。游客询问最多的是“苗王”，但这一称号在村庄内部并未得到认可，村民甚至很反感这样的叫法，因为在当地人的历史记忆中，“苗王”是根本就不存在的。因此，被制造出来的“苗王”并没有扎根于村庄内部而得到族群认同，它仅仅作为一个吸引游客观赏而对外宣传的景观符号。二是传统文化要素必须是现成的。公司注重对现有传统文化要素的组合和提取，而非更深入地挖掘文化尤其是非物质文化。这些现有的传统文化大多是看得见的实体文化、物质文化、仪式文化等，比如传统民族人物、拦门酒仪式、歌舞表演、吊脚楼、风雨桥、田园风光等。这些文化要素因其投入成本较少而被上升到景点的位置，只要稍加改造即可用来展览。民间故事、传说、训示歌等非物质文化由于开发成本较高和经济效益不明显而与景点无缘，慢慢消失在公众的视野中。三是传统文化要素必须是能赚钱的。公司注重的是对成本和收益的比较分析，对于高投入的文化要素则要具备高回报的特性。因此，公司对那种能获得最大利润的传统文化进行了高密度的开发，而对那些不具备经济效益的文化要素则置之不理。如在歌舞表演方面，公司开发的力度较大，为了编排出一组震撼、规模宏大和吸引人的节目，公司把引进的外来节目大量编排进新的节目单中，并借助霓虹灯、主持人等现代技术将表演进行艺术化的处理，将原来土生土长和原汁原味的舞蹈改头换面成为新的舞蹈，祭祖仪式等也被编进节目单中，吐火、踩碎瓶等街头杂技也被引进来。公司采取高额付费的方式引进专业表演队，少量的当地人也成为雇用的演员，如古歌队几乎都是 60 岁以上的老人。老人为了获得每场 10 元的报酬而成为雇工，他们将此看成一种任务，每天当音乐响起来之后，村民则从四处会聚到表演场，随着主持人的报幕而依顺序进行表演，表演一结束，村民则又恢复了原来的身份，然而他们早已丧失了对自身文化的崇敬感和自豪感。权威人物、现成和赚钱这三点成为文化是否成为景点的基本判定法则，用一句话来形容，即“低收益低投入，高收益高投入”。

景观的设计者将拦门酒、歌舞表演、鼓藏头、活路头、祭祀、吊脚楼、服饰等嵌入村民日常生活和生产的文化要素抽离出来，这些文化要素能在最大限度上组合成一幅“落后”的景观图画，引发游客对异域的无限想象。在这里，符合景点法则的文化要素被制造出来，如同商品一样被出卖。“天下第一苗疆圣地”成为横扫一切和最为霸道的宣传口号，一幅古老传奇而又美丽神圣的景观社会就被成功塑造出来。

第五节　景观化：制造可被欣赏的文化产品

一　“苗疆圣地”的打造——广告词的分析

夏银村的建筑群是世上罕见而又自然天成的，设计者们将其作为开发之“本”来赚“息”，“世界上最大的千户苗寨”便顺理成章地作为旅游开发中最具特色和吸引力的卖点，并通过媒体广而告之。“现在似乎有这样的社会命令：人人都必须到‘某个’地方旅游，到别人的家里去花钱，以便在‘某个’地方的人也能到别的人家去拜访、花钱，如此这般。某个地方稀奇古怪的稻草堆成了吸引物，人们看不到历史、主题公园、海滨、高山、奢侈、贫困，只有草堆成为吸引物，这种荒谬到何时才能结束呢？”[①] 夏银村的广告语众多，主要有“这是一个美丽而又神奇的地方，这里是一个让人流连忘返的地方”，“这就是人间的天堂”，“世界上最大的苗寨”，“夏银村以美丽回答一切”，“看夏银村知天下苗寨”，“醉美夏银村”，“中国仅有，世界无双”等，“苗疆圣地”蕴含在这些宣传词中并通过电视、短片、广播和互联网等方式不断向外传播和扩散。广告和宣传词在不断地重塑着夏银村，其最终目的无非是吸引外地人去观看，去接触当地人，去了解风俗习惯，去感受大自然的无穷魅力以及接受这些可爱的土著人的热情款待。夏银村的广告和宣传语词拥有自身独特的叙述和表达方式。首先是“美学化”。广告常常是采取诗意化和美学化的方式将现实的夏银村社区进行美好而又神奇的标签化处理，它们人为而又很隐蔽地把一种建构出来的意义和价值与特定的地点关联起来，从而赋予该地点以符号价值并使其胜于使用价值。只不过在对夏银村的宣传方面，当地人的生活已经被作为一种商品对外宣传，设计者们将苗家人的生活付诸广告词中，并不断地美化，制造出一个令人向往的旅游“圣地”，似乎在那里，一切都是美好的：和谐的人际关系、好客的本地人、原生态的歌舞表演、震撼人心的鼓藏节、威严的

① 〔美〕Dean MacCannell：《旅游者——休闲阶层新论》，张晓萍等译，广西师范大学出版社，2008，序言第 4 页。

民族领袖及优美的田园风光和自然风景。这里仿佛就是人间的天堂，是专门为在世间经历各种压力的人来释放压力、寻找一片乐土而准备的。美化表达的最终目的是让“局外人”——游客迅速地转换为“局内人”。其次是“在场性”。广告还以一种“在场性”围绕在现代人的周围，广告主要是通过现代媒体诸如电视、网络、广播等方式进行的。“大众媒介的影响方式有两种：一是以一种劝导性的反复叙事刺激着消费者的欲望，消费者受到媒介效应的影响，在媒介所圈定的范围中选择商品，选择消费，追随流行；二是通过一套被精心抽空了意义内容的符号编码将信息剪辑和加工，被赋予了商业价值，创造出了一个充斥着大量讯息和符号的幻想世界，这个世界往往比人们所经历的现实社会更具有活力，继而引发人们对消费的狂热与追求。”① 在旅游目的地之外，广告通过现代传媒手段进行集中化和流动性的播放，《贵阳商报》、春晚、旅游网站等都是夏银村的宣传媒介。而在目的地，游客同样置身于广告的包围中。在寨门前，广播和大屏幕循环滚动播放着广告，向游客灌输夏银村的好山好水好人和神奇的信号，意在告诉游客来夏银村绝不会白来，他们选择夏银村作为旅游目的地是十分明智的。广告的无处不在使得游客难以规避这种影响，它们的目的就是引导更多游客的驻足。再次是“借用”，即对多种文化资源和情感资源的借用。设计者利用美轮美奂的图像和声音，调动起各种非商业化、非功利性的文化资源和情感资源来激发外来人的兴趣。夏银村的宣传媒介，被配上动听的音乐、解说词和美丽的图画。在大北门巨大广场的一角，有一个大型的 LED 电子屏幕，上面滚动和循环播放着 8 分钟的景区宣传片，并配有优美的欢迎词，平均每天画面播放 690 多次。伴随播音解说员声音的是优美的图片：有好客的苗家阿妹、热闹的敬酒场面、抽着旱烟的活路头、仪式上着盛装的鼓藏头、沉浸在节日中的苗家人、载歌载舞的苗家青年男女等。对文化和情感资源的借用似乎让景观社会褪去了商业性和功利性，具备了浓浓的人情味和深厚的文化意蕴。

如对“苗疆圣地”广告词的运用就遵守了以上原则。“苗疆圣地”高度

① 殷晓蓉：《传播学思想的“激情”演进——从传播学角度解读波德里亚的〈消费社会〉》，《新闻记者》2006 年第 6 期。

凝练苗家自然风光、人文习俗、仪式活动等独特的意味，这一口号并非让游客对村寨形成的一个具体形象，而更多的是一种抽象的符号，给游客提供无限想象的空间。“苗疆圣地”的绝妙之处在于：将游客在熟悉环境中产生的压抑、郁闷、忧伤和烦劳等一并在这圣地给清洗掉，这是一个自由的、没有限制的和美好的地方。这一口号出现在不同的网站和广播中，以声音和图片的形式展现出来。“苗疆圣地”以一种虚构的形象将其与夏银村联系起来，给人一种宏大、古远和圣洁的意蕴，强化了夏银村与游客所熟悉的环境的截然不同之处，意味着游客的选择是没有错误的。“苗疆圣地欢迎你”通过 LED 液晶显示屏、广播和观光车等固定和移动媒体渗透进游客的视角和听觉系统中。这一广告词传达出两方面的信息：一是充分肯定了游客拥有较为独特的视角和明智的选择，明确游客拥有明智决策的自由权和审美感。宣传中的口吻和语气传达出夏银村旅游地缺少不了这个正在听或看的消费者，其将会被作为一个大写的人来看待，即你才是旅游中的男女主角，是不可缺少的角色，夏银村等待的就是你的到来。“广告不仅刺激人们选择某一物体，做出一次认知决定，做出一次理性评价，而且力图在其他语言学层面上制造种种使观看者与该产品合而为一、彼此依附的效果。观看者是广告中缺席的男女主角。观看者被引诱，而把他或她自己置换进广告之中，从而使该观看者与产品意义合而为一。”① 在对夏银村的宣传中，媒介制造出来的正是这类价值和内涵，似乎游客真的成了上帝，成为男女主角，成为夏银村旅游天堂中的不可或缺的人。二是虚构出一幅人间天堂的幻象。“苗疆圣地 = 人间的天堂”，满足了游客对美好的和神圣东西的追求，传达出自身在过去未能实现的梦想和愿望可以在夏银村这一人间的天堂实现。“苗疆圣地”制造出一种外来人的“圣地情结”，原本游客并不具备这种情结文化，而是景观制造者根据自己的需要制造出来的，吸引游客到异地去享受当地的天堂文化和旅游神话。将夏银村作为一个具有神圣性的地方打造，更加强化了城市人对日常烦琐和枯燥生活的不满和抗争，加快了旅游者到此地游玩的步伐。

再如景观制造者们对余秋雨对夏银村的题词——“以美丽回答一切，

① 〔美〕马克·波斯特：《第二媒介时代》，范静哗译，南京大学出版社，2001，第 89 页。

看天下夏银村”——也做了最大限度的宣传和利用。余秋雨2009年到访夏银村并题词，公司和政府便借此大做文章，从而偏离了该台词的本意，暗含着“名人都到了夏银村，你为何还不来”的内涵，传达出“名人都这样描述夏银村，那夏银村的美丽就绝不会是假的”之信号。前半句以“美丽”而著称，在这里能满足游客对美好事物的追求，这里是一个值得来的美好的地方，到这里来旅游绝对是一次美好的旅游历程。观看一场美丽的表演、与一位美丽的苗家阿妹的邂逅、欣赏美丽的山水风光、观赏美丽的苗家吊脚楼等都涵括在“美丽”这一词语之下。而后半句则更加霸气，夏银村是天下苗寨的缩影，是苗族文化和生活方式最具特色和代表性的地方，言外之意是，如果不来夏银村，那就不算到过苗寨。它充分传达出夏银村独一无二和举世无双的特性。“我们在生活的每个细节情境中，都不得不在广告炫示的情景牵引下，不自觉地面对一个已经被装饰过的欲望对象世界。在广告的统治下，我们无能为力，更无处可逃。优雅迷人的画面、窈窕的影像美女、时尚的生活样式和各式各样令人不得不信服的专家引导，使每个人从表层理性认知到深层的隐性欲望都跌入了五光十色的诱人的景观中，万劫不复。”[①] 宣传正是以一种隐形强迫的方式来激起游客的旅游欲望，制造出虚假的和泡沫化的场景。借助文化名人的影响力，夏银村的知名度也大大提高了。

景观制造者们采取现场和网络两种方式进行大幅度的宣传，在由中央电视台现场拍摄并播放的长桌宴和梯田宣传片后，夏银村的游客量不断飙升。景观制造者们将文化名人和政治策略运用到极致。当夏银村经过地方政府权威认证后，又进一步得到中央政府的权威确认时，游客就毫无理由不能不到此一游了。总之，夏银村成为通过广告词和宣传语等共同建构出来的一幅“苗疆圣地”的人间天堂景象，而非现实的夏银村村寨。将虚构的天堂和现实的夏银村画等号，传达出一系列美好、传统、圣洁和神秘的信息，激起游客对异域社会的无尽畅想，并很快转化为旅游的实际行动。

---

① 〔法〕居伊·德波：《景观社会》，王昭风译，南京大学出版社，2006，第22页。

二 日常生活的碎片化

开发前的夏银村拥有优美的自然风光及社区规则、民俗活动、节日、服装、吊脚楼等文化系统，其最终目的都服务于村寨的生活和生产，这就是格雷本所说的文化“维系生活”。活路头掌管农耕，鼓藏头负责祭祀和娱乐，理老专门调解纠纷，寨老组成村寨中的议事会，苗家独有的刺绣和织布、服装、银饰别具一格，吃新节、苗年节、祭桥节众多，这些文化要素相互关联并形塑出一幅系统而又有效的生活图景。从功能视角而言，文化是为村寨生活服务的。文化中的各要素之间没有高低贵贱之分，它们在结构和功能上形成互补效应，并统一为维系人们的生活服务，夏银村的文化和规则可以说是当地人自觉的、栖居的生活方式。而在开发后，村民的日常生活日益碎片化，作为文化有机体部分的文化要素被强调或遮蔽，重组并统合成另外一套旅游景观，服务于利润最大化的目标。除了活路头和鼓藏头等作为旅游景观被重新塑造外，与村民生活息息相关的刺绣、酿酒、银饰等文化元素也被作为利润增值的一部分而加以改造。

刺绣是绣在衣服、被子等上面的一种苗家手工艺，由刺绣构成的图案不仅能传达出苗家生活的图景，而且能重新唤起族群对祖先的记忆和缅怀。刺绣代表的是在苗家人身上和苗族家庭中的一种流动性的产物，是一种活态的文化类型。而开发后，公司在东引专门设置了一个刺绣坊，租用当地村民李玉芳家二楼的一间房，作为展现苗家衣服、杯垫等刺绣物的真实场所。李玉芳是主要的负责人，她负责每天按时开门和接待游客，公司给她的待遇是每月 300 元。同时，公司还雇用了 5 名中年妇女，她们每天按时在刺绣坊做刺绣活儿，主要目的是展现刺绣手工艺，其实也不过是一种景观的表演而已。刺绣坊里的东西大多是从外面批发来的，她们在刺绣坊里所做的针线活儿只是一种作秀和表演，是呈现给游客观看的。她们也将这些东西卖给游客，但价格较贵。2010 年之前，刺绣坊的生意较好，部分游客在这逼真的表演刺激下被迫或自愿购买，村民因通过自己的“针线活儿”表演赚得不少金钱而沾沾自喜。2010 年之后，她们的生意日益惨淡，因为外来商品不断涌入主要旅游线路两边的商铺中，那里的价格相对便宜。在当地人的观念中，刺绣早已不是一种诉说和记录苗家历史和文化的载体，而彻底沦为了一种商品，它们的价值也不再是文化和使用价值，而是一种交换价值，游客付给金钱量的多少决定了东西的价值，价格决定了刺绣的使用价值。随着外来刺绣的大量涌入，刺绣坊的刺绣再也不值钱了，似乎服装表达出来的历史意义也就消失在无人问津和低价格中。尽管现在刺绣坊已无多少游客光顾，但她们仍依靠公司定时发的工资而继续在刺绣坊中做针线活儿。刺绣坊现存的唯一功能在于供人拍照，这俨然已经将活态的刺绣文化置换成一个静止的旅游景点。刺绣坊的场所和按时上下班的制度设置使得这一苗家文化子系统成为一座被人观看和被人拍照的景观而已，游客大多在外面拍照作为留念，而不会到里面欣赏手工刺绣，这也更失去了与本地人交流的机会。而每天在里面进行表演的村民也如同活路头和鼓藏头一样成为景观中的一部分，她们每天按时上下班，重复着相同的工作，其表情日渐麻木，显然，她们对刺绣文化的兴趣和喜爱早已消失了。

刺绣如此，米酒坊和银饰坊的命运也如此，后两者也被作为一个供人展览和欣赏的旅游景观并一直维持下来。坊里的人孜孜不倦而表情麻木地重复着相同的工作，人在其中也被视为“物”，被作为展品观看和拍摄。被“物化”的人或文化成为景观社会的一部分，成为表面嵌入而实际游离在村民生活之外的景观，成为一幅孤零零的消费景观，他们起到的最大作用就是供游客拍照，证明游客的到此一游。部分游客在店铺里买到更加精致和廉价的东西，而新旅游者[①]对这些也渐渐丧失兴趣，一部分游客迷失在这宏大的景观秩序中，而另一部分则对此表示反抗和不满。

三 制造便利欣赏的空间：观景台

观景台是观望、鸟瞰的地点，是将自然风光和人文景色尽收眼底的场所，是对当地环境进行整体性认知的地方。“观景台，是人类经选择从事观察景物活动的场所。它既可以是未经任何人工雕琢的纯自然的驻足之处，也可以是在某一地点主要为观察而设置的纯粹人工的建筑物、构筑物。”[②]

---

① 笔者将旅游者简单地分为大众旅游者和乡村旅游者，后者又叫新旅游者。这在后文中有具体的阐述。

② 孟宪民：《论观景台之作用、保护与制度建设》，《东南文化》2010年第4期。

观景台起到的是总览全局和进行系统化所感所想所思的作用。有人将其划分为天然观景台、人工观景台及其他形式的观景台。[①] 无论是何种形式的观景台，人驻足去观察、思考、凭吊、追诉等皆赋予其物理地点以重要的历史、文化或艺术上的价值。如百望山，位于京郊西北，因山下有东北旺和西北旺两个村而取名百望山。此山又叫望儿山，民间传说北宋杨六郎与辽兵在山下大战，佘太君登山观战为六郎助威，因此又叫“望儿山”。山上有好几个观景台，其中有两个观景台最为有名，一个是在山顶，陡峻而凸显，人站在山上，京华大地尽收眼底。同时这也是一个凭吊历史哀思的地方，在山顶上修建有佘太君庙，里面有佘太君、杨八妹和杨六郎三尊石像，用来彰显报国尽忠的民族气节。另一个观景台是望京楼（望儿台），位于山腰，视野开阔，采用方形结构打造而成。民间传说杨六郎与辽兵在山下大战，这是佘太君登山观战并为儿子助威的地方。站在望儿台上，游客既可以观看山下的自然风光和北京城的风貌，更重要的是又可以追溯历史。一方面，可以感受北宋年间杨家将与辽军的激战；另一方面，可以寄托对古代英雄人物的哀思，由他者走向自我，对自我进行提升。因此，这是一个自然和历史结合的旅游地。设计出来的观景台应该是原景观的一部分，是跟整体和谐有机的组成部分。然而，夏银村的观景台经历了从与周围环境的和谐相处到相悖的变化。

开发前，南贵山顶也曾是游客驻足观望村寨全貌的地方，因此，这里也变得更加具有历史和文化价值，当地人把这里叫看台，看台很小，只能容纳不到百人，虽然小但能体现出深厚的文化意义。这是一个自然的观景台，无须修饰，即可感受到苗家建筑与自然自成一体，即可体会到大自然的大气包容、人景合一、情景交融。在这样的山顶上看到房屋密密麻麻、错落有致、层层叠叠、蔚为壮观，体现出苗家人的智慧和勇气。房屋沿山而建，与天地浑然一体，一家挨着一家，这也表征出苗家人和睦相处、大度和谐的人际关系。从这里远望，游客还能看到对面两座山峰连接而形成的似牛角形的吊脚楼建筑群，而牛是苗家的吉祥物，体现出苗家人尊重自然、敬畏自然、尊重历史和尊重文化的族群个性。总之，看台蕴含着天地

① 孟宪民：《论观景台之作用、保护与制度建设》，《东南文化》2010 年第 4 期。

人的精神，彰显出人与自然、人与人和人与自身关系的和谐。而外来人的驻足赋予了看台以更为深厚和更加久远的历史文化韵味。

开发后，看台被政府发现并作为重点开发之地，且赋予“观景台”这一正式称号，这是专门欣赏夏银村建筑群和观看村寨全貌的最佳地点。观景台是2008年由管委会打造的，由于地方狭窄，政府和公司投入不少人力、物力、财力将其扩大，建成了大概能容纳上千人的场地，四周用水泥做护栏，上面布满了为游客提供照相服务的小木房。在自然形成的看台的基础上，政府将其进一步确权认证并升级为最佳的观景台。公司还专门配有上观景台的登山路和旅游观光车。一般而言，游客进村后，就会被告知有这样一个方便观看村寨的地方，而且游客也被建议在傍晚登台欣赏夏银村的夜景。因为设计者要求每栋房子都挂上了一两盏马灯，每到夜晚的时候，灯便准时亮起来。显然，观景台位置的确权认证在很大程度上决定了谁是被集中凝视者。看台升级为观景台后，其因凝视对象和凝视环境方面发生的变化而从文化意义降格为物理意义上的地点，显得十分突兀。一方面，在凝视对象上，看台观看的是传统自然天成的吊脚楼，观看吊脚楼更多的是让游客体验和感悟苗家建筑中透漏出的文化和历史气息；而现在的观景台为的是观看万家灯火辉煌的夜景，旅游路线、观光车和导游等皆将游客引入这里，方便他们观看夜景。另一方面，在凝视环境上，看台周围是一个自然天成的环境，零星的房屋建筑镶嵌在大片农田中，房屋和农田与自然浑然一体，看台也嵌入其中，其自身也成为村庄文化的重要组成部分，延伸着整体性的文化；而观景台的设置让周围的环境迅速得以改变，大量高楼拔地而起，这是外地人与当地人签订合同而修建的房子，主要用于搞农家乐。新修的房屋一座比一座高，且房屋内在结构和外形都发生了巨大的改变。在2014年5月，外来老板与当地人在高于观景台的位置共建一栋4层的楼房，远远望去，好似一座碉堡，而当地村民就称之为“碉堡”。观景台附近的环境发生了变化，其被嵌入这个被“地租经济”包围的村寨中，与新型建筑一起将南贵切割成一个个微小的利润空间。原本作为村庄生活主体的村民则被蜷缩在狭小、阴暗和附属的居住空间中，村民自愿或被动地被边缘化了，这里的主人成了外来人。观景台也成为当地文化中变质的部分，甚至成为如同“碉堡”那样的异样建筑。因此，在观景台观赏体验的文化历史意义随着开发的到来而逐渐消失，这里沦为只不过是观看跟城市毫无二致的夜景的物理地点而已。

四 村寨的展览化

在景观化过程中，村寨连同村寨中的人和物皆被作为展览物来看待，原本作为生活的村寨在旅游的助推下日益展览化，不仅村庄传统的文化被展览，就连村寨中的人也成为被观看和被展览的对象。“伴随这一过程的是对人们传统日常生活的高度虚构化以及将他们离奇的社会现象进行展览的社会再生产过程。”① 这里强调的展览并不是在博物馆中的展览，而是整个村寨都陷入展览化的旋涡中：族群的生活被展览化，文化被展览化，作为世世代代居住其中的人也被展览化了。在旅游规划的权力下，传统的吊脚楼成为对外宣传的独特卖点，因此，“羊排和东引的房屋建筑必须保留完整”是政府赋予的特权，然而，特权下面往往是严密的监控。按照政府的开发理念，成为被凝视的对象必须是“落后”的。因此，他们通过限制贷款、扣除文物保护费②来惩罚翻新建筑的行为，其目的是让传统静止下来。显然，羊排和东引已经成为“落后”的象征。羊排的老人唐京形容道，“这两个村就像两朵花，只开花不结果”，这两个村寨由于地理位置较高，除了得一点文物保护费外而分享不了旅游带来的好处，村民要不在外务工，要不在景区打小工以便维持生计。老人的言外之意是，他们作为被凝视的对象，为乡村旅游开发做出了巨大贡献，然而得到的收益却很少，绝大部分村民仍为生计而发愁。而南贵和平寨因处于被凝视范围之外而游离于政府的红线管控之外，这两个村寨的拆旧盖新工作进行得较为彻底。村民主要依靠出租房屋和店铺，村民形容他们是“坐起吃”，他们在设计者们的规划和特权下被赋予人为的空间或地点优势而获得不少利益。夏银村的空间也

① 〔美〕Dean MacCannell：《旅游者——休闲阶层新论》，张晓萍等译，广西师范大学出版社，2008，第203页。

② 景区保护条例有关于传统建筑保护的明确规定，因此，传统房屋遭到破坏的农户就拿不到文物保护费（简称文物费）。文物费是每年发两次，从门票收入中抽取18%分给村民。对于没有权力的村民而言，如果有违建现象，公司就会扣除文物费。2010年之后，随着游客的大量涌入，村民得到的文物费也不断增加，一般而言，一栋房子可以获得的分红是8000～10000元。这对于既无房屋出租又无经商能力的绝大部分农户而言，是一笔不小的收入。

变得更加具有交换价值，生活的空间日益成为经济价值再生产的空间。地点成为一种具有生产经济价值的地方，与其说是地点，还不如说是利益。南贵和平寨一线成为经济利益高密度的地方，而日渐丧失了原有生活和文化性的地方本意。“地势好就可以赚钱”，空间的塑造重新布局了村庄格局，也制造出贫富分化的现象。“一边吃肉，一边喝汤”是村民对四个自然村贫富差距的生动描述。

苗家人的服饰上多有黄河、淮河、长江等苗族渊源符号，还有鸟、蝴蝶等图腾符号，记录着苗族起源的神话和民族迁移的历史。当地人说苗族人的历史是穿在身上的，因而苗族的历史被称为“穿在身上的历史”。夏银村的女式盛装服饰独特而美丽，是苗族心理、认同感、凝聚力的表征。开发后，苗家人重新穿上了自己的服装，卖糍粑的小商小贩游走在设计好的旅游线路上，叫卖声不绝于耳，他们的行为不外乎是表演从而吸引更多游客的关注。他们对原有服装意蕴和符号意义早已认知不清，对本民族服装的自信早已丧失，不知道服装上的花纹代表的是什么含义，但是有一种感觉的确是加强了，那就是着装是为了招揽更多的生意。部分村民不得不转向游客而包装自己，按照部分游客的需求并用外来人的眼光来反观自己，他们通过服装和行为来确认自己“苗家人”的特殊身份。他们穿上苗族服装，摆上苗家的糍粑等特产，在卖糍粑的摊位前，总会有一个用木头做的用来打糍粑的船，他们会在有游客到来的时候专心地打糍粑，并面带微笑地来询问游客是否需要吃这种当地的小吃，尽管大部分的原料都是从外地运输过来的，但他们都一致承诺这是苗家所产。他们在游客面前打糍粑，也只不过是为了吸引更多的游客。旅游线路上的村民总是来去匆匆，他们忙于表演、上班或贩卖糯米饭和糍粑等，村民的匆匆忙忙和游客的来来往往构成了一幅“车水马龙”的图景。让人感觉到的并不是乡村生活方式的慢节奏和怡然自得的氛围，而是一种慌忙、拥挤和快节奏的生活方式。村寨生活的舞台化就如学者所说“被展演的民俗生活不是一种自然的、原生态的生活状态，具有独特文化意蕴与价值的符号体系，只留下一个空壳，失去了民俗生活所具有的历史感与当下性”①。

---

① 刘晓春：《民俗旅游的意识形态》，《旅游学刊》2002 年第 1 期。

村寨的展览化或景观化在本质上如同商品一样被生产和制造出来，在这里，制造的并不是某一类产品，而是苗族族群的整套生活方式，是对村庄及其文化的展演和表演。苗家人的生活方式成为被展演的文化，文化的宗旨是为资本服务的，而并非苗家人“社会生活维系”的方式。金钱成为衡量文化价值的标准和唯一尺度，村民的生活成为“被展览的商品”，只要付钱即可消费、观赏。

第六节　小结：景观化

景观化的过程是有悖于乡村旅游的本质属性的，是对“诗意地栖居”环境的破坏。“苗疆圣地”的打造、日常生活的碎片化、观景台的设置和构造、村寨文化和生活的展览化等构成了凸显景观化的特质。“主体间性的诗意化栖居”描绘出当地人对自身栖居之所的自然而然的认同、情感依附、长久的眷恋以及游客对旅游目的地的高度认同、依附和短暂而深刻的经历，这指涉着人与地方的情感联系[①]，是段义孚所谓的“地方之爱”[②]。然而，地方文化脱离了村民日常生活的实践，那么，这种文化就成了一种景观，文化的价值和意义丧失在了景观化过程中。

李老师是当地一位有名的退休教师，他家是夏银村较早开始经营农家乐的，他对景观化的过程理解得较为朴实。“这里慢慢地商业化了，宣传的是一个古典古色的村寨，而现在却是越走越远，到处都在修修建建的，一点特色也没有了。河的两边都是外地老板修的房子，古街两边嘈杂拥挤，我们苗家的文化都不见了。他们把我们夏银村翻了个底朝天，不尊重我们的文化和风俗，将老传统全部都给弄丢了。他们想的是赚钱，而不是怎么来搞好百姓的生活。照这样下去的话，景区是在自掘坟墓，自找死路，整

---

① 〔英〕蒂姆·克雷斯韦尔：《地方：记忆、想象与认同》，徐苔玲、王志弘译，群学出版有限公司，2006，第35页。

② “地方之爱”这个词语来自华裔美国人文地理学家段义孚。在他的著作《地方之爱》中，段义孚尝试去展示和解释人们在日常琐碎的生活中所流露出的对于地方场所的爱，人与地方环境关系的复杂和细腻。

个景区就会彻底完蛋，受害的还是我们老百姓呀。”虽然寥寥几句，但李老师对景观化的过程及后果拥有较为精准的把握。从老人的话语中，我们可以总结出景观化过程的两方面的属性。一方面，景观化的本质是对文化的取代和遮蔽。景观化是一个去差异性和夷平化的过程，是在彻底消解地方性。景观化也是打破人对地方的情感依附关系的过程，村民对制造出来的旅游景观失去认可和认同，而游客更丧失了由地方文化生发出的自我价值的提升。从这个层面而言，景观化就是一个脱离了地方自然环境、脱离了地方生活场景自发生长，排斥了当地人和游客的参与模塑的，切断了与地方的情感依附联系的过程。另一方面，景观化是商品化的过程。景观化是传统文化按照工业化生产方式而被置换成景观的过程，是一个商品化的过程，只不过这样的商品主要是通过视觉而消费的。“在乡村旅游及其发展过程中，对规划开发和管理政策的形塑充斥着高度的外来干涉或影响，如各级政府、金融机构、规划机构、开发商（一般是自外部引入）等，无不根据自身的需要和价值观施加压力。同时，在市场导向原则下，旅游产生了将乡村之地、乡村景观及乡村之人统统转化为商品的奇效。这就是说，‘我们’（城市及发达地区之消费者）消费这些假日元素，就如同我们消费物品和商品。”[①] 景观的价值和意义不再由当地人来赋予，而是由资本和权力来赋予，景观的意义脱离了当地特殊的环境而沦为一种毫无意义和同质化的消费景观。不仅文化，连同人也成为消费对象的一部分，成为资本价值增值链条上的重要组成部分。当地人的栖居生活皆已成为一种商品和物品，而建立于其上的游客的栖居生活也因无所依附而无法诗意了。因此，景观化如同商品化也在实践着让产销彻底分离。

总之，景观化援引当地文化要素，似乎是将传统文化要素给予激活，并提供给游客让其容易解读。然而，实质上景观化已经背离了村庄的微观环境，背离了当地自然环境与人文环境中的和谐统一，让文化从地方“场域”中抽离出来，成为一套脱域而出并且可以随意进行组合的旅游景观和

① 左晓斯：《可持续乡村旅游研究——基于社会建构论的视角》，社会科学文献出版社，2010，第109页。

“一个惊人庞大的商品堆积”[①]。大量的宣传让夏银村“苗疆圣地”的旅游形象无时无刻不在游客身边存在，试图让游客不止一次地到访夏银村，实现从“到此一游”到“多次旅游”的目的，其最终目的都是资本增值。在资本增值的链条上，资本将所有事物统统纳入自身的增值轨道，将所有质性价值统统换算成交换价值，这就是西美尔所说的“事物在一种完全没有色彩、不具有任何专门意义上的规定性的交换手段身上找到了自己的等价物”的价值夷平的过程，也是韦伯描述的从关注人本身的“目的合理性”向关注生产的“形式合理性”转变的合理化进程。[②]

① 《马克思恩格斯全集》（第13卷），人民出版社，1962，第15页。

② 鲍金：《消费文化的资本化及其后果——现代消费文化的资本控制逻辑》，山西大学出版社，2008，第4页。

第三章

景观的权力制造

地方政府往往携带有大量的“配置性资源”和“强制性资源”①，这使其在景观制造过程中扮演着重要的开拓者和掌管者角色，因其在财政、人员和政策等方面的配置优势而使其具有“权力的集装器”（power container）②特性。政府及其相关人员常常单向度地对夏银村传统社区进行旅游空间的想象性营造，试图塑造出一个预想中的旅游空间。旅游社区的空间分配中隐含着极强的权力秩序，权力成为塑造景观的一股十分重要的力量，景观也表征着权力，“权力可以如水银泻般地得到具体而微的实施，而又只需花费最小的代价”③。通过“发现”景点到招商引资和行政动员的系列活动，地方政府在宏观规划上奠定了夏银村社会运行的基本轮廓和大致基调。

第一节　发现“景点”：苗寨如何被纳入政府开发项目

改革开放不断向前推进，然而少数民族地区的开放程度远远滞后于汉族地区，一方面是源于地理位置的偏远，另一方面是源于国家对少数民族

① 吉登斯认为权力来源于配置性资源和权威性资源，前者指的是自然环境和人工产品，这是权力生产所需要的物质资源，后者指的是权力生产过程中所需要的非物质性资源，是控制人的能力。

② 这是吉登斯在《民族、国家与权力》一书中提出的概念，他将民族国家称为权力的集装器。

③ 〔法〕米歇尔·福柯：《规训与惩罚》，刘北成、杨远婴译，生活·读书·新知三联书店，1997，第158页。

地区基于政治上的考量。因此，最早进入夏银村的外来人是一些敢于冒险、喜欢探奇的人，他们主要是黔东南州附近的人以及一些来自国内外的专家学者、学生和游客。国内游客主要来自贵州、湖北、山东、四川、江西、北京等地。20 世纪 80 年代，北京服装学院的学生是到夏银村比较早的团队，他们在那里画画和写生，而后有中央民族大学的学生及其他学校的学生和旅游团队驻足夏银村。在国外游客方面，日本团队属于较早来到夏银村的团队之一，他们是专门的旅游团队，专门为了了解夏银村的文化和历史。此外，还有来自瑞典、法国、美国等国家的游客。村民似乎都对路易莎耳熟能详，因她是来夏银村做研究的第一位外国人，当时由政府官员陪伴。她在《少数的法则》中写道，“前来造访夏银村的多为男性，且都是以主办某项活动为缘由并得到某项赞助来到此地，这些人来自于大城市，远自北京、上海和广州，当然大多数还是来自贵州本省或周边的四川等省。他们中有些代表自己的工作单位——报社、电视台，或有具体研究课题的研究机构；另一些是受雇于不相干的某部门或者某人，后者可能是某工厂的工人，某机构的办公室工作人员。这些人出于个人兴趣而想采集奇风异俗”①。随着外来人不断到访夏银村，夏银村及围绕夏银村的故事逐渐出现在旅游的旅行笔记、各类纪实网络小说以及专家学者的研究作品中，被大量的图片、文字和故事所勾勒和指认，通过这种勾勒和指认，夏银村在乡村旅游层面的意义和价值就得以建构并不断扩散开来。从 20 世纪 90 年代后期开始，进入夏银村的游客不断飙升，夏银村的名气也在不断上涨。部分本地村民或自发或在地方政府的倡导下开始经营农家乐和饭馆。李老师客栈、阿龙苗家和李玉芳客栈等夏银村较早的农家乐都是在政府的扶持下开始运营的。2004 年，县里第一次以扶贫项目的形式扶持 9 家农家乐，县里发沙发、碗柜、冰箱等，外加 600 元现金。2006 年，县里第二次以扶贫项目形式帮扶农家乐，主要是进行标准厕所的修建，政府请人弄，由村民包吃住。旅发大会召开后，随着游客的不断到来，外地人大量地涌入来承包农家乐，政府也就取消了对农家乐的扶持政策，而将重点转向基础设施建设上。

---

① 〔美〕路易莎：《少数的法则》，校真译，贵州大学出版社，2009，第 115 页。

夏银村拥有独特的建筑群、丰富的传统文化和保留完好的风俗习惯，这是政府开发夏银村的有利基础。政府对夏银村的权威认证经历了一个长期的过程。其中命名是权力表达的一个重要的方式，“命名就是一种权力的书写”[①]。1982年，夏银村苗寨被贵州省人民政府列为贵州东线民族风情旅游景点，1992年被列为省级文物保护单位，2004年被列为全省首期村镇保护和建设项目5个重点民族村镇之一，2005年11月“中国民族博物馆夏银村千户苗寨馆”挂牌。“他们（村民）在其他各类活动上的一种受到国家认可的合法性，在这个过程当中，实际上意味着这个村子已经从原来远离国家的怀抱而真正进入到了国家的怀抱之中去。”[②] 此后，黔东南州政府正式将夏银村作为本州的一个亮点来打造。因此，政府对夏银村的开发经历了“他者”或“局外人”的认知判断到政府最终将其“确权”的过程，政府“发现”并开发景点的过程就是一个权威判断的过程，而这种开发权威的认定建立在早期游客甚至研究者高度认可的基础上。正如学者所说，这是一种主动探寻景观的行为，基本过程是“主位认知”（emicview）与“权威判断”（authoritative judgement）的结合。景观的“游客发现”或许是偶然的、孤立的，但是由政府组织、专家主导的景观调查与评价行为使得“发现”本身是有系统地进行的，服从于目的明确的努力。[③] 早期的外来人对景观的发现和叙事是一个认知上的问题，并未形成旅游开发的实践，而政府发现、探索和确权景点，并在实践层面上进行高密度的开发，这就将认知上的问题转变为一个实践的过程。而政府通过行政确证后就能保障对地方开发的政治合法化和垄断权。夏银村的开发主要起因于郎德的不开发。郎德是属于黔东南州郎德镇下属的一个行政村，一般所指的郎德是上郎德村，这是一个自然村。在20世纪80年代，政府有意将郎德作为重点开发之地。但郎德老支书和村民不同意搞开发，他们利用文物保护单位不能乱开发之名作

① 赵旭东：《人类学视野下的权力与文化表达——关于非暴力支配的一些表现形式》，《民族学刊》2010年第1期。

② 赵旭东：《人类学视野下的权力与文化表达——关于非暴力支配的一些表现形式》，《民族学刊》2010年第1期。

③ 〔德〕卡尔·雅斯贝斯：《时代的精神状况》，王德峰译，上海译文出版社，1997，第15页。

为斗争的武器而逼退政府另觅他地。而后，地方政府就将开发对象定位在夏银村。但政府对夏银村的开发也是迟早的事，按照旅游规划，政府的原意是先开发郎德，然后再开发夏银村，而在郎德受阻后，政府就迅速将目标转向夏银村。虽然郎德的开发未能实现，但夏银村的“政治圈地”成功了。因为政府拥有对土地等资源的所有权及行政权力和规划权等方面的特权，所以很快就开始了对夏银村紧锣密鼓的旅游实践，地方政府在夏银村布下的旅游之网奠定了夏银村以后发展的整体格局。

夏银村得到地方政府的权威认可之后，仍然需要得到高一级政府的认可。因此，雷山县及黔东南州对于夏银村的确权经历了与其他州县激烈的竞争。贵州省第三次旅发大会召开点的选址问题成为关键，因为这决定谁将会被开发。2008 年上半年，省政府对贵州省第三次旅发大会召开点的选址采取了投标竞赛的方式。在投标会上，共有 30 多个单位参与投标和竞标，黔东南州和雷山县也参与竞标，竞争场面十分激烈。最后在州政府的全力协助下，夏银村终于如愿以偿地被选为第三次旅发大会的召开地点，这便拉开了夏银村大开发的序幕。夏银村景区管理局副局长李峰说，“当时的竞争十分激烈，我们凭借的就是拥有保存良好的传统建筑、民俗活动和服饰，民风淳朴，日出而作，日落而息，房子都是依山傍水而建，并非人为建设，这简直就是一个天然的博物馆。这里的人头上戴一朵花，行走在大街上，就能构成一道亮丽的风景线。游客来这里可以体验一下头饰，体验一下我们的传统文化，都是很原始的感觉。我们最终赢得了这次‘战役’，靠的不是关系，而是我们自己的本事，是我们这里几千年来形成的良好的根基”。夏银村开发权的争取可谓充满了艰辛，州政府和雷山县政府可谓费了九牛二虎之力，才将旅发大会召开地点争取到夏银村。2008 年 9 月，第三次旅发大会在夏银村顺利召开，对夏银村的开发权就正式确定下来，而村民并不知情。村民说，“只知道村里是要搞旅游了，至于怎么搞，我们是不知情的，也没有发言权”。旅发大会正式拉开了夏银村大开发的序幕。村民在旅游开发中话语权的缺失，再加上门票分红、文物费发放、土地征收等方面引发的诸多矛盾，为以后的群体性事件的爆发埋下了隐患。

旅发大会召开后，政府对村民的直接帮扶较少，主要有喷房屋油漆和成立家庭博物馆。2010 年，县里帮助村民将房子喷漆，由政府出钱，将古老的房子进行外观上的刷新。2010 年 3 月，政府想通过家庭博物馆的形式展示农耕生产和生活，于是便发动 40 户农户搞家庭博物馆。家庭博物馆就是利用自家房屋搞农具和图片的展示，政府通过评等级的形式给予补助，只有获得等级的博物馆才有补助。唐兴发家属于国家一级博物馆，得到了政府的补助，政府授权其可以对观看的游客收取 5 元的门票费用于补贴。由于并未达到政府预期的效果，在实施不到一年的时间，政府对家庭博物馆就丧失了信心，取消了一切补贴和奖励，任其自由发展。现在，部分家庭博物馆被封闭起来，不给钱就不让游客进入，而多数游客对里面的东西也不感兴趣。部分家庭博物馆成了农家乐，部分家庭博物馆退回到仅仅供自家居住的宅子，而完全丧失了博物馆的功能。2011 年后，政府几乎全部取消对农户的支持，对景区基础设施的建设始终是政府的重点工作。

政府对夏银村的打造汇聚了所有的行政和政治资源，州和县一级政府将夏银村升级为州的亮点工程。州和县里的领导说，“我们先把夏银村作为黔东南州的一张名片来打造，然后争取让夏银村成为贵州省的第二张名片”。夏银村亮点工程的定位也让其“享尽荣华富贵”，在各项优惠政策的导向下，资源不断汇聚到夏银村，除了现金资助外，采取项目扶持的方式居多，因此，原本用于民生工程的项目和资源很快就被夏银村这个亮点工程所吸纳。2008 年左右，县里筹资直接投入 1.5 亿元，用于白水河两边的街、房屋、街灯、河道、观景台、公厕、凯里到郎德的郎西路的建设。2010 年前，政府通过国开行贷款 1 亿多元全部用于基础设施的修建。地方政府通过现金和贷款的方式投入的资金截至 2014 年 5 月已达 2 亿元。政府主要投资的是基础设施建设，而文化建设则较为乏力。小北门门口的一块青砖值 100 元钱，“一块砖就是一张红票子”。政府对夏银村的开发走的是一条重硬件而轻软件的路子。通过权力打造和无限制的圈地，夏银村传统文化空间在权力和资本的双重作用下实现向旅游空间的彻底转型。2012 年，国发 2 号文件中明确提出将黔东南州作为文化旅游产业来发展，在中央政策的推动下，黔东南州的旅游业就具备了最为有利的合法性来源和最有利于政府的舆论环境。而夏银村作为黔东南州文化旅游产业的龙头景区，中央的政策使其在无形中最大限度地减少了开发成本。2013 年，夏银村景区还获得了“国家级文化产业示范基地”的荣誉称号，这就更多地赋予了地方政府开发夏银村的政治资本和拓展夏银村旅游空间的权力。地方政府将夏银村作为“景点”探索和标示出来，并最终将其升级为贵州省少数民族文化旅游龙头景区和全国苗族文化旅游主要目的地，并赋予资金和人力等方面的优惠和便利。

第二节　招商引资和项目汇集

一　招商引资和“绿色通道”

夏银村的经济结构是以代际分工为基础的半工半耕的家庭经济模式。虽然当地农民在改革开放后通过外出务工的形式获得了部分现金收入，但绝大多数的家庭并不富裕，如同学者所说的，“很多旅游社区的居民，既是少数民族又是农村人，还是西部地区人，是一个弱势地位叠加的群体”①。因此，就单个农户而言，他们在经济、技术和知识方面难以承担接待游客的任务，同样也难以满足游客的需求，因此，外界的扶持就显得尤为重要。然而在开发前，雷山县每年的财政收入不到一亿元，可以说当地财政处于匮乏状态。政府扶持本地村民经营市场业务和接待游客的力度并不大，其效果也并不明显。比如政府通过扶贫项目扶持本地人经营农家乐，其扶持的效果仅仅是扶持对象的收入有很大提高，但未能解决本村人的就业，政府也不能从中获得收入。在政府经济疲软的情况下，仅仅依靠本地企业或本地人开发，政府承担的经济压力会比较大。因此，招商引资便成为一条既能节约治理成本又能较快实现发展的路子，利用外来资本开发夏银村可以实现投入少、见效快的目的。旅发大会召开后不久，政府通过集中财力资源和人力动员的方式开始了轰轰烈烈的招商引资运动。一方面，政府为外来企业提供较为优惠的条件，降低企业进入村庄的固定资产的投入，减免企业经营所得的税收，对进入夏银村的企业免费办理通行证，外来企业几乎零成本地进驻夏银村。另一方面，政府集中人力，将任务下派到县职

① 孙九霞：《旅游人类学的社区旅游与社区参与》，商务印书馆，2009，第3页。

能部门和各个乡镇，尤其是县招商局承担的任务最重。开发后，招商局的人几乎成天都在外面通过私人关系、公家关系等进行招商和引资工作。政府在初期的目的主要不是获得多少收益，而是探索和制造众多的旅游景点，让游客可以有更多的景点来观看和欣赏。蜡染坊、刺绣坊、米酒坊和商业演出等都是通过招商引资的方式建立的旅游景点。此外，给予外来人以较为优惠的条件进村经营农家乐和开店铺，这是政府在旅游市场上开通的“绿色通道”，是在自身经济匮乏状态下采取的变通策略。

夏银村的蜡染坊就是通过政府招商引资过来的。蜡染坊设置在羊排村，老板是安徽人，总厂设在丹寨。老板在羊排租下了一栋房子作为店铺，2011年正式开业。蜡染坊里有很多用手工染好的布匹、衣服、包和床单等，由于位置较为偏远，再加上大多数人不喜欢蜡染的衣服，此外，蜡染物的价格也较贵，一片风蜡 80 元，普通的也需要 60～70 元，因此，这里并没有多少生意。染坊里的雇工就一个，是一位仅有 18 岁的来自丹寨的小姑娘，她说，“蜡染的布太土气了，不时尚，我们去台湾宣传，别人也不喜欢，卖不出去，这是老人传承下来的，放在现代社会是四不像，还不如街上的衣服时尚”。来这里的游客很少有进去看的，而只是在外面瞟几眼或者用相机照一张照片就匆匆忙忙地离开了。米酒坊也是通过招商引资的方式引进来的，位于羊排山坡上。米酒坊租用的是羊排村委的房子，原村委大楼共两层，上面一层仍是村委的办公室，下面一层主要是出租用作米酒坊，每年的租金是 1.5 万元。米酒坊在起初几年还是赚了不少钱，生意还行，因为当地酿酒的人仅有几家，而且外面运输来的酒也较少。但自 2013 年以来，从外地运输过来的米酒逐渐增多且价格更为便宜，这对米酒坊的冲击较大，此后米酒坊几乎没有什么生意。目前，米酒坊的雇工只有两人。米酒坊和蜡染坊的命运一样，几乎成了一个摆设，仅仅作为游客的镜中之物。据了解，这两个地方都有政府提供的高额补贴，因为在这里做生意根本赚不了钱，如果没有补贴，老板就会撤离夏银村。在这里，它们起到的作用并不是为了增加当地的税收，而主要是作为观赏景点增加夏银村的宣传价值。这两个景点同样也被写在了宣传栏上，并出现在不同的网站和报刊上，以便吸引游客，其宣传价值远远大于使用价值。米酒坊和蜡染坊本是作为当地具有特色的米酒文化和蜡染文化的物质载体，是苗家传统的酒文化及蜡染文化的集中体现地，其本应是展现苗家文化的两个窗口。然而，为了节约治理成本和快速实现塑造景观的宏伟目标，政府采取招商引资的形式将其文化传承的重任交由企业和市场来承担，而通过企业和市场构建的只是文化的形式载体，其文化的内容早已丧失。“坊”里摆设的一些相关物品，也正好诉说着文化之根的丧失。因此，它们就成为耸立在羊排山坡上独特的旅游景观，其最大的价值在于成为政府和公司的宣传单中的一员，或成为游客探求的镜中物，再或者作为外来人拍照的背景而已。这些招商引资而来的景点的建构并未赋予夏银村社会以极大的丰富性，也并未增加夏银村村寨的活力，相反，它们只是一些被抽空文化内容的商业景观而已。

同样，政府对于外来人经营农家乐和开店铺也开通了“绿色通道”，给予了极为优惠的条件。外来人租店铺，只需办理相关的手续和交纳少量的卫生费即可，不用向政府缴纳税收，政府还免费给他们办理出入景区的通行证。外地老板来承包农家乐，并不需要经过政府的批准和同意，只要跟当地人达成协议，双方签订合同就行。现在夏银村的农家乐约有 500 家，夏银村饭店、夏银村月、酒坝子、郎云台、天上人间、月半湾、阿龙苗家、阿米苗家、苗寨第一站、侯家庄、夏银村酒楼等在夏银村都是非常有名气的，其中 90% 都是外地人来开的，而这些较为成功和生意较好的农家乐大多与权力挂钩。本地人开的农家乐寥寥可数。阿龙苗家最早是政府扶持的农家乐，属于政府的接待点，同时也是余秋雨下榻的酒店。利用政府和名人效应，阿龙苗家吸引了众多的游客。阿米苗家位于阿龙苗家隔壁，老板跟县里关系较好，其每年的收入达上百万元。侯家庄位置比较偏僻，老板是羊排人，属于白手起家，老板善于处理关系，经常接待外国游客，与政府关系较好。夏银村饭店是一对姐妹合开的，据说有亲戚在民宗局。月半湾凭借的是地理位置，且老板与政府关系较好，每年的收入也上百万元。李老师客栈，是开办得较早的农家乐，李老师是当地退休教师，对人热情，凭借良好的人缘和热情好客的性情，入住李老师客栈的游客也不少。此外，其他比较有名气的农家乐都是外地人开的。苗家第一站是某领导的儿子在当地承包一栋房子办起的农家乐，生意很好。而夏银村酒楼的老板是贵阳人，跟省委组织部的关系较好，来这里消费的游客也很多。郎云台是来自凯里的一位年轻人开的，据说他有亲戚在省公安厅。苗煌文化是来自贵阳一养老院退休工人承包的，其通过工作关系结识不少高官，由于地理位置较好，游客的入住率也较高。经营店铺或农家乐的本地人主要是借助良好的地理位置和跟政府关系较好而成功保留下来，其他皆因地理位置偏高而生意惨淡。当地人形容自己的农家乐，“都是空的，别人也不愿意上来睡，接不来客人。黄金周的时候有人过来睡，不过人都很少，装修的房子再漂亮也是没人愿意上来的。最苦的就是羊排跟东引，刚开始有游客上来，但是现在几乎没有人愿意上来了”。总之，为了节约投入成本和让经济效益立马见效，政府将招商引资的口子开得极大，除了税收等方面的优惠外，政府还有针对银饰、服装等店铺关于免费开展乡土人才的培训交流会和关于部分店铺的资金补偿等优惠条例。企业进村不用考虑当地设置的门槛，这就在很大程度上给外来资本在资金、技术和经验上击败并不多的本地农家乐、小卖部、社区医院等创造了条件。如和谐诊所是当地的一家社区医院，主要服务当地人，房子是从平寨人手上租过来的，每年的租金是 4 万多元。而外来资本发现这里位置好，适合开农家乐和饭馆，于是便准备以每年 50 万元的租金将整栋楼承包下来，而今和谐诊所面临停业的命运。

政府通过招商引资和“绿色通道”的方式赋予外来企业和资本以极大的便利和优惠。政府的本意是想通过外来企业带动景区发展，让市场活跃起来。然而，政府的政策产生了“非意外后果”。尽管米酒坊和蜡染坊生意惨淡，但为了维持一个良好的、文化多样性的“苗疆圣地”的形象，政府宁可自己亏本，也不让企业主动撤离村寨。随着私人资本不断下乡，村庄的房屋租金和物价也不断飙升，这对当地人经营店铺是极为不利的，市场的扩张也拖垮了部分为当地人服务的小卖部和社区诊所。在旅游高峰期，一个房间最贵可达 1600 元，而最便宜的也需要 600 元。因此，很多游客宁愿去凯里或雷山。于是，有人总结道，“夏银村开发，凯里发财”。

二　项目汇聚

2006 年全国几乎全部取消农业税，这标志着长期缴纳“皇粮国税”的历史的终结。然而，在“分灶吃饭”的财政制度下，税费改革中农业税的取消也使基层政府财政收入来源丧失，而最终导致地方财政匮乏。为了扭转这一局面，中央政府在财政转移支付方面以项目制的形式进行资源的输入。由于项目分配资源的一个十分重要的特征是不具有普惠性，项目属于竞争性和稀缺性的资源，因此，地方在争取项目方面的积极性和主动性被调动起来。雷山县的项目运动主要是县级及以上政府，因为县一级政府在项目的分配方面拥有极大的权力，县级政府会将争取来的项目放在指定的地方。在县级及以上政府中，“跑项目”已成为常态。雷山县县级政府是分配项目资源在县域内流转的主体，有权将项目放在某一个村庄或社区。因此，运用这一行政权力，县一级政府拥有巨大的操纵空间。在雷山，雷山县作为县一级单位，拥有分配项目这个大包的权力，为了将夏银村快速地打造成黔东南州甚至贵州省的亮点和名片，为了较快地获得经济收入和政治收益，县政府将几乎所有争取来的项目资源都放在了夏银村，因此，夏银村是不需要“跑项目”的。夏银村关于水渠、道路、污水处理池等工程都是借助项目的形式完成的（见表3－1）。

表3－1　夏银村2011年至2014年5月的项目汇总

项目名称	资金（万元）	资金来源	类型	时间
夏银村景区污水管网收集工程	1700	国家专项资金800万元（省环保、发改、建设局各给300万元）	省重点项目	2011年
污水处理厂	1700	黔东南州	州重点项目	2012年
营上服务中心（包括西大门建设、度假酒店、服务设施、田园场）	1100	县财政局	省重点项目	2012年
文化产业和古道评估项目（关于少数民族文化的传承如蜡染、刺绣等）	30	省财政厅	省一般项目	2013年
雷山夏银村千户苗寨乡村旅游综合体建设	—	省财政厅和旅游局	贵州省100个旅游景区建设项目	2014年
营上供水系统	—	县水利局	—	—
农耕文化展示区	—	县农业局	—	—

注：雷山夏银村千户苗寨乡村旅游综合体建设项目主要包括对景区文化的提升和基础设施的打造等，具体包括生态旅游步道、旅游观光公路、三星级酒店、三星级以上旅游厕所、游客服务中心、生态厕所、旅游标识标牌等建设。“—”表示具体内容不详。

在开发初期，夏银村享受到了政府无偿投资的好处，作为一个亮点村寨，政府将部分资源通过项目的形式投放到夏银村。而在开发过程中，即便在发展走上正轨并不断有利益回报的情况下，政府也将项目往夏银村倾斜，政府认为"夏银村是一张名片，是不能垮的"，这时候的夏银村已不再仅仅具备产生经济价值的功能，其所代表的政治效益也更加明显。截至2014年5月，政府对景区的投资已完成3.4亿元，具体用于表演场提升、旅游步道建设、环寨公路建设、旅游公厕建设、服务区路网铺设、排水管修建、游客服务中心建设、村容整治包装、农家乐改造、生态农业体验园建设等。夏银村基础设施项目大多是通过项目方式完成的，公司的领导说，"夏银村是不需要跑项目的，县里会直接下文件到公司，而公司的行政部门会叫相应的部门准备材料。夏银村的小项目数不清，而大项目也不少"。在对夏银村进行大规模投入的同时，政府也将夏银村控制得十分严格，县里要求门票收入要全部返还回县里，而公司只有停车场和观光车的收益。公司在缺钱的时候，只能通过打报告的形式向上级申请资金。而后随着土地财政的兴起，公司从中获得的收益也不少。

第三节　"国家的视角"和行政总动员

旅游开发的过程伴随着旅游规划和土地征收，前者是政府的特权，其规划在很大程度上保障了自身的行政意志。而土地征收的权力更是一项特权，在强大的国家权力面前，地方社会即便是利用家族和村落势力进行抵抗也显得十分乏力，政府采取动员、借用和规定等手段表现出较强的策略性主义，而村民则被动卷入其中。

一　政府的旅游规划权力

规划权是政府特有的权力，政府的宏观规划在很大程度上决定了夏银村的空间格局。因为国家对于乡村旅游资源享有控制权、管辖权和所有权。夏银村是地方政府响应国家"旅游脱贫致富"语境下的产物，承载着国家权力的象征话语，这就决定了夏银村旅游开发的政策、布局和运行模式皆处于政府的主导和监控之下。因此，雷山县政府在夏银村社区规划和发展方面借助国家赋予的合法性而拥有决断权。一是地方政府决定夏银村旅游规划的局部和总体布局。通过自身优越的自然、人文基础和条件，夏银村赢得了省政府的信赖和支持，最后省里决定将夏银村作为第三次旅发大会的召开地点，这也就肯定了地方政府对夏银村开发的确权问题。这样，上级政府就给地方政府赋予了极大的权力。一经确定，夏银村就被纳入地方政府的规划范畴。雷山县政府在政策上拥有极大的灵活性，夏银村的顶层设计主要在县一级政府。二是地方政府决定夏银村的开发模式。夏银村的开发模式由政府行政性单一面向的开发转变为政府管理和企业经营的双重管理模式，初期由政府出资建设基础设施，而后期则由企业全面负责运营，经营和管理职能分开。因此，“政府 + 企业”的模式成型了。公司每年都要与县政府签订合同，在合同中明确写有关于缴纳的税收、完成的游客量等具体的指标任务。三是夏银村的多重功能定位。地方政府将夏银村不仅作为黔东南州的一个亮点来打造，而且更是将其作为贵州省的一个亮点来打造。夏银村代表的不仅是一种经济资源，而且也是一种政治资源；不仅是一个旅游场所，而且也是代表国家权力与技术的象征符号，其政治符号意义远大于物理意义和经济意义。就这方面而言，政府塑造出的夏银村形象的重要性远远超过了它的基本功能——旅游价值。满足游客的需要是第二位的，夏银村更多的成为表现国家权力和技术的一种载体和媒介。旅游公司是由政府出资成立的，其经理阶层都由具有正式编制的人员担任，其目的是加强对公司的控制，因此，公司与政府的关系要远远超出单纯的业务范围，政企分离在这里就被模糊化地处理了，公司必须接受政府的领导并与之合作。

规划在本质意义上体现的是一种行政的权力，一种专家的规划权力，因此，政府的规划权力往往因将村民排斥在外而导致规划与村庄的实际不相符。政府的规划造成对村庄空间大幅度的切割和破坏。为了扩大地盘，政府于 2010 年将售票大门从小北门迁到了大北门，在大北门设置关卡对游客收费，并花巨资对检票口进行了一番装饰：设置了一道古色古香的具有苗家风味的大门，并在大门上安装了牛角，雕饰了苗族的花纹，高大的横栏上刻有“夏银村千户苗寨”几个大字，采用现代化的喷漆等技术制造出庄严、神圣和古朴的意境，以便吸引更多游客的驻足。关卡和大门的设置不仅仅是对游客收费，而且也对过往村民进行严格的盘查，尤其是到夏银村走亲戚的人更是需要经过详细盘问确认才能由夏银村人亲自带进去。苗族社会传统节日较多，因此，夏银村会经常跟周围村寨进行走亲戚活动。开发前，村民亲属可以自由进出村寨，不会受到限制。而开发后，为了规避“捉鱼公司”① 浑水摸鱼将人带进去，政府和公司对来夏银村走亲戚的人要进行十分严格的限制。公司规定凡是到夏银村走亲戚的人都需要由夏银村人带进去，否则一律要买门票才能进村。公司的保安人员还要严查身份证等信息以便证明是该家的亲戚。村民感觉自己在行动上受到了限制，在人格上同样受到了侮辱。村民们说，“连自己的家园都不能随意进出，这还是不是我们的家乡？我们感觉像猴子一样被观看”，“我家的女婿从铜仁过来看我，就被拦在了门口。我住在这儿，连别人来看我的权利都要受到限制，这真是太不公平了。由于我家住在东引山坡上，走过去接人的话也需要一个小时，当时我很气愤，就直接给景区打电话，我就威胁他们如果不放人进来，这个摊子就不好收拾”等。

二　征地中的政府权力

地方政府对夏银村土地的征收是为地方经济增长及其衍生出来的政绩而服务的。夏银村涉及四次大规模的征地。第一次是 2006 年的黔森酒店的征地，这是夏银村第一次大规模的征地。土地大部分是属于羊排的，也有平寨所有，涉及 7 户村民上百亩土地。2008 年左右，政府将土地征收后建成房子外租给一湖南老板，取名叫黔森酒店，用于餐饮和住宿，现在主要是乡村二级和公司开会的指定地点。第二次征地是 2008 年的小北门征地，涉及 8 户村民，这 8 户村民被搬迁到羊排农贸市场附近，政府给每家的补贴是 1 万 ~2 万元。第三次是 2010 年的大北门征地。主要用于修建从雷山到夏银村的公路，土地是南贵和羊排的，其中南贵最多，涉及 13 户村民共 100 多亩土地。第四次是 2010 年的白水河征地，涉及 30 多户村民。之前白

---

① 当地人把专门从事倒票的人的组织称为“捉鱼公司”。“捉鱼公司”的人主要是夏银村人，他们不让游客买票而直接将其带进去，而游客则支付远远低于门票的现金给这些人。这样的方式使双方皆受益，游客少付费，而当地人也获得部分收入。这在后文中有详细的介绍。

水河沿岸皆是农田，开发后，这里被规划为古街。政府在征来的土地上又盖起了一排整齐的房子出租给老板做生意，承包人不止一个，而是由8个跟省政府有关系的贵阳人合伙承包的，承包的价格是每年1400万元。现在这些房屋进行了二次或多次转包，有的租给了外地人开银饰店、贩卖香烟、经营农家乐、开酒楼等。村民将这批房子称为“得享楼”，讽刺地方政府将村民土地征收后用于建房获利的行为。除此之外，小规模征地已成常态，如2008年4月的农贸征地事件，政府将羊排的土地征收十几亩，涉及十几户村民。

在征地过程中，政府践行着一种典型的策略主义，“策略主义的运作规则充满随意性、变通性和策略性，任何可以实现目标的正式和非正式的规则均被采用，从而使非正式的权力运作技术盛行”[①]。政府对不同的人采取分类治理的策略。一是反复做工作，这是针对在村庄中有威信的人物。政府在对黔森酒店附近的土地进行征收时，“农民画家”李玉福[②]和李玉华就是被政府反复做工作的对象。李玉福本来打算在那里修建一栋住房，不料政府要来征地，他很不愿意土地被征。政府三番五次来做思想工作，李玉福是有知识和有文化的人，在村寨里也属于有头有脸的人物，政府不敢采取强硬的手段，而只好采取较为温和的策略进行。最终政府承诺只要他同意土地征收就给他一个门面做画展，最后他同意了征地。李玉华也是羊排人，在村庄中较有威望，其家共有3亩田地，而这次征地要占用2亩，为此他一直不同意。无奈之下，政府采取了以土地换社保的策略，最后李玉华答应了，也确实领取了社保。但是3年后，这届领导班子调走了，而新的领导班子上台后拒不承认，因此，李玉华家的土地并未换来永久性的社保。这在一方面涉及政府任期制引发的道德和信用问题，政府让村民分享旅游开发中残羹冷炙的成果，而忽视了换届的政治规定带给当地人的风险。另一方面这体现出政府在征地中的策略主义行为，是采取的一种暂时的“摆平术”而已。二是强征，这主要是针对村庄中的弱势群体[③]。如白水河的征

---

① 欧阳静：《策略主义与维控型政权——官僚化与乡土性之间的乡镇》，博士学位论文，华中科技大学，2010，第112页。

② 由于李玉福擅长作画，所以政府誉之为“农民画家”，在后文中有具体介绍。

③ 这部分人主要指的是在村庄内部兄弟较少，在村社之外又无亲戚当官的人。

地，也有部分村民不同意，但政府官员早已了解清楚其家庭背景，针对在村子里势力不大的人，他们就强行征收土地。他们的话语具有一致性，“土地是国家的，我们有权收回，村民只享受经营权，而没有所有权，不征也得征，征地是由政府说了算的”。经过几个来回的较量，弱势的村民不得不服软，最后土地很快从村民手中流失。三是动员村内力量。随着征地规模的不断扩大，其引发的矛盾也不断爆发，土地征收也越来越困难。为了减少征地中的摩擦和成本，政府大幅度起用和动员村庄内部力量，其中村“两委”、小组长和老协会是政府重点借助和依靠的力量。村“两委”由于有着国家赋予的资金和权力，在原则上，他们往往是需要义务性出力的，政府只需“下命令”即可。然而在基层社会中，这种下命令仍需要以劝说、利益诱导等较为温和的方式进行。其中利益诱导是主要策略，这在后文中会涉及。小组长由于不领取国家工资，也没有国家下拨的资源，因此，政府对于这部分人则采取让“两委”代为动员的方式进行，让村干部说服组干部，使之成为政府征地的有效力量。而对于老协会，利益显示出巨大的诱导性和强制性，新成立的老协会在性质上就被定性了，其主要目的是给景区办事。因此，通过动员村内力量的方式，政府节约了不少治理成本和管理成本。

尽管政府在土地征收方面拥有极强的策略主义倾向，但是土地征收在村庄中也越来越困难，主要有以下几方面的原因。一是政府并没有将土地用于公共建设，而主要用于修房出租，大搞土地财政。这是村民最痛恨的，也是土地难征的根本原因。二是土地在夏银村越来越少，已成为一种稀缺的资源。在大规模征地后，归属于村庄所有的土地愈来愈少，尤其是南贵和平寨，土地所剩无几。失去了土地也就意味着丧失了土地带来的生计维持的功能，甚至部分家庭面临饥饿的威胁。三是当地人对土地有一种情感上的依附，土地是从祖先那里留下来的，是祖业的一部分。祖业代表的并不只是自身这一代人对土地的依附，后来的子孙也需要依靠土地过活。老人大多在家种田，通过“走田坎”而锻炼了身体并丰富了自己的闲暇生活，老人们对田地充满了感情。因此，土地在村民的认知观念中，除了具有维持生计等经济保障功能外，还具有子孙绵延和“绕田”的价值性作用。如果土地丧失了，子孙后代如何办，这是他们提及最多的一个问题。“要生存，必须要土地，这是关涉到人存亡的问题。我们一个人才几分土地，都是山山坡坡的，没有几个地方能开荒了，现在土地资源很紧缺。如果将土地用于公益建设我们是想得通的，但搞其他东西的话，我们都不愿意。”总之，村民对土地倾注了大量的经济、情感和心理愿景。

2012 年之后，土地征收难于上青天。2013 年 12 月，县里准备搞饮水工程，这又涉及土地征用问题，即使由村干部和老协会出面也无济于事，在经历了三次群体性事件[①]后，政府的权力有所收敛，村民没人愿意去签字，政府也不敢强征。因此，截至 2014 年 5 月，政府的土地征收计划未有丝毫进展。

第四节　治理景区

一　政治化的口号

地方政府开发夏银村制造出来自国家和来自村社的两方面的合法性。一方面是响应国家号召和中央的决策。随着旅游业不断地向世界蔓延，中国社会也被动或主动地卷入其中，少数民族地区尤其如此，“目前旅游业发展具有广阔前景的地区一般是农村地区、民族地区、西部地区，并且这几类地区都是合二为一的”[②]。少数民族地区一般地理位置较为偏僻，既无良好的农业发展优势，又无工业带动，因此，选择除工农业之外的第三条发展道路是十分必要和迫切的。由于少数民族地区拥有良好的自然资源和民俗文化资源，如果将其作为旅游资源进行开发的话，这是他们在长期地理切割和与外界隔离的条件下形成的天然优势。如何将之开发出来，成为地方政府的政策规划内容之一。随着旅游时代的来临，旅游业已成为一种良好的“救世方案”。因此，开发夏银村是在顺应全球潮流，响应国家旅游开发的号召，同时也是在积极响应贵州省通过旅游带动地方发展的政策。因

---

① 这三大事件主要指的是羊排环寨公路事件、“8·10”事件和学校搬迁事件，后文中有具体介绍。

② 孙九霞：《旅游人类学的社区旅游与社区参与》，商务印书馆，2009，第 3 页。

此，地方政府有着来自中央和省一级政府的合法性认可，这是雷山县政府开发夏银村最为有力的政策支撑。另一方面是塑造出来自当地的合法性。由于少数民族地区长期处于国家管辖的边缘地带，其经济条件在某种程度上远远落后于西部其他社区，更不要说是东部了。改革开放后，少数民族地区的村民也不断外出务工，鉴于知识、技能等方面的限制，他们通过务工而获得的经济收入仍然十分有限。因此在以代际分工为基础的半耕半工的经济结构下，当地人的生活水平刚刚跨越温饱线，如斯科特引用 R. H. 托尼的话，“有些农村人口的境况，就像一个人长久地站在齐脖深的河水中，只要涌来一阵细浪，就会陷入灭顶之灾”①。因此，利用地方优势，将存量资源盘活并不断转化为流量资源是提高村民收入和增加地方财政收入的双赢策略。于是，“为当地社区谋福利，提高村民生活水平，增加当地就业，提高村民收入，改善当地人的生活质量”等诸多美好而利民的口号就被迅速地制造出来并广而告之，这是地方政府开发夏银村社会而塑造出来的来自民间的合法性。

政府不仅在开发初期尽量占据合法性的制高点，而且也将这种合法性贯穿到整个开发过程。2010 年之后，村庄中的违建现象开始增多。违建运动开端于苗煌文化大酒店，老板是贵阳敬老院退休的干部，并非夏银村人。通过工作关系，他认识很多在省一级政府和北京当官的人，因此他的私人网络十分发达。借助政府的关系，他在夏银村修建了第一栋 5 层混凝土楼房。景区规定新修的房子只能是三层的传统吊脚楼房子，按照景观管理制度，这属于典型的违章建筑。但地方政府囿于上级政府的权力，对该酒店不敢干涉。此后，违建现象一发不可收拾。一位贵阳人在平寨建了三栋房子。来自凯里市和州的机关干部亲戚或者有钱人都到夏银村搞起了圈地建房运动。不仅外地人如此，村民也不断仿效，打擦边球，致使“种房”现象愈演愈烈。政府要强拆，他们就拿苗煌文化大酒店说事，管理局和公司也疲于应付。不到一年，原本是良田的地方到处都是新修的房子。从 2010 年到现在，拆迁任务是公司和政府的核心工作，一方面是强拆的不断增加，

① 〔美〕詹姆斯·C. 斯科特：《农民的道义经济学——东南亚的反叛与生存》，程立显、刘建译，译林出版社，2001，前言第 1 页。

另一方面是违建现象也不断增加。强拆速度始终赶不上违建速度，因此，砖瓦房不断涌现在这传统的苗寨中，政府为此花费的精力也不少。

山里人家是平寨村民侯加红开的农家乐，位于白水河边村寨上游，而这里是政府规划的田园风光景区，政府认为该房子妨碍游客观看风景。因此，为了让其自行拆除，政府对其家人做工作不下10次，但该村民并不同意。因为通过开农家乐，他家获得的收入不少。在2014年之前，侯加红担任村里的支书，当时由于政府考虑到要让村委办事，因此就一直没有强行让其拆除。而今年（2014年）他从老支书的位置上退下来了，他在外是没有关系的，在村里的宗族关系也并不强硬。因此，政府就避重就轻，决定对其强拆。政府将强拆日子定在2014年5月23日，由于不是周末，来的游客较少。前一天晚上，政府和村干部又对其进行了一轮思想工作，以便减少强拆中发生的冲突。笔者所居住的侯天正老人家，也接待了几个政府官员，因为老人家是经过了三次拆迁的，对拆迁甚是反感。政府害怕老拆迁户闹事，因此为了将风险减小到最低，他们通过不断地做思想工作，反复地磨嘴皮子，让村民的怒气消散。笔者晚上回到房东家，房东表现出一副无奈的样子，显然政府的思想工作起效了，本来打算闹事的他也放弃了这个想法。一时间，强拆的消息已经在夏银村社区传播开来，风起云涌。村民不知道具体拆除多少家，只知道要来拆房子。第二天，雷山县政府将县、乡、村三级干部抽调到夏银村来参加拆除违章建筑的运动。上午10点，上千人的队伍浩浩荡荡进村，他们统一着装，其中有不少人是政府从周围村寨雇用来的年轻人。随着人员进村的还有一台大型的挖掘机。有几个人拉起了早已准备好的两面横幅，其中一面上写着“非法占用国家耕地”，另一面写着“保家卫国，坚决打击非法占用国家耕地的行为”。在山里人家的周围布满了警戒线，在警戒线之外，站着统一着装的机关干部、雇用来的人和村民。强拆运动正式开始了，挖掘机的声音不断地传来，到下午4点左右，经营了4年的山里人家彻底消失在了人们的视线中。侯加红并未闹事，因为事先说好了，政府给予村民补偿。

地方政府在对苗煌文化大酒店开口子之后，其“种房子”之风就难以刹住，强拆面临的政治风险会更大。毕竟在夏银村这个利益密集区，汇聚了来自黔东南州、凯里市、贵州省甚至更高层的权力。因此，政府杀鸡给猴看的决心巨大，一方面是为了警示日后的违建现象，另一方面是给日后拆房做一个铺垫。因为政府打算将旅游线路周围的违章建筑全部拆除，山里人家只是一个开端。地方政府借用国家保护耕地红线的铁律作为强拆的强有力的政策支撑。“非法占用国家耕地”和“保家卫国，坚决打击非法占用国家耕地的行为”等口号成为合法拆迁的政治口号。这也是一场权力的表演，通过成功拆迁，权力得以进一步彰显。

二　三套班子，三套人马

在夏银村开发之初，雷山县委和县政府成立了雷山县旅游开发园区建设办（以下简称园区办）。园区办是一个副县级单位，由从县里各个职能部门抽调来的公职人员组成，共 13 人，主要负责对景区的规划和管理。而具体事务则交由管委会（全称是夏银村旅游景区管理委员会）和公司（全称是夏银村苗寨旅游开发有限公司）负责。管委会下设管理局，管理局成立于 2008 年，由副县长牵头，其领导层大多是政府的机关人员，并雇用本地村民从事摊位管理、检票等一线工作。管理局是一个正科级单位，有执法权但无经营权。管理局所做的工作主要有三项：一是对违章建筑的管控，二是对进入车辆的管制，三是对当地市场的监管。其他具体事务就是负责车辆进入和登记、管理西大门的关卡、查处逃票行为、管控违章房屋和强拆的配合工作等。公司于 2009 年 7 月由政府出资 3300 万元成立，公司专门负责景区经营且与县委县政府签订协议，它与管理局同属于正科级单位，共同接受园区办和县委的管辖。具体而言，公司主要负责门票的收取、景区的宣传、村庄基础设施的维护、文物费的发放、村庄旅游规划和开发等。这样，园区办、管理局和公司这样三套班子各加三套人马的管理结构就形成了，“政府搞管理 + 公司搞经营”的具体开发模式就宣告成立了。但在运行过程中，政府和公司的职能仍然存在模糊地带。公司领导层除了一个专门负责企业文化的副总外，其他都是县里下派的机关人员，因此这就在很大程度上实现了政府所谓的防止国有资产流失的目的。公司与县里签订目标责任书，就收入、经营、利润、考核、奖励等情况对公司进行详细的规定。公司的运营由经理人操纵，县里管资金。这就是孙立平所讲的权力与市场的合谋体制，因此，公司的运营具有半市场半行政性质。围绕夏银村的开发，政府人员不断在横向和纵向上流动，政策也在不断地调整，夏银村开发也时常因“摸着石头过河”而滑入混乱态势。

三 寻找村庄代理人

夏银村的传统宗族性特征较为明显，基于共同的血缘和地缘关联，村庄的一致行动能力较强。要在村庄中搞开发和做工作，不能没有来自村庄内部力量的支持。因此，寻找村庄代理人就成为治理景区的有效方式。鉴于老人在宗族性村庄中的威信和村干部的强制动员性，地方政府就极力拉拢“两委”和老协会。

（一）“讨钱型”村干部和依附性治理

2007 年，政府将羊排、东引、南贵和平寨四个村合并为一个大的行政村，当地人将合并后的村称为大村，而将原先的村寨称为小村或片区。政府决定采取“合村不合产”的政策，即每个村寨保留自己独立的财政收入，财产收入不归入大村。同时为了方便管理，每个小村仍保留党支部但不保留村委会。小村党支部因不具备国家赋予的行政权力而类似于一个村民小组，负责小村的所有事务。随着旅游开发的到来，小村的存量资源得以激活，拥有了可观的收入。如羊排将办公室出租用于米酒坊，每年可以获得租金 35 万元，此外还有办公室的文物费（全称是民族文物保护费）2 万元和公益林补偿金 10 万元；平寨也能从办公室出租中获得租金 20 万元、文物费 2 万元和公益林补偿金 7 万元。小村有了较多的收入，经济上也较为独立，小村的党支部则可以从小村收入中获得补贴。它们与大村保持着一种较为平等和独立的关系。相反，尽管权力上收到大村，但大村很多时候不得不依赖小村办事。大村无家产，但拥有完善的组织结构。开发后，村干部做的主要工作是“讨钱”，上级政府为了加强对村庄的控制，采取空降的方式直接任命一名副镇长任大村党支部一把手。因此，无论是资金上还是权力上，大村对村庄的治理都表现出高度依赖于县乡政府的特征。

1. “讨钱型”村干部

开发前，村干部与传统社区精英合二为一，村庄治理的公共性较为明显，村干部并不过多考虑私人利益，而更多的是为村庄发展出力和献计献策。因此，开发前村庄治理的公共性较为明显，村庄治理秩序有序而良好。随着开发的到来，利益不断下乡并汇聚于夏银村，与利益汇聚相伴随的是村庄矛盾的集中爆发，村庄选举也越来越激烈，村庄政治日益升温。刚成立的大村由于缺乏收入来源而被定性为一个空壳，大村的日常运转依靠县旅游局补贴的办公用品和乡政府的现金补贴。大村在经济上始终未能摆脱高度依赖于地方政府的状态，然而基于经济上的高度依附，其在政治社会等方面也受地方政府的牵制。“讨钱”是当地人对村干部甚至村干部对自己的总结和概括。村干部在工资方面拥有较强的保障性，因为工资都是由上级财政转移支付的，可谓“旱涝保收”。村支书和村主任的工资是每月 850 元，其他 10 个成员每月 800 元。国家每年下拨 3 万元的办公经费。但大村的开支较大，主要用于接待，而接待费用逐年上涨，2010 年接待费用是 1 万元，2011 年的接待费用是 1.6 万元，2012 年的接待费用是 2 万元。因此，大村的经济状况常常是捉襟见肘，村干部在做事方面是很受限制的。没有额外的补贴和收入来源，村干部只能借助旅游开发的契机不断地向外“讨钱”。村里举办活动的经费都需要政府部门、管理局和公司资助。到鼓藏节、三八妇女节、苗年节等重要节日前夕，村干部就得准备好向上要钱的材料。村干部说，“我们是老脸都不要了，豁出去了，没有办法呀，要不到钱，活动搞不起来，老百姓会骂我们的”。据村会计宋西平介绍：

> 大村是没有多少收入的，只有干巴巴的几个工资，没有经济来源，是空壳呀，看起来很风光，其实里面什么都没有，每次都要伸手向别人要钱。我们也是没有办法，不向政府伸手要钱是不行的，村民很穷，集资的话也很困难。筹不到钱的话，活动就搞不起来，活动搞不起来，就要被老百姓骂。到夏银村考察的人也很多，有时候政府一个电话打下来，我们还得自己掏腰包请别人吃饭。2012 年，我们村跟镇山村结成了姐妹村。他们一伙人，包括退休的村干部，共有二十几个人来我们这里旅游。作为姐妹村，我们不接待也不好，那次我们共花了近 1 万

元，都是我们自己贴起的。后来又有好几次来考察的村干部、县乡干部等，为了减少开支，我们都是自己买点菜，在村干部家做饭吃，但这也是一笔不小的费用。

由于缺乏坚实的经济基础，“讨钱”成了“两委”的中心工作。而村干部则将替景区办事作为“讨钱”的筹码。除了来自公司的直接现金补助外，景区还将农贸市场和烧烤城授权给村委管，租金由村委收。而村委会替景区办理的事务主要有违建行为中的协调工作、票务纠察[①]、矛盾和纠纷的调解、文物费的评定和发放、土地征收等。总之，公司寻找村干部代理人的主要目的是减少在开发过程中的阻力，确保景区秩序。

2. 依附性治理

村民对村庄的治理状况形容为“半死不活”。合村后，夏银村村庄治理的典型特征是“大村无家产，片区治理为主”的分而治之。大村所起的主要是连接乡镇和片区的纽带作用。由于收入的缺乏而使得大村的治理呈现一种双重的依附性治理态势，这就是村民话语系统中的“半死不活”。合村并组后，村庄权力日益分散，权力碎片化现象十分严重。因此，大村做事既要依附于地方政府，又要依附于各个片区。一方面要依附于地方政府、公司和管理局等外部力量。村干部的工资主要由政府财政部门发放，每年稳定的工资起到的作用是保障村委会工作的正常运行，最起码的标准是让政府下达的诸如低保、救济粮的发放等常规性任务能得以顺利完成。除此之外，村干部要想举办一些活动，也不得不依靠上级政府的资助。另一方面是依附于片区。片区在“并村不并产”的政策下，因其有一定的经济收入而独立性较强。开发前，片区跟现在的大村一样，没有多少收入。开发后，片区在旅游经济的激发下将存量资源变为流量资源，增加了经济收入。因此，总体而言，随着国家对农村社会支持力度的不断加大和旅游开发的

① 公司于2009年成立了针对“捉鱼公司”的票务纠察队，其成员主要是村组干部。这是第一次成立的票务纠察队，包括男的和女的，每月从公司领取工资1500元。随着景区管理制度的失范，票务纠察队很快被解散。现在公司已经成立了第二届票务纠察队，为了节约成本，票务纠察队一般是在旺季的时候成立，在淡季的时候解散。第二届票务纠察队的工作很快便被纳入景区的管理制度中来，在一定程度上规避了“捉鱼公司”的行为。

激活效应，片区干部的治理较为得力。大村在经济实力方面并不如片区，唯一的优势就是获得了国家认可和赋予的权力。因此，在这样的村庄政治生态中，大村扮演的是一个中转站的角色，在土地征收方面，只能做磨嘴皮子的工作，而不敢强硬。平寨村支书说，“大村都是空的，没有什么事情做，我们可以不听它的，它管不了我们。他们还得求我们办事呢”。

除了“讨钱”这一中心工作外，大村也不得不处理村庄内部的纠纷。开发后，土地的经济价值更加凸显，土地纠纷不断升温，尤其以宅基地的纠纷为甚。“讨钱”和调解纠纷几乎各占据村委工作量的50%。由于大村占据的资源较少，而其威信也在村庄中渐失，因此，遇到纠纷，村委几乎都一起出动。村干部常常说“夏银村比政府都还忙”，然而他们调解能力有限，尤其是针对寨与寨之间的山林纠纷时，他们根本无法调和。有时候，村里还得借助老人进行调解。一些小的纠纷，村干部可以摆平，但大的纠纷和矛盾很难调解。随着村庄治权和治责的不断弱化，大村在村庄内部的处境十分尴尬，而村庄治理境况一度失范甚至瘫痪。村民对“两委”的评价是：“‘两委’都是没啥用的，小事还管一些，大事根本管不了，一方面是无能力，另一方面也害怕官被贬，他们都是讨官的”；“不知道他们在干啥子，还是属于一级单位呢，都是没用的”；“还是之前的干部好，想的都是为村民办事，而现在的村干部变了，都是很自私自利的人，不顾百姓的利益”；“吃哪一兜瓜，翁哪一兜瓜，给他工资吃，当然得向谁服务，之前跟群众打成一片，现在害怕群众闹事，敢说话的人很少。之前的干部捧的是土碗，而现在的村干部捧的是雪白的瓷碗”；等等。村民话语系统中传递出村干部是“营利型经纪人”角色而非“保护型经纪人”的角色。然而，大村拥有国家赋予的合法性，再加上景区通过不同的策略来笼络村庄权力使其替自己办事，因此，村干部在村庄内部也并不总是处于下风。

（二）村干部个人的自利性

虽然大村是空壳，但村干部也凭借国家赋予的权力从旅游开发中获取不少好处。如卢曹在当村主任的3年时间，拿到了不少项目。2010年，他通过村干部的身份拿到了两个项目，一个是关于步道的，项目资金二十几万元，另一个是护栏项目，项目资金三十几万元。2013年，他又拿到了东引防护栏项目，这个项目是以政府派工的形式下放的，共有4家来申请，从实力方面而言，他是最弱的。但政府和公司考虑到，他能够帮助景区处理紧急事务并在村庄中有一定的威信，于是政府便将项目作为人情赠送给他。从项目中，他获得的收入不少。村庄对村干部自利行为的意见很大，村干部在村庄中的权威也就跌落至谷底，干群关系也不断恶化。

（三）老协会的“一条腿”逻辑

1. 老协会的依附性

夏银村的老协会共有两届。第一届老协会成立于1988年10月22日，共有9个理事，成员众多。老人本来打算恢复寨老组织，但政府考虑到寨老带有浓厚的封建迷信色彩而未批准，因此，“老协会”这一称号便延续下来。尽管老人不具备国家赋予的形式上的权力，但其在村寨中的威信很高，因此，这一届的老人都被村民认定为寨老。村民常说，“老人也去调解家庭矛盾，有媳妇骂了老人，老人就去讲一下，摆道理，大家都是会听的，他们会讲老风俗和人道主义的说法，会讲人人都会老的”，“老人所做的工作是针对不合理的事就去讲道理，摆事实，一般而言，村民都很听老人的话”，“老协会的人有胆量，公事公办，站在村民一边，竭尽他们的能力为我们办事”。第一届老协会通过延续以往传统社会中老人积淀下来的权威和在任期内通过公道性和义务性地做事而积累起来的权威，使得老人在村庄社区内部得到较大程度的认可，成为村庄保护人。老协会组织的活动主要有：慰问过世老人、商讨村庄公共事务、扫寨防火、调解家庭矛盾、调解田地纠纷等。老人在家庭矛盾的调解方面十分得力，陆伟老人介绍，“不孝顺的人很少，有一小部分，他们只要经过了我们聊天的地方，我们就会议论和说话，会取笑他们。我们会说，‘是不是想搞百万富翁，那还需要养你家孩子做什么’。听不听就是他的事了，每个人都这样讲，搞得他也是不好意思的”。老人作为村庄治理资源表现出一定的有效性。老人一心为公，得到了村民的好评，但随着老人们的陆续过世，老协会也逐渐衰败，到了2004年左右，老协会因领导人的相继去世和经济匮乏而宣布解散，即便组织解散了，但老人的权威仍在。

第二届老协会是在旅游开发之后的2011年挂牌成立的，共有11个理事，成员712个。然而，与第一届成立的初衷不同，第二届老协会是在旅游开发的背景下成立的，其在成立之初就被定性为治理景区的工具。老协会的会长李生将老协会定性为“老协会是民间组织，是政府的一只手和一条腿，是为政府跑腿办事的”。景区将老协会视为自己的“一条腿”，老协会的工作主要围绕景区而展开：调解土地纠纷、调解村民与政府的矛盾、维持市场秩序、土地征收中的思想动员、协助处理乱搭乱建现象等。其中纠纷调解和宣传夏银村是老协会的中心工作。利用老人在村庄中的威信，公司和政府将其纳入景区治理的范畴中来，将老人视为纠纷调解器。如后面要讲述的“8·10”事件，在这个事件中，景区让老协会出面调解，老协会11个理事全部出动，劝说了3天，景区给予每人每天的报酬是50元，之后还请参加调解的老人吃饭。老协会的办事体现出少数人的专政，因为除了11个理事外，其他老人并不做事，完全丧失了公共性。在宣传方面，2012年，老协会组织了千年长桌宴，其实质是政府借助老协会之手而达到宣传夏银村的目的，同时这些老人也一并作为对外宣传的吸引物。

景区对老协会采取经济牵制和施以福利的双重策略。一方面是在经济上牵制老协会。由于在村庄内部没有固定收入来源以及在村庄外部没有外援支持，因此，老协会在经济上高度依赖于景区的补贴。景区给老协会的补贴是每个月1500元，老协会内部商议决定让会长和副会长每个月各领取750元，他们则遵守每天9时30分上班、17时下班的严格的坐班制。此外，景区还将表演场附近提供给村民拍照的地方交由老协会管理，每个摊位每月收取60元的租金，一共有二十几个摊位，每年约有1万多元的收入。另一方面是施以相关福利的策略。其中组织其外出旅游就是一个典型的方式。2012年和2013年，景区分别组织了两次外出旅游，参加外出旅游的人主要是老协会的理事。而随着老人权威在村庄中的衰退，老人在景区管制中的作用日渐下降，景区便取消了这一福利。老协会将自身积累的权威资源换取了经济资源，因此老人在村庄中的威信大大下降，很多村民都说，“老协会是政府的组织了，再也不是村民的代表，他们变异了”，“老人变了，不再为村庄发展公共服务，而是为了自己的享乐”。个别老人无力扭转局面，例如杨光恒老人说，“以前人要直些，现在没有追求了，管不了多少事”。

2. 老协会的自利性

与村委会一样，老协会也存在一定程度上的自利性。一有机会，老协会的成员就会极力为自己争取利益。老协会成员也常常利用老协会这一平台为自己谋取私利。景区将表演场附近的小木房和摊位交由老协会管辖，包括其日常管理、摊位的出租、租金的收取等方面工作。摊位的占用原本采取的是抽签的方式，然而老协会将摊位分配的权力揽在自己手中后，摊位的管理规则就从抽签制变成了分配制。杨长志老人是老协会的理事，其借助在老协会的权力，占据了 3 个摊位：自己经营一个卖粉的摊位，分给二儿子家一个卖洋芋的摊位，分给孙女一个卖糍粑的摊位。他还将表演场旁边照相的小木房也优先分给自己的亲戚。村民反映，“老协会也变质了，也会给自己争取利益了”。老协会成员的个人私利倾向逐渐凸显，而作为老协会的组织也凸显出集体谋利的取向，不是为公共发展，而是为少数人谋利。这体现在老协会与管理局争夺敬老院的事件上。

敬老院是在 1991 年由政府和村民多方出资出力修建的，县民政局出资 1.5 万元，村民出土地、劳动力和树木（由于敬老院主要照顾四个村寨的老人，每个村寨都出 17 根中柱，都是 2 米多一棵的杉木树），此外，村里还通过台湾的大学生募得捐款 1 万美金。敬老院的成本大概是 26 万元。村民规定有红白喜事可以免费借用敬老院的场地。20 世纪 90 年代中期，敬老院搬离出夏银村，留下一栋房子而无人管理。开发后，房子被管理局出租，敬老院共有 3 层，管理局将敬老院一楼房子的 7 个门面租给外地人做生意，每年的收入不菲。老人觉得房子是村民出力出汗才修建的，土地也是村里的，敬老院是村的集体财产，应该归还给村里。尽管老协会与管理局和上级政府交涉过多次，但政府统一口径为敬老院是政府出资建的，老协会没有权利收回。2014 年，一个门面的年租金达到了 7 万元，老协会退而求其次，不要整栋楼，而只要一楼的两个门面和二楼的一间办公室搞娱乐活动。在老协会不断上诉和反映情况的努力下，最后终于跟管理局达成协议：自 2014 年起，管理局付给老协会每年 6.8 万元的租金，门面仍由管理局管理。可见，在政府的强力压制下，老协会也无能为力。村民说，“老协会想争回敬老院，其实打的都是歪脑经，看到利益来了，都想要，要到了也是他们那几个人分了，村民也得不到什么好处”。

平寨支书杨显明对老协会有全面的总结，“老协会应该是一个民间组织，有建议权和监督权，权威有，但如何使用却是一个大问题。现在是不行了，他们从景区拿钱，为景区办事，本来应该是建议政府和监督政府的，现在是替政府办事，不给百姓解决问题。他们是大事搞不成，小事乱喳喳。在管理市场上，他们就先给自己一个摊位，他们是有一点利润空间就钻，有一点利益就千方百计地占为己有，现在他们已经不为百姓讲话，而变成了一个官僚。他们巴不得搞终身，都是歪脑筋，忘记了自己也是老百姓出身”。老协会将自己的权威性资源转换成经济和生存资源，而景区则将老人的权威性资源转换成管制景区的力量。在跟景区争夺资源败下阵来的情况下，老协会还是不得不依靠政府，通过替政府办事而谋得生存资源。

四　分类治理：拆迁中的策略主义

政府在拆迁实践中采取了不同的拆迁策略，即实施分类治理，主要有四类。第一类是跟政府有关系的人，政府采取的策略是默认。如苗煌文化大酒店就是典型的违章建筑，其老板是贵阳人，他之前是省级医院的医生，专门负责退休老干部的养老问题，其社交能力很强，拥有强大的关系网络，因此，地方政府不敢对其进行强拆。另外，当地人侯家，共建有两栋房子，一栋是自家居住，另一栋是新修的，属于违建，租给了外地人办农家乐，每年坐收的租金不少于10万元，因此，他在村里属于比较富裕的阶层。因其妹妹在州里任高官，地方政府不敢得罪，所以，他家的房子也未遭到强拆。第二类是有钱的人，政府的政策也是有最大限度上的默认。这类人主要是外地人，属于有钱人。他们租用农户家的地基，自己在土地上建房，主要用于餐饮业和开办农家乐。如来酒家就是一个典型的代表，老板在贵阳开有好几个公司，看到夏银村有巨大的商机，他很快将目标锁定在夏银村，跟村民协商好后，迅速建了两栋4层高的楼房，吃住一条龙服务。由于其与地方官员关系很好，因此，每次强拆的时候，他家总是没事。第三类是强势的地方村民，政府的态度是疲软和无可奈何。印象夏银村位于南贵，是当地人毛佳玉修建的房子，一共5层，一半是木房，一半是砖房，他在南贵属于极富的人，由于有钱有势力，政府不敢强拆。尽管强拆之风愈刮愈猛，但违建之风仍丝毫未减。2014年5月笔者第三次去夏银村调查，村民告知村里又多了不少新式建筑，其中有一栋赫然耸立在南贵山顶上，这是当地毛姓刚刚建好的房子，比观景台高出不少，共有6层。这栋建筑耸入云霄，与周围环境格格不入，当地村民称之为“碉堡”。村民调侃道，“消防可以搬上去了，能看得见整个夏银村，发生火灾了，也能够第一时间发觉”。这似乎成了一个最佳的观赏点，挑战了公认的观景台的权威，这让地方政府非常头疼。该村民自身有学识且有亲戚在省政府任职，因此，政府也不敢强拆。第四类是占绝大多数的普通村民，政府对他们的态度是绝不手软。笔者调研期间的一个房东名叫侯天正，他家 7 年共搬迁了 3 次。侯天正家共有 7 个儿子，现在他们夫妻俩跟最小的儿子一起居住。他最小的儿子告诉笔者，每次他在外打工回来，遇到的要么是在修房子，要么是在装修房子。侯天正原是居住在平寨一线的表演场附近，2007 年左右，政府为了筹备召开第三次旅发大会而修建表演场，由于表演场要占据大面积的土地，政府就号召村民搬迁，于是，他家就搬迁到平寨二线，即白水河附近。在此居住不到一年，政府又要征用白水河附近的土地，用于扩大表演场并修缮河边道，于是他家又被迫搬迁，来到了现在的平寨 7 组，即所谓的平寨三线。第二次搬迁时，老人很不愿意，政府在对其做过多次工作无效后决定强拆。晚上 3 点左右县里就派人来强拆，将侯家老小关闭在一个房子里，不到 3 个小时，房子就被彻底拆除了，第二次搬迁让侯家对政府充满了敌意。由于懂得知识和有文化，他对房屋搬迁前后、房屋面积大小等进行了拍照，通过写大字报和不断向上反映情况等来发泄心中的不满，但收效甚微。2014 年 5 月，平寨宋志才家的房子也遭遇了强拆，政府的理由是他家房子属于大体积的砖房并且超高，是违章建筑。县里决定强拆，晚上趁他家里人睡着了而开始强拆，村干部并不知情而且也不敢去干涉，宋志才家与政府发生了冲突，但并未受伤。宋志才是一个很懂法律的人，但遇到这种情况也束手无策，最后他被拘留了一个月。总之，地方政府在拆迁过程中想出各种办法来应对难以处理的人与事，呈现较强的策略性。

第五节　小结：“旅游型发展主义”

在第三世界普遍遭遇“发展主义”的国际背景及旅游蔓延全球的时代背景下，发展主义已经渗透到旅游业中，并在“旅游脱贫致富”、“旅游带动经济发展”等整套话语的作用下具象化为“旅游型发展主义”。发展[①]和现代化成为中央政府乃至地方政府最强有力的声音，成为指导区域社会发展的价值观和意识形态。黔东南州和雷山县政府将贵州省第三次旅发大会的会议地点定在夏银村，为的是对夏银村的开发权进行确认，进而产生经济和政治效应。地方政府通过招商引资和项目下乡的方式使得夏银村社会迅速地成为一个高利益密度的村寨，而后通过门票经济和土地财政将投入的成本快速地收回，实现了政府快速和超越式发展的目标。“在全球化知识体系主导下的发展，强调财富、效率、GDP、成功、进步，却无视发展本身的成本问题”[②]，地方政府有意识地忽略发展成本从而将发展主义推向一个极端。“发展可以看作是扩展人们享有的真实自由的一个过程，聚焦于人类自由的发展观与更狭隘的发展观形成了鲜明的对照。狭隘的发展观就是国民生产总值（GNP）增长、个人收入提高、工业化、技术进步或社会现代化等等的观点。”[③] 地方政府将中央提出的“又好又快”、“超常规”、“高速度”、“跨越式”等发展理念理解为“一切为了发展”、“以高发展为荣，以慢发展为耻”等极端化发展理念，即只要是可以提高 GDP 的增长，就可以忽视当地文化和传统习俗，就可以忽视发展质量的提升。这就抛弃了发展主义的正能量。当时的县长说，“大家要将夏银村当作一个蛋糕，好好地呵护它”，这是一种典型的地方发展主义逻辑。“发展主义是一种现代性话语和意识形态，在其支配下，发展的实现途径是工业化、城市化和现代化，发展的衡量指标是经济增长。”[④] 政府的增值逻辑掩盖在诸如“旅游脱贫致富”、“旅游带动农村就业和乡村复兴”与“小康不小康，关键看老乡”等响亮的政治口号和诸如“让乡村里的群众生活得更美好”、“提高农民的幸福指数”、

① 张玉林对“发展”出现在改革开放后党的历次全国代表大会的报告中的频率进行了统计：十二大为 106 次，而后逐步增加，十六大为 239 次，十七大和十八大都超过了 300 次，相应于篇幅长度，从最初的每 300 字一次升高到后来的每 100 字一次。详细内容请参考其在南京大学社会学院 2013 级新生入学典礼上的演讲，题目是《认识这个时代，与它保持距离》。

② 邱建生：《在地化知识与平民教育的使命》，《中国图书评论》2014 年第 6 期。

③ 〔印度〕阿马蒂亚·森：《以自由看待发展》，任赜、于真译，中国人民大学出版社，2013，导论第 2 页。

④ 叶敬忠、孟英华：《土地增减挂钩及其发展主义逻辑》，《农业经济问题》2012 年第 10 期。

“使农民能够安居乐业”与“让城市人望得见山、看得见水、记得住乡愁”等美好的文化表达方面。

开发前的雷山县属于典型的贫困县，是国家扶持的对象，县里每年的财政收入不到1亿元。长期的经济疲软使得地方政府在社会建设、公共服务、市民福利等公共建设方面力不从心。对于这些经济落后地区，“快发展就是成功，低发展就是落后，不发展就是倒退”①似乎就赋予了发展主义以最大的合法性。一方面，为了减少政府投资力度，大大缩短投资建设的时间，政府通过引进外来资本的方式活跃旅游市场，迅速将夏银村打造成为一个成熟的旅游社区，使其在短期内见经济效益。政府的目标很快得以实现，夏银村的开发为地方政府做出了巨大贡献。夏银村的旅游收入成为雷山县财政收入的主要来源，雷山县财政收入终于突破了2亿元，夏银村旅游景区功不可没。另一方面，政府通过旅游强化权力，实现政府权力在乡土社会的渗透和运转。以旅游作为权力渗透的媒介，政府就强化了自身在乡村旅游社区中的权威，使得夏银村与国家保持一种愈来愈紧密的关系。

周雷提出了旅游“泛政治化”现象，即“旅游在中国，不仅是一种经济资源，同时还是一种政治资源，旅游‘凝视物’的打造往往伴随着政治合法性和政治炫耀”②。从这个意义而言，夏银村已经从经济场域提升到政治影响力上，政府不计成本地将贷款投入夏银村的亮点工程打造中，通过做大做强的方式凸显夏银村的独特优势。个别官员在亮点工程中获得了政绩，得到了升迁。杨星原来是小学老师，旅游开发后，通过考试和推荐，他进入管理局任董事长，在他任职的2008年和2009年两年期间，夏银村整个景区的日常运转良好，没有发生大规模的群体性事件，因此他获得了上级好评。因为在2010年之后，夏银村在两年内爆发了三次大规模的群体性事件，这就更加凸显了杨星的政绩。现在他顺利地当上了县政府办公室主任。由于拥有较为卓越的成绩和丰富的基层工作经验，上级领导经常与他共同商议事情，尤其是涉及旅游规划和管理方面的事务时，更是少不了他。

① 叶敬忠、孙睿昕：《发展主义研究评述》，《中国农业大学学报》（社会科学版）2012年第2期。

② 周雷、杨慧：《“凝视”中国旅游：泛政治化的视觉经验》，《思想战线》2008年第S2期。

杨星可谓是通过夏银村这个亮点工程而获得提拔和升迁的典型例子。

在对夏银村开发效果的认知问题上，可谓“官民对立”，正如狄更斯在《双城记》中所说，“这是最好的时代，也是一个最坏的时代”，前者是针对地方政府和经济增长方面而言的，而后者是针对村庄和村民及文化价值层面而言的。地方政府对夏银村的开发十分满意，因为政府通过旅游实现了经济、政治、社会等多重效益，在不到5年的时间里就铸造出辉煌的成就，因此，夏银村村寨成为“夏银村奇迹”。在“旅游脱贫致富”的话语下，村庄社区的一切东西似乎都可以拿来算计和开发，村民的生活方式和生活环境皆成为可供开发和打造的景点，一切都可以被“景观化”，景观化的好处是可以快速和有效地实现增值的效益。地方政府为了实现他们的发展目标而陷入发展的“迷狂”和“迷思”状态，仅仅将夏银村的发展定位为紧紧围绕在地方财政收入和政绩的狭隘发展观指导下的发展，而这样的目标很快得以实现。与政府满意和经济增长形成鲜明对比的是村民的不满意和文化危机的出现，因此，这是一个“最坏的时代”，“夏银村奇迹”背后蕴含多重复杂的矛盾和问题。一方面是收入外溢即分配不公的问题。夏银村本地人并未从旅游发展中获得多少收入，除了少数通过租房和做生意富裕起来的人外，大部分人的生计仍主要依靠文物费和务工，刚刚跨越温饱线。当村民在遭遇完全或部分丧失土地的“屋漏”而又偏逢文物费和务工市场不稳定的“连阴雨”时，他们的生活将会彻底陷入危机。另一方面是文化的震惊，甚至文明的危机。除了经济方面的损益外，极端发展主义指导下的旅游开发更是给村民带来了公平、平等和安全等价值混乱问题，这可以说是一种文化的震惊和文明的危机。“在发展主义霸权话语的一元支配下，从上到下的行政理念都秉承资本第一、见物不见人、以GDP增长为中心的宗旨，这极大程度地忽视了以人为本的社会安全、民生保障和社会公平正义等原则。”[①]通过规划、管理和行政强权，政府迅速地将人文的生活社区打造成一个高度理性化的商品社区。这是“夏银村奇迹”背后隐藏的生存危机和文化危机，此外，这一奇迹背后还隐藏着官民对立的危机。政府从发现夏银村这一具有开发潜力的景点以来，就不断地按照发展主义的极端意识形态规划

① 叶敬忠、孟英华：《土地增减挂钩及其发展主义逻辑》，《农业经济问题》2012年第10期。

和开发村庄，不断开拓新的旅游景点和空间，夏银村村寨因权力的重组和资本的下乡而难以摆脱沦为景观社会的命运。村民普遍认为“中央的政策是好的，下面的和尚把经念歪了”。因此，开发中的“夏银村奇迹”不仅凸显出旅游时代中的最好面向，也蕴含着最坏的面向。

因为将发展视为地方的一种信仰，地方政府完全抛弃发展的正能量而将其推向极致，形成一种极端的发展主义意识形态。在这种高速度实现赶超型的“主义”渲染下，要想获得较大利益，传统文化要素必定要进行物化处理，即将文化要素从作为子系统和子要素的位置提高到可供消费的孤立的景点位置。权力在极端的地方发展主义信仰指导下而开展对景点的生产和空间布局。这样，文化就实现了“景观化”的改造，并有权力的影子伴随左右，在一个时空压缩的世界中被出卖。将活态和有机的传统文化打造成静止的景点并进而统合起来形成一套景观系统，然而，由这些景点构成的景观系统由于脱离了村庄语境而根本得不到村民的认可，同样也难以整合进村民的日常生活实践中。

第四章

景观的商品化生产：资本下乡与旅游开发

政府将“局外人”对景点的探索和兴趣通过权威评价进而确立起其开发的权力，确权认证后确立了景点开发的价值，政府凭借其在旅游规划和土地征收上的权力奠定了夏银村旅游开发和发展的总体特性。政府通过规划、土地征收和拆迁等活动从整体和宏观层面给景观化的村寨社会铺上了一层底色，而对其的具体打造和运行则交由其他主体，“进入第一乡村的还有另一股势力，即资本。资本同时在城乡创造人类悲剧，并形塑人类组织的空间展现、形态及其发展，资本还是形塑不同人口空间分布（密度）的主要力量”[①]。资本跟权力密不可分，如果说权力是从整体上给景观社会定调的话，那么，资本则在既定基调的基础上开展具体的布景实践。下乡资本按照工业化的生产原则对夏银村传统文化和村寨生活重新改造、重组、合并和再生产，最后将其统合在景观统治的秩序中。“至此，我已经谈到在旅游发展的特征中视觉的那种可怕的支配地位。在某种意义上来讲，我们确实生活在一个景观的社会之中”[②]，资本对村庄的自然环境、传统、文化、生活及人等几乎村庄中的所有物都进行了“景观化”处理，“几乎所有的全球环境已经改变成为，或者正在改变成为各种各样的可以收集的景观，这

---

① 左晓斯：《可持续乡村旅游研究——基于社会建构论的视角》，社会科学文献出版社，2010，第50页。

② 〔法〕居伊·德波：《景观社会》，王昭风译，南京大学出版社，2006。

些景观通常都有‘大门’，参观者付费才能进入来消费它们”[①]。具体而言，它们采取规划、区隔、轰动、遮蔽、仪式化和淡出等“组合拳”的编码策略。因此，景观社会通过不断地制造出众多浪漫化的“地点神话”来吸引潜在的游客，在表面上服务的是“游客凝视”（tourists gaze）[②] 和“舞台真实”（staged authentic）的需要，而实际上它们最终指向的是资本增值和利润最大化的目标。

第一节　资本下乡与“布景”

不仅权力在夏银村社区进行全面的渗透，资本同样也在这个场域中汇集并发挥作用。2009 年，政府成立夏银村苗寨旅游开发有限公司并将景区的经营业务委托给公司。公司目前设董事长 1 名，副董事长 3 名，总经理 1 名，副总经理 4 名，内设 3 个部门和 5 个分公司：行政部、财务部、人力资源部，景区管理公司、景区服务公司、景区营销公司、雷山民族产品开发分公司和天下夏银村文化演艺分公司。公司内部实行“总公司 + 集团公司”的管理体制，以及董事会、监事会和经理层等清晰的管理层级的管理模式。公司现有职工 323 人，2009 年，公司执行票价 60 元/人，试行期两年。2011 年 4 月 1 日恢复票价 100 元/人。公司将重点投资转向工程建设与基础设施维护，其费用已累计达 3 亿元，而较少投入对村寨传统文化的深层次挖掘。资本布景遵循商品化的路径，土地、地皮、空气等皆被纳入资本生产的价值链条中，成为有用的商品。资本下乡所做的主要工作是对景区旅游线路的设计和旅游景点的打造。这里主要介绍旅游路线的布局。

鉴于地形因素，夏银村的主要游览线只有一条，即从大北门出发穿过平寨而直达观景台，整条旅游路线长达 15 公里，15 分钟的车程，主要分为三段。一段是从小北门到白水河分岔的地方，叫芦笙街。一段是从白水河

---

① 〔英〕John Urry：《游客凝视》，杨慧等译，广西师范大学出版社，2009，第 203 ~ 204 页。

② 科恩提出的一个概念，指的是游客对地方所产生的作用力。具体参见〔英〕John Urry《游客凝视》，杨慧等译，广西师范大学出版社，2009，第 1 ~ 10 页。

分岔的地方到一号风雨桥，叫古街。古街两边有众多商铺和农家乐，博物馆、村委会、管理局、医院等单位也分列两边。这是公司设计出来的精品旅游线，游客也最为集中，游客可以在这里购买苗族服饰和手工艺品，吃当地小吃。主游览线两边的房租被炒得很高，本地人因付不起租金或缺乏经商能力而日益退缩成为观望者，这里成为外地人经商的天堂。还有一段是从一号风雨桥到观景台。一号风雨桥附近是一片农田，被定性为田园风光。旅游主线路顺山势而上直达观景台。这一段线路两边也分布有餐饮和住宿等店铺，这里虽然没有古街热闹，但是不少游客尤其是真正的乡村旅游者更愿意在这一线路附近逗留和居住，因为这里更为安静，可以欣赏到优美的自然景色，也可以跟当地人畅快地交流。线路的终点站是位于南贵山头的观景台，观景台附近布满了用木板搭建起来供当地人给游客照相的小木房，一共有 30 间。由于附近的土地都是南贵的，因此，大部分照相的人都是南贵村的人。此外，还有 2 家银饰店和 4 家小卖部。

除了旅游主线外，公司还布置了许多条密密麻麻的附属的游览线，这就是旅游支线，方便游客参观其他景点。一条是游方街，位于白水河左岸，从芦笙街和古街交接处到一号风雨桥，这条线路与古街平行，最后在一号风雨桥汇合。这主要是供游客观赏白水河和欣赏河两岸自然风光的，游客可以在此拍照，也可以在河上的风雨桥上小憩或看风景。白水河的右岸是南贵村所在地，村民出行也需要过桥。还有一条旅游支线叫“嘎歌古道”，顺着羊排而上，从也东寨门开始而止于鼓藏头家，这条线路较为陡峭，只能步行，需要半个小时。这是政府打造出的一条集观光和文化体验于一体的精品旅行线。农民画家、银饰坊、蜡染坊、米酒坊、活路头和鼓藏头等所谓的文化展示点沿线分布，这是公司投入的重点。银饰坊、蜡染坊和米酒坊这三个文化展示点是政府通过招商引资引入的，在经营方式上采取“公司 + 商户”的合作经营模式，即公司拥有文化展示点的产权，负担展示点的房租和水电费等基础性费用，村民或外来人则负责经营和管理。然而，这三大“坊”所起到的作用并不是展示文化而更多地成为游客的镜中物或拍照的背景。

公司对景区游览线的布局更多的是考虑方便游客去观看而并未顾及村民的方便与否，他们将目光聚焦于游览线而并非村内的其他道路。因此，除了几条游览线的道路维护得较好之外，村内其他小路则由村民自行出资修建和维护，由于经济条件的限制，这些路大多显得破破烂烂。公司打造的旅游路线主要考虑的是自身的成本，与其说是满足游客的需求，还不如说是满足投入少而收益多的利润最大化的需求。长达 50 米的古街是游客目光最为聚焦之处，是政府和公司着力打造的地方，也是夏银村最为繁华的地方。而后随着景观的不断开拓和扩张，旅游路线也处于变动之中，或延长，或衰退，或重新开辟新的路线。旅游路线附近设置有 255 块中英文对照的旅游标志牌，还有 10 块醒目的旅游景区全景和游览线路的导览图，公司还聘有 25 名专/兼职导游。此外，公司已在 2013 年 9 月 1 日起开启电子导游服务，其收费标准为 20 元/次。这些“静态的”或“动态的”景观标识都清晰地指引着公司设计的旅游线路和制造的旅游景点，规定了游客“凝视”的对象。福柯（Michel Foucault）认为，“‘凝视’与‘被凝视’之间是一种权力/知识关系，权力的本质并非其压迫性，而是其生产性”①。在游客的目光聚焦下，这些特殊的凝视对象在表面上看来是按照游客的真实需求进行创新和再生产的，而实质上这是在曲解游客的真实需求和膨胀其虚假需求，并最终根据虚假需求而进行生产。然而，当大部分游客的长期凝视得不到保障时，景观效应也就持续不了多久，这是资本在旅游场域中任意曲解游客需求，错误引导游客兴趣的一种必然后果。因为景观社会是按照集中化、规模化和标准化的工业生产方式而制造出来的，景观的制造过程也是一个空间异质性消解和文化夷平化的过程，这最终会与游客体验异质和差异以及追求自由的需求相冲突，同时，也由于生产出来的景观已脱离当地环境而得不到村民的认可。

第二节　景观制造中的布控和“组合拳”

除了对旅游线路进行设计外，资本布景的另一个主要任务是对景点的

① 赵红梅、李庆雷：《旅游情境下的景观“制造”与地方认同》，《广西民族大学学报》2011 年第 3 期。

打造和编码。将哪些文化上升到景点的位置，公司是有高度选择性的。只有那些具有高回报和高利润的文化要素才有资格成为“景点”，总之，符合“景点”标准的文化最适合商业化。公司对这些景点进行高密度的开发和投资，遵循的原则是花费最少而获利最多。对于不适合商业化或回报较低的文化要素则弱化或直接取消。“景观的符号再现并不是自然而然的过程，而是高度选择性的。一个特定的景观突出什么，略去什么，乃是一种别有用心的编码过程。”[①] 资本采取一系列规划、区隔、遮蔽、淡出和凸显等“组合拳”策略来重组村庄的传统、文化、人物和习俗等。

一　“规划、重组和区隔”——空间格局的规划

夏银村开发后，村庄空间格局更多地凸显出布局性的规划而非根据圣俗、辈分、年龄等祖先经验来构形。根据旅游发展的需要，村寨被区隔为不同的部分，部分需要被隔离和保护起来，部分需要进行大幅度改造，布局性规划体现在对四个村寨的空间安排上。羊排、东引、南贵和平寨四个寨子之间拥有天然的血缘和地缘关系，根据先来后到和长幼有序的传统，村庄自发形成了以羊排为核心的高度统一和有序的空间秩序，这是一种通过分配居住空间来维持伦理秩序的传统做法。羊排的人是最先搬来的，鼓藏头和活路头等传统领袖人物世代居住于此，村民说羊排是打天下的，是土地、权威、人员等传统资源汇聚最为集中的地方。因此，这里不仅最为富裕，而且权力也最为集中。后来，随着人口的不断繁衍，新增人口四处分散居住，形成了现有的村寨格局。显然，在开发前，无论是通过耕种还是务工，四个村寨的经济水平相差不大，羊排村略显富裕。但开发后，旅游线路的设计打破了村庄既有的格局和附带的文化内涵。为了凸显隐入苗家文化系统中的吊脚楼，景观制造者们将南贵山顶上自然形成的看台升级为“观赏吊脚楼和村寨全貌”的观景台。众多游客被引导着登上观景台，旅游凝视的目光来源于观景台，东引和羊排自然也就成为被观看和被凝视的对象。因此，在“落后值得欣赏”的价值理念下，这两个村寨必须保持“落后”的原貌。政府和公司合谋利用文物费和控制信用社贷款的方式来防

---

① 周宪：《现代性与视觉文化中的旅游凝视》，《天津社会科学》2008 年第 1 期。

止这两个村寨大规模的拆旧建新。

村民常常用“一边喝汤，一边吃肉”来形容新的空间格局。羊排和东引是“喝汤者”，这两个村除了分别有40人和20人在景区上班外，其他村民则根本没机会做小商小贩，而只能外出务工。位于也东寨门口附近的农户偶尔会在节日期间通过提供吃住而获得部分收入，游客多的年份，可以获得3000～5000元的收入，而游客较少的年份只能获得1000元左右的收入。其他大部分村民都外出务工。东引是旅游中获利最少的地方，因为这里地理位置更为偏远，且处于被观赏的位置，因此，大多数游客一般也不在东引居住。这两个村仍然延续开发前的半耕半工的经济模式，其经济水平并未因旅游开发而提高多少，反而因旅游而带来诸多不便。而最为富裕的就是南贵和平寨一线，这是村民话语中的“吃肉者”。观景台设在南贵，因此，南贵避免了被塑造成“落后”形象的命运。南贵人自愿或被迫将土地或房屋租给外地人，让外地人搞农家乐，而自己则坐收地租。南贵几乎90%的人都卷入地租经济中，然而最大受益者并非作为收租者的本地人，而是外地人。外地人在南贵开始了轰轰烈烈的“建楼运动”，原本作为生活空间的南贵完全被外来人重新塑造成围绕旅游和农家乐的利益空间。原本景区规定只能仿建苗家3层的吊脚楼，不能超过11.6米，然而，政府有时也难以对私人资本和市场进行管控。失控后的南贵出现砖房和大房等庞然大物，南贵的房屋可谓“手牵手”，高大威猛。平寨一线同样较为富裕，通过出租房屋和开店铺等获得不菲收入的农户只占本寨人数的20%，其他农户通过在农家乐打工和贩卖糍粑、手链、衣服等小商品来获得利润和积累财富。本地商贩大多是平寨人，因为古街的土地属于平寨所有，开发后，平寨人就顺理成章地摆摊做生意。村民通过这种方式获得的收入较为可观，尤其是在节假日，他们能赚上一笔，除了补贴家庭开支外，还有不少结余。古街上的店铺、宾馆和饮食楼等大都是外地人开的，他们凭借雄厚的资金、娴熟的技术和便捷的网络将游客吸引进来，部分游客还是愿意到正规的银饰楼或店铺购买产品的。有时候游客也愿意购买流动摊位上的东西，因为其价格较为低廉，而且外形也好看。

公司详细的布景实践切割和区隔了村寨原有的空间生态结构，在权力和资本的共同作用下，一些空间被作为凝视的对象必须保持“落后”，除了文物费外，村民的直接受益很少。而另外一些空间则被视为凝视目光的发出地，不受过多限制，因而其受益较多，是所谓的“黄金地段”。总之，统一有序而又兼具历史文化内涵的生活空间在“规划、重组和区隔”的策略下演变为破碎、单一经济效能而又相互对立的旅游空间。

二　“拆分、置换与重塑”——鼓藏头和活路头传统人物的塑造

传统集权和威武的社区领袖人物成为夏银村旅游线路上打造的重点，“苗疆圣地”的形象塑造离不开传统精英人物，有活生生的人的在场性，旅游地也就能活起来，更能为景区增添神秘和传奇色彩。鼓藏头（开发后叫“苗王”）和活路头在古代社会中是权威型领导，他们属于亲兄弟，且有蒋、杨、侯和唐四兄弟。蒋姓属于老大，负责农耕生产，被称为活路头，其“传大不传小”。唐姓最小，鼓藏头就由他来继承，专门负责娱乐活动，其“传小不传大”。而杨姓和侯姓兄弟则作为后勤人员协助活路头和鼓藏头。活路头在村庄中的权力大于鼓藏头。村民对这两大精英人物的评价是，“他们是一个当爹，一个当妈，活路头权力大，没有他，就没有粮食吃，无粮吃是一件大事。而鼓藏头是搞娱乐活动的，没有他，跳芦笙和鼓藏节[①]就搞不起来。一个是雪中送炭，一个是锦上添花，他们都很重要”。“越是久远的，就越能吸引人”，公司对传统人物塑造的原初是想让古远的人物形象将游客拉回到更为久远的过去，赋予旅游地更多的神秘性和传奇性，以证明旅游地更高的旅游价值。然而，开发后，由他们所代表的娱乐文化和农耕文化因游离于村民的生活世界之外而失去了文化的多样化的内涵，人也被景观化了，丧失了公共性，同时也丧失了主体性和批判性。人连同所属的文化成为矗立在羊排山顶上最为亮丽的参观景点和旅游吸引物而已，并最终统一于景观社会中，成为利润最大化的一部分。

---

① 鼓藏节又叫祭鼓节，是苗族最隆重的祭祖仪式活动，每13年过一次，连续过3年，分别是起鼓年、祭鼓年、送鼓年，其中最热闹的是最后一年的送鼓年。在鼓藏节上要吃鼓藏肉，所谓的鼓藏肉也就是猪脊背上的肉。过鼓藏节是周围18个自然村一起过，这是一直延续下来的规矩。

（一）“苗王”的诞生

传统意义上的鼓藏头是社区专管文化娱乐活动的公共人物，主要负责组织过鼓藏节和跳芦笙等娱乐活动。鼓藏节的主要活动为杀猪、祭铜鼓和跳芦笙。首先是杀猪，这是苗家人过鼓藏节的习俗。在鼓藏节这一天，只有鼓藏头家先杀猪，其他农户才能杀。其次是祭铜鼓，苗族人认为祖先去世后的灵魂是附在铜鼓中的，因此，为了祭祀祖先，他们专门制作铜鼓。鼓藏头按照祖宗的规矩选择具体时间带领全寨村民在铜鼓前祭鼓。最后是吃鼓藏肉和跳芦笙。在吃鼓藏肉的时候，特别讲究，尤其是说话的时候需要注意，比如不能说“吃饱了”，必须要说“满仓了”，说的都是与丰收相关的词语。跳芦笙得先由鼓藏头家的姑娘和小伙子跳三圈后村民才能跳。过完鼓藏节，鼓就要藏起来，等到下一次过鼓藏节才能拿出来。铜鼓平时是不允许随意敲打和触碰的，除非遇到涉及整个寨子安危的事情，否则不能“惊动”它。没有鼓藏头开口说话，社区的活动是不被承认的，而且也开展不起来。此外，鼓藏头还负责社区纠纷调解、道路和水渠建设等社区公共事务。社区会给鼓藏头家一块田，鼓藏头可以在田里耕种和收割，收获的稻谷主要是用来招待外来客人和村民商量事情时在鼓藏头家吃饭。田仍属于社区所有，鼓藏头只有耕作权，因此，这块田又被叫作公田。

开发后，政府和公司将鼓藏头的称号改为“苗王”。其一方面考虑到“苗王”比鼓藏头更能象征苗家威武、强悍的民族形象，也就更能吸引游客的眼球。“苗王”体现出集权、专制、霸道和好战性等符号特征，比鼓藏头更具有符号价值。同时“苗王”显得更加“落后”和“奇异”，能最大限度地拉长旅游地的历史时段。他们认定“苗王”最能吸引游客。另一方面，鼓藏头家族人多势力大，在夏银村宗族支系中属于文化层次最高和最具有眼界的，因此，对其的投入成本也会较低。鼓藏头共有四兄弟，老大是小学校长，现已退休回家，专门负责鼓藏堂的管理和为游客讲解苗族历史，公司每个月给其支付工资 1000 元。鼓藏堂是政府出资 30 万元和私人出资 15 万元修建起来的，产权归私人所有。老二在县农业局上班，老三在村委会任职，而唐守成是老四，也就是现在的鼓藏头，他同时也是一名小学语文老师。唐守成是最小的儿子，同时也符合鼓藏头继承人的标准，即生育有一个儿子，全家身体健康，其父亲去世后便将鼓藏头之位传给他。对其的打造采取了“鼓藏头 + 公司”合作的模式，对于公司而言，是最节约成本的，而对于鼓藏头而言，他也能从中得到不少好处。通过强行收取游客祭祀后的功德款和将自家房子用于接待，鼓藏头唐守成获得不少收入。鼓藏堂里设置有所谓的功德箱，游客进入鼓藏堂后，老大唐守和会给游客简单地讲解苗族历史、祭祀铜鼓和祭祖规矩，而最为关键的是游客烧香祭拜完的时候，唐守和会说，“祭祀得捐款，至少要捐 5 元，5 元是起步价，捐得越多就对自己越好”。整个参观过程持续不到 10 分钟，当捐款结束后，唐守和会将村民带到鼓藏头家，问是否具有饮食住宿需要。通过这样的方式，鼓藏头家每年的收入不少，成为羊排山头最富裕的人，为此，村民的意见很大：

> 我们苗家是没有什么“苗王”的，我们都不知道有“苗王”这个人，蚩尤不是“苗王”，他是我们的民族英雄，张秀梅也不是“苗王”。现在的鼓藏头只管苗年节跳芦笙，他自己不会吹，不懂苗家文化。他自己不敢在老百姓面前说他自己是“苗王”。
>
> 他不是“苗王”，而是灭亡，起不到带头作用。
>
> 鼓藏头家是很自私的，游客去了，如果不在他家吃住的话，他是不愿意给你讲苗家历史的，不过他也讲不出什么名堂来，没有责任心，把我们的地道的祭祀拿去赚钱。鼓藏头应该拥有对村庄的一种责任，这是一种民族和国家的责任，应该为村民和游客服务。
>
> 他只管自己收钱，却从来不肯把钱捐出来。自私心很重，大家都不喜欢他，现在鼓藏头都名存实亡了。
>
> 蚩尤不是王，鼓藏头被封个王，简直是太搞笑了。

随着开发的推进，村民对鼓藏头的抱怨也逐渐增多。2010 年，为了等待日本旅游团来观看鼓藏节，鼓藏头便将时间延迟好几个小时。2012 年，为了迎合政府在雷山县过鼓藏节的时间，鼓藏头将时间提前半个月。2014 年，鼓藏头考虑到家里不顺就决定不过苗年节。尽管大家对其十分不满，但仍然没有罢免他，这主要出于两方面的原因。一是鼓藏头的父母早亡，其父亲唐光荣在“文革”期间因烧纸烧香被打成“牛鬼蛇神”，吃了不少苦头，改革开放后，在区委书记和村庄的劝说下，唐光荣重新做起鼓藏头来。他在村庄中很有威信，能说会道，为人直爽，有本事，大家对他都怀有好感。二是根据村民所说，在唐光荣之前的鼓藏头主事期间，经常打雷和下雨，村庄发生矛盾和纠纷也很多，每年的跳芦笙活动，都会有人打架，鼓藏头管不了，因此，村民将村庄的不顺归咎于鼓藏头的不得力。在夏银村，由寨老组成的理事会有权罢免鼓藏头。因此，寨老决定重新选举鼓藏头，鼓藏头就由唐光荣担任，此后，村子一直较为顺利。总之，考虑到村庄安宁及对其父亲的敬佩和怜悯，村民最多通过闲言碎语来发泄自己的不满而不提罢免的事。

公司通过一定程度上的投入很快将“苗王”制造出来并作为夏银村旅游的宣传点，“苗王”的称号逐渐扩散开来。而鼓藏头自身则通过收取游客烧香的钱而实现从“保护型经纪人”向“营利型经纪人”的转变，他将“发财”升级为一种拜金主义，这是一种个体的变异。从村庄角度而言，鼓藏头背离了地方场域的环境，从具体场景中置换出来，在资本的打造下成为一座旅游景观，他每天的工作就是开门关门和收取游客捐献的钱。村民针对鼓藏头指责和抱怨的话语随着旅游开发的推进而愈演愈烈，原本作为最具公益心和最受尊重的鼓藏头却在旅游大潮中物化为一种景观，虽然其自身获利不少，但最终成为为资本服务的工具，成为资本链条上价值增值的一部分。

> 鼓藏头已经政府化了，为了一点好处，政府让他干啥他就干啥，背的是一个空名。
>
> 这里的文化未开发出来，最有意思的就是鼓藏头，开发方式太单调了，政府在利用他，县里给他建房，他就帮县里搞宣传，最后变成了政府的一棵摇钱树。鼓藏头他自己也想赚钱，用祭祀赚钱，拿着大家的名誉去赚钱，图个私利，羊排就富了“苗王”家而穷了大家。鼓藏头本来应该有义务和责任来宣传夏银村，应该为苗族人办事，给游客留下一个好的印象，应该具备起码的师德和公德。他现在是被利用了，会把整个民族都给毁了。

“苗王”虽然被成功地制造出来，然而这一称号并未实现“在域化”，并未得到村民的认可。

（二）活路头

传统意义上的活路头是专门管农耕活动的，具体负责开秧门、播种时间、种子类型、田地的灌溉用水、造田边等。开秧门是夏银村的生产习俗，由活路头带领全村的人在选定的日子里举行象征性的生产劳动，即开秧门。活路头首先抬粪肥倒在自家水田里，撒上少量猪油和盐巴后，再将一把茅草插在田里，以象征土地肥沃、庄稼丰收。在此过程中忌讳遇到人，否则认为不吉利。到了天亮的时候，寨里的各家各户也要照此进行。回家后各户还需要煮鱼、肉和花米饭（表示五谷丰登）来庆祝和祈祷。该活动揭开了新一年农业生产劳动的篇章。插秧也只能由活路头家先插，如果有人先插秧，那就会受到“4 个 120”的村规惩罚。当稻谷成熟并收割完后，还需要举行“完谷祭”仪式。活路头要准备米饭、鱼、肉和米酒，在自家火炕边摆上一小捆糯谷及镰刀、犁和耙等农具，先向这些农具说些慰劳、感谢的话，然后往每一件农具上倒一点米酒表示慰劳，最后是拿上一小团米饭和一把嫩青草，到牛圈去说些感谢话和祭语，喂牛吃下这些东西，表示感谢耕牛一年的辛苦劳作。其他各户都要照这些程序进行。除了组织跟农事相关的活动外，活路头也协助鼓藏头组织娱乐活动以及参与村庄纠纷的调解。

现在的活路头叫蒋志荣，今年（2014 年）73 岁，其父亲在“破四旧、立四新”时被认为是在搞封建迷信，因此而遭受牢狱之灾，最后不知踪影。改革开放后，村里想恢复农耕仪式，遭遇父亲变故的蒋志荣很害怕，甚至也不想提起。最后通过乡镇和村干部几次三番地做工作，同时村寨老人也出面，蒋志荣才答应挑起活路头的重担，这样，农耕仪式才得以恢复。开发后，公司想让农耕文化体现出更大的旅游价值而对其进行了一定程度的投入。活路头共有 5 个儿子，现在他由四儿子赡养，因此政府和公司花了 3 万元将其四儿子家的住房重新装修成为供游客参观的景点。在他住宅的第二层堂屋里挂满了关于开秧门、耕种、收割等农耕活动以及到访的非洲领袖、中国领导人等图片。公司给他的补贴在 2009 年是 300 元/月，2010 年涨到了 600 元/月，至今未变。公司对年过七旬的蒋志荣制定了一套制度，即实行严格的上班制度：活路头必须每天待在家里，早上 9 点开门，晚上 8 点关门，中午可以休息一个小时。现在的活路头显然已经成为一个被雇用的演员，当有游客来的时候，他会带领游客看照片、看新谷及配合游客拍照。因此，接待游客成了他的主要工作。由于年纪较大，他已经不能讲出多少传统和历史来，这与宣传中悠然自得、受人尊重的活路头完全不同。活路头为人非常老实本分，每天只是接待游客，除了接受公司的补贴外，他从不向游客收取分文。对自己的现状，活路头充满了矛盾，他既有对自身作为农耕文化象征和苗族社区精英人物的自豪感，也有对遭受剥削的不满和抱怨。对于苗家农耕文化如开秧门等仪式，他的内心是想让大家都来认识和了解的，然而现实却不能遂其心意。“政府让我天天在家里等游客来，等他们来照相，每天都这样，来客人了，我就带他们参观照片和看新谷，没有客人我就休息。要不是要等游客来参观，我早就去外面耍了，天天待在家里，很没意思的。”当他拿出存折给笔者慢慢计算公司支付给他的酬劳时，他又是那样的欣慰和满足。“我之前害怕搞，但现在不害怕了。现在是越搞越好，还送钱来，也经常来人交流，平时寨老也会来看我。我现在有钱了，不让儿子负担，我还可以给孙子钱用，一个人给 100 元。”公司给予的工资虽然不多，但这已足够让他吃饱穿暖，他将这份职业仅仅视为解决糊口的来源。但活路头早已丧失了之前农耕系统的威信和领导力，由于他并未向游客索取钱财，只是老实地遵从公司的制度安排，村民对他并没有敌意，只是觉得活路头已经今非昔比了，大家对他的尊重也随之减少。

公司将农耕文化赋予一位年迈的老人，企图通过低成本的投入来恢复农耕文化中的禁忌、规则和活动，然而，老人也只能是通过一些图片和文字来传递丰富的农耕文化，农耕活动中涉及的社区规范和播种文化等早已不见踪影。而活路头本人则成为旅游景观中的演员，遵循规定的制度设置和安排，他的主要目的不是为村民服务，而是为了领取工资。这里的人只是一个被展览的商品及一种供消费的景观。本来是农耕社会中较为核心和权威的活路头及其农耕文化，现在却被“固定”在羊排山坡上，其结果是农耕知识系统的边缘化，农耕文化及活路头被纳入赚钱机器之中。

三 “封闭、移植和轰动”——组合后的节目表演

开发前，夏银村四个村寨皆有自己的文艺队，其中也东和南贵的文艺队是最有名气的，也东又是最好的，演员齐全、表演技术精湛。敬酒、回娘家、板凳舞、芦笙舞、铜鼓舞和木鼓舞等都自编自演。文艺队将村民生活和生产中的活动通过通俗易懂和喜闻乐见的形式表达出来，其主要作用并不仅仅是娱乐，而更多的是提供启发意义。比如跳芦笙是苗族传统的节日，将村庄的人召集到一起，丰富大家的精神生活。跳芦笙还有一个重要的作用就是让男女青年有一个相互认识的机会，通过跳芦笙，大家对社区中的年轻人有一个大致的判断，这也为年轻人之间通过舞蹈而寻找伴侣提供了方便。再比如游方，这是青年男女认识和定亲的习俗。游方选择在收割完稻子后，因为这时候的闲暇时间较多。每到晚上，男青年会通过打口哨的方式相约女青年到游方坡上对歌。如果双方都满意，他们就采取一种形式把关系给定下来，关系一旦稳定，就开始正式交往，当地人称之为“玩朋友”。朋友可以同时玩几个，“玩”的方式也只是每天晚上在一起聊天，经过较长一段时间的接触，才会正式步入婚姻的殿堂。游方体现出苗家自由恋爱的婚姻模式，这也是苗族人离婚率极低的一个十分重要的原因。文艺队主要是在重要节日期间为村庄的人表演，晚上 7 ~ 8 点就在铜鼓坪后面烧一堆火，男女老少围着跳，周围观看的人很多，十分热闹。而后随着游客的到来，文艺队承担起了为游客表演的任务，表演采取露天的形式，很受游客的欢迎，游客也会象征性地给钱。村民则对自己的表演充满了自信，“以前不会打扮，很土的，那个时候演得很好的，我们还到外面去演呢。有时候有点累，但感觉挺好的，整个人都精神焕发”。因此，传统的歌舞表演与村民的日常生活融为一体，其在传承当地文化和增强社区凝聚力方面发挥着十分重要的作用。2009 年之后，政府将表演场围起来，从此夏银村的文艺队就消失在地平线下。

歌舞表演由于可移植性较强和易于打造而备受资本的青睐，因此，开发后，公司对歌舞表演的投入较多。2010 年之前，游客观看的表演主要由当地的文艺队承担，采取露天的形式。2010 年 4 月，为了收取观看费用，公司将表演场封闭起来并投入 356 万元巨资将其扩大。现在表演场座席上可

容纳5000余人同时观看表演。村民说这就像是戏台，跟电影院和演唱会一样。公司将不同的节目组织起来，汇编成一套新的节目类型，主要有苜蓿歌、古歌、敬酒歌、木鼓舞、板凳舞、祭祖仪式、游方、团结舞等，每天两场，每场接近一个小时，雇用部分当地人，但大部分演员都是从外地聘请的专业团队，而这些人主要是年轻的姑娘和小伙子。虽然节目单上的节目称呼未变，但其内容在现代工具的改造下早已发生了改变。"在一个特定的时空背景下，借助相应的道具布景的辅助手段，向游客展示文化主体的才艺形象，传达某种符号信息，专指民族旅游中的文化展示。"① 高音话筒、霓虹灯和聘请专业主持人成为表演的辅助手段，新编排出来的表演按照节目单和主持人报幕节奏而依次进行。公司将"视觉霸权"运用得淋漓尽致，他们尽量通过提高音量和增强灯光亮度的方式来制造出规模宏大的效果，这是吸引游客的方式。其场面之恢宏和震撼，让置身于表演场外的游客也禁不住进来观看。公司通过表演场这个封闭的空间将游客的身体距离拉近的同时，在场域内又通过舞台、观众席和走廊等内部的布局将游客与演员分割开来。表演者每天重复着相同的活动，而游客来自全国各地，他们只是观看而并不参与，如同坐在家里的沙发上静静地对着电视机一样。一边是表演者麻木、机械的流水线式的表演，一边是被剥夺了参与权的游客。他们之间仅仅是看和被看的关系，仅仅是观众和演员的关系。夏银村中学的毛进老师说，"现在的文化太艺术化了，没有一定的文化是看不懂的。之前的表演，我们大家都能看懂，很自然，又很好玩。很多游客估计也是看不懂的，只是觉得好玩而已，每个节目都很艺术化，综合了各种文化要素，太高深了。文化本来是用来交流的，但是现在就像是两个木偶一样，游客只是看看，演员只是完成表演任务"。表演留给游客的印象除了"震撼"和"宏大"的字眼外，而较少赋予心灵上的洗礼、人生的感悟和自我生命价值的提升。

为了让表演吸引更多的游客，2013年初，公司专门投资10万元排练《苗风土韵》节目，通过两个月的艰苦排练，这个节目终于得以在6月中旬上演。但节目中"观众与演员"的关系鸿沟始终未能弥合。2013年底，公

---

① 徐赣丽：《民俗旅游的表演化倾向及其影响》，《民俗研究》2006年第3期。

司又引入商演。公司与湖南天下凤凰联仪公司进行合作实施商演计划，商业演出赶在2014年5月1日的黄金周正式开演。对于观看商演的游客，每人收取100元的门票。商业演出有更为多样的节目，表演时间也更长，演员全是职业演员。现代工具被用到极致，每到晚上7点，霓虹灯便被准时打开，照射范围可达十来米，并来回转动，灯光越出表演场而直射在南贵和羊排两个山头。这是有意设计的，目的是让苗家传统吊脚楼通过灯光的操控而为表演增添古朴的色彩，用场域外的背景来烘托场域内的节目，这是公司的一种策略。通过高音喇叭和主持人铿锵有力的声音，表演进展顺利，同时也制造出场内丰富热闹的景象，让在外的游客也“被迫”进去观看。商演的节目更为杂乱，祭祖仪式和踩碎瓶等街头杂技也被列入其中。“在商业化意识主导下，旅游表演的节目配置按照低成本、高效益、简便、快速的运作来组织节目。这种配置方式的文化生产，不再是个性的独创，而是为了追求商业利润的大规模的批量生产，导致的结果是标准化、计量化，与全球化带来的同质性类似。”① 在现代化用具的辅助下，传统民俗活动通过表演而成为对外的展示品，其也在一定程度上引发出不少矛盾。表演场对面是学校，喇叭和主持人发出的声音常常越出表演场，这严重影响到村民的睡眠和学生的晚自习，村民与公司进行多次交涉也无济于事。表演产生的噪声污染，再加上文化异化的表演，使村民对此意见很大：

踩碎瓶只是一个魔术，不属于苗家的东西，主持人说话也不动听，我们有时候非常反感。一家人到那里观看节目，有些话很下流的，还让演员火烧自己的皮肤，说什么烧鸡、野鸡之类的，真的是很难听下去了。

很多节目都看不懂，没一定的文化是看不懂的，大部分人没有这个欣赏能力，服装倒是很不错的，动作和意义我也看不懂，游客过来也只是看看服装和人而已，看不懂动作所代表的意义。

商业演出就是主持人的声音很大，风格也不对，想学城市，但是农村不习惯，就一直吼叫，农村是晚上九点之后就睡觉了，主持人的

① 徐赣丽：《民俗旅游的表演化倾向及其影响》，《民俗研究》2006年第3期。

声音很大，影响到村民休息。

商业表演应该全部取消，太不像苗家的了，苗家很讲究，很文明的。公司为了赚钱才搞的，为了个人的利益而不顾风情风貌，是官方的乱作为。这样的节目代表不了夏银村的，乌七八糟的东西，苗家只有正规的节目，有礼貌，有文明，现在太乱了，若是这样下去的话，文化迟早会完蛋的。

公司采取封闭、移植和轰动的策略将传统歌曲或村民生产生活习俗从深植于当地社区的土壤中抽离出来，并重新组合为一套“景观”节目，借助话筒、音箱等现代设备，节目在主持人尖锐而洪亮的声音中快速地进行。然而，在整个表演过程中，观众始终是观众，演员始终是演员，两者并未实现充分的交融和互动。

四 “固定、仪式化和表演化”——拦门酒景观的制造

拦门酒原本是苗家人接待客人的一种礼仪，有 4 道、8 道和 12 道之分，拦门酒道数的设置是考虑到当地人的经济条件。经济条件较差的人家会选择 4 道，经济条件一般的人家会选择 8 道，而经济条件较好的人家则会选择 12 道。有亲戚朋友远道而来，好客的苗家人就会举办拦门酒。尽管花费不少，但大多数农户都乐意举办。在拦门酒活动中，有年轻人唱跳，主人会用牛角装满当地的米酒来敬尊敬的客人。在活动中，外地人会感受到当地人热情、善良、质朴的性格和苗家独特的酒文化。关于拦门酒，还有一个古老的传说：鼓藏头外出到排羊（一个村）买又壮又漂亮的水牛用于过鼓藏节，途中遇到一位漂亮的姑娘，两情相悦，于是两人便定了亲，为了考验鼓藏头，姑娘家就设置了 12 道拦门酒，最后鼓藏头终于过关，很快便与姑娘成亲生子。这样，拦门酒活动便一直被保留下来，嵌入村民的日常生产和生活中，最后融合为苗家文化的一部分。开发后，为了吸引游客，公司将拦门酒从社区中抽离并移植和固定在大北门的广场上。公司在大北门处设置 12 道拦门酒表演，无非是装点门面，让游客还未正式进入景区内部便已感受到“圣地”的召唤。

拦门酒的演员是四个寨子 60～80 岁的老人，四个寨子轮流表演，每两

个月轮流一次。在旺季的时候是每天两场，而在淡季的时候则每周三场。女性老人主要进行表演，一场10元报酬，而男性老人则负责吹芦笙，共有11人，每天的报酬是25元。老人必须穿戴整齐，每场表演都重复着相同的动作。老人们一致认为拦门酒文化早已不是以前的拦门酒了，但为了维持生计和补贴家用，老人也乐意参加。

> 参加表演纯粹是为了获得报酬，总比在家里闲起好。不参加的话是不得收入的，参加表演还有部分收入，可以买盐巴吃。我们每场都去，为的就是钱，如果没有钱，我们是不会去表演的。
>
> 拦门酒的意义已经丧失了。之前还有自豪感，但是表演多了，觉得没啥意思，现在只是搞给游客看一下就算了。以前的时候有节庆才搞拦门酒，现在几乎是天天都有。以前要好玩一点，现在就是为了得钱而已。我们很多文化性的东西都没有了。现在是天天热闹，天天过节，都很平淡了。

公司利用国家赋予的资本优势和权力优势，将建立在文化认同和地方感基础之上的村民，尤其是拥有不同地方性知识的老人纳入资本构建的体系中，将村民暂时从地方语境中选拔出来充当景观链条上的螺丝钉，制造出宏大的拦门酒景观。在这样宏大的景观秀中，老人们早已失去了好客之心和对仪式的热情和崇敬，他们仅仅将其看作是一种可以获得经济报酬以便补贴家用的职业而已。为了获得报酬，村民将每天的表演作为一项任务来完成，而跟自己的文化自信无关。从这些表演者脸上显示出来的表情可以看出，这种反复和机械的表演不仅是一种身体负担，同时也是心理和文化上的负担。本是体现民族特征的文化现在却要依靠金钱来维系，这不能不让人产生一种文化的失落感。

五　“过滤、淡出和遮蔽”——民间故事、菩萨和文艺队的消失

在选择性的编码策略下，民间故事、传说和当地习俗禁忌等非物质文化逐渐淡出了公众视野。夏银村拥有很多民间故事，大多通过口传方式代代相传，其意蕴深刻，或教人如何做人，或教人遵守村社规则，或让后代

谨记老祖先的恩德。民间故事和传说的价值和意义在于巩固村庄认同、增强村庄凝集力和强化祖先记忆。如村庄中逐渐淡出的训示歌在开发前几乎家喻户晓，其大意是：有两姊妹外嫁后，在过节的时候同回娘家来玩，大女儿家里比较穷，就送给母亲家一条小鱼，而小女儿家里比较富，就送给娘家一个猪大腿，娘家人都看不起大女儿，大女儿在回婆家的时候就边走边哭。这个故事在村庄中很流行，它意在告诉人们，富贵都一样，人人都平等，嫁出去的女儿也一样，寓示村民要相互尊重，保持和谐的人际关系。

菩萨在夏银村是非常有名气的，四个寨子都有菩萨。在村民眼中，菩萨是基层社会中公正、福佑和平安的象征。菩萨的类型多样，有断案的菩萨，有保佑子孙后代的菩萨，有守桥和守寨子的菩萨，等等。断案的菩萨在夏银村的名气最大，位于东引村，类似于法官的角色，村民说菩萨就是“最高法院”。遇到纠纷案件时，村里会有两种处理方式，一种方式是通过村组干部及老人进行调解，另一种方式是直接请菩萨进行断案。一旦经过菩萨断案，矛盾就不再存在，双方都得服气。当地人将断案的菩萨视为公正的象征，菩萨所在的地方具有禁忌，当地人都会自觉地不靠近。因此，菩萨不仅维持了村庄的秩序，还在村庄治理中扮演着积极的角色。羊排有两个菩萨，一个是姻缘的菩萨，另一个是保佑村寨的菩萨。年轻人一般会在婚前询问菩萨是否合适，菩萨同意了，两个人才会办理酒席。一般经过菩萨认定的婚姻，不会破裂。婚姻菩萨更多的是强化了村民的心理认知，在客观上，也维系了家庭婚姻的稳定，夏银村离婚率很低，这跟当地的菩萨文化也有莫大的关系。羊排还有专门负责守寨子的菩萨，村民说开发前有很多北京人下来祭拜，求万事，万事皆灵。本寨的人也经常去祭拜。当地的菩萨是不能得罪的，否则会引来麻烦。据说国外的一位学者在这里做研究，突然有一段时间疯了，在村子里乱走。县里来人将其送往医院，但医生也看不出有什么病。后来经过村里的鬼师[①]查看，说是得罪了羊排的菩萨，菩萨告诉鬼师自己被这位学者用石头打了，因此才一怒之下让其发疯

① 鬼师是苗族社会中有名的人物，专门负责在葬礼、清明上坟和人生病时念经，他们在传统社区中的地位较高，备受村民信赖，是社区中的领袖精英。随着科学技术和医学知识的普及，大多数地方的鬼师被边缘化了。

来惩罚她。经过鬼师念经让菩萨消气，她的病在第二天就好了。因此，菩萨文化在村民日常生活中所起的不仅有心理安慰的作用，还有维持村庄秩序的作用，这样的一种文化早已成为苗家文化的一部分。而旅游开发后，菩萨并未列入开发的名单中，公司认为菩萨这种当地文化具有浓厚的封建迷信色彩，因此，本来应起到保护村庄和维系社区稳定的菩萨文化却在开发的浪潮中被遮蔽掉了，其功能也渐渐消失。

此外，村寨还有婚嫁习俗、丧葬习俗和古歌、游方歌、嘎别福歌、飞歌、儿歌、起造歌、祝福歌、丧葬歌等民族歌谣以及巫文化、婚俗俗等文化。这些文化可以看成是关于村庄秩序和传统记忆的一种阐释系统，正是因为有了这些阐释的非物质文化，村庄才具有了厚重的历史感，有了历史，村社才有灵魂。然而，随着旅游开发的推进，这些文化及其伴随的功能也逐渐淡出村民的日常生活世界，消失在旅游浪潮中。

六　“开发、扩散和转移”——综合服务区和苗家银饰一条街

资本主义的资金总是处于不断的流动态势，这是为了新利益而流动，是对旧有饱和空间的一种拓展，更是对新空间格局的一种探索和塑造。乡村旅游一开始便定位于对村寨的“圈地”和修补，而之后很快将夏银村周围的部分也携带进这场开发的空间革命中，围绕权力的规划和资本的运营，空间革命前所未有地展开。公司对景区内部的打造几乎处于饱和状态，村域中的过度积累与生产激发出大量矛盾。活路头、鼓藏头、刺绣、酿酒、银饰和农民画家等空间开发趋于饱和，因此，资本要想获得更多的利润，必须进行新旅游景观的制造。这是美国地理学家大卫·哈维（David Harvey）讲的资本的第二循环，“资本主义发展不得不在保存建筑环境中原有资本投资的交换价值和破坏这些投资的价值以开拓更大积累空间中进行两难选择”[①]，为了获得更多的利润，资本自身要实现转移和循环的再生产。夏银村新空间的开拓主要表现在西大门及其附属豪华酒店设施的修建和雷山县房地产的开发两个项目上。因此，通过开发、扩散和转移的方式，资本在增值链条上拥有更大的动力，除了拓展新的利益空间外，公司和政府还将对旅游

① David Harvey, *The Urbanization of Capital* (Oxford: Blasil Blackwell Ltd., 1985), p. 15.

的发展之力用于地产经济。

景区大门是游客到达目的地后视线首先要触及的地方，其代表的是景区的整体风格和形象。因此，公司花费巨资打造景区大门。对北大门的打造如此，最近开发的西大门更是如此。西大门设置在营上村①，因为从凯里市到夏银村的高速公路经过营上村，从凯里过来的游客大多会在营上村集中。为了拦截更多的客人，公司便着手修建西大门。2013 年 12 月，公司便开始征地，尽管征地遭到了村民的顽强反抗，但最终在政府和村干部施展的高密度压力和上下联动的作用下，村民被迫出让土地，征地工作在半年内结束。紧接着，公司便正式开始了对西大门的建设，截至 2014 年 5 月，大门的雏形初现，门梁上写着“千户苗寨”，周围刻有苗家花纹，采用现代的喷漆技术，大门古色古香的气息就被烘托出来，耸立在收费站旁，比北大门更加宏伟和气派。同时施工方还将山坡推平，用于建设豪华的酒店和停车场。酒店是为了让游客住宿，公司直接经营。西大门的建设还在紧张地进行中，可以想象一下，日后西大门的繁华程度堪比城市，这样的宏大建筑矗立在这小巧玲珑的山脉中，似乎是在展示着自身的不可一世，其代表的是现代化的力量；而周围的山坡、溪水和村舍则是那样的矮小，它们同样代表的是一股力量，是当地社区变迁的见证者。营上综合开发区是公司重点投资打造的地方，这是未来游客或者说是金钱源源不断流入的渠道。因此，对西大门的打造成本胜过了对村内各个景点的制造成本总和。当村寨内部的营利空间饱满后，公司便将视线转移到村社外部。三山一条街是公司准备开发的又一个景点。公司将地产经济扩大到县城，准备搞苗家银饰一条街，共 36 公里长。房地产开发项目同样举行了竞标会，但雷山县政府早已决定让公司开发，公司以 3600 多万元的价格拍买下来。就银饰一条街项目，公司与雷山县铭城房地产开发有限公司签订了协议并委托给后者管理，而公司直接参与分红，公司前期投入达 8000 万元。为了获得更多的收入，公司超越了单纯的旅游开发而将地产经济拓展到村外。

① 营上村是一个汉族村落，是夏银村的隔壁村，村庄采取典型的半耕半工的经济模式，种田的大多是老人，除了维持生计外，田地同样寄托着对祖先的辛劳的敬畏，村民对土地有较强的情感依赖。

从旅游经济转移到地产经济，从村域空间转移到县域空间，这是资本通过“第二循环”实现价值增值的特性所决定的，是营利空间饱和后政府和公司借助不断积累起来的资本而辗转阵营。村民提出的关于搞一个农贸市场和将平寨二、三线的小巷子给整理出来做成一些休闲的小景点的诉求并未得到实现，因为这给景区并不会带来多大收益。因此，为使得游客有更多可以去“观看”的地方，公司决定将雷公坪开发出来。雷公坪是羊排村民最早定居的地方，属于羊排的最高处，上面有一个很宽敞的坝子和一个深洞，叫九明洞，洞里常年有水，村民灌溉、饮用的都是此洞中的水。政府有意将雷公坪与夏银村相连，开辟出一条新的精品旅游路线，这是资本的又一次大规模的转移。

七　“置换、借用和‘去圣神化’”——村规民约和祭祀文化娱乐化

景观制造的过程也包括对传统规则和规范的巧妙借用，这样，跟村民日常生活和生产密切相关的规范和活动就迅速脱离村域环境而服务于景观社会，如对传统“4 个 120”村规民约的借用。同时，景观秩序的构建也是一个“去神圣化”的过程，把具有神圣色彩的祭祀文化搬上舞台供观众消遣，这就使原有文化的庄重感和使命感大打折扣。

对于“4 个 120”的村规民约的命运，可用“为他人作嫁衣”来形容。传统的“4 个 120”是一种惩罚制度，主要用于惩罚村民破坏祠堂和在节日期间打架的行为，即谁触犯了规定，就会被罚交 120 斤肉、120 斤酒、120 斤米和 120 斤菜。改革开放之后，部分村民可以用现金代替，按照当时的物价进行折算。这是社区维持自己社会秩序的一种制度设置，无论是社区精英还是普通村民都得遵守。鉴于该制度惩罚力度之大和村民较高的自觉意识，一般很少有人触犯。由于该制度对社区秩序有积极作用，所以一直被保留和延续下来。具体而言，村规主要用于三种情况：一是逢年过节的打架。节日主要包括三种节日，吃新节、苗年节和鼓藏节。二是破坏了风景树。每个村寨都有风景树，代表的是保佑子孙。风景树只有鳏寡孤独者才能用作柴火，其他人是不能乱砍的。三是破坏集体的塘和桥，扔垃圾、粪便到池塘中。

开发后，这个制度也同样得到重视，只不过使用这种制度的宗旨并非基于村庄内部秩序的维持，而主要是惩罚游客在本地闹事及游客与村民之间发生的冲突。现在的村规民约在内容上更加详细，且最终指向的是维护公司和政府的管理秩序，其内容如下：一是游客在本辖区内造成火灾的，罚款200～500元，一切损失由肇事者自负。二是村民在辖区内造成火灾的，按“4个120”处罚，并罚其鸣锣喊寨一年，所造成损失报上级部门处理。三是在本村耕作区内造成山火的，过火面积每亩罚款50～80元，并清点林木，赔偿损失，杉林每株围径每厘米0.2元，松树每株围径每厘米0.1元，经济林每株10～30元（包括桐子、果树）的罚款，必须在一个星期内交足罚款，拒交的，会请鼓藏头、寨老出面处理。四是破坏村内消防设施的，除照价赔偿外，罚款200～500元。随着开发的不断推进，村寨内矛盾和纠纷大量产生。因此，为了减少管理成本，公司将村规升级为景区的管理制度。被正式纳入景区范畴中的村规则被赋予了更大的惩罚力度，如在2013年苗年节期间，部分游客在夏银村闹事，触犯了村规，在当地派出所和公司的共同处理下，该游客接受了罚款，按照当时的物价水平支付现金上千元。从表面上看，这是对该制度的复活，实际上这个制度的惩罚面向已经不再是构建出一套公共性的规则和秩序，而仅仅在于减少旅游带来的管理成本。一旦有矛盾发生，自然有景区管理人员来处理，而不用村民亲自处理，因此，该制度在村庄内的认可度也逐渐下降。本该为村庄自治管理服务的村规现在却成为维系景观社会基本秩序的工具，其功能已经转移到社区外部。

旅游开发的过程也是一些文化“去神圣化”的过程。苗家有祭祀祖先的习俗，每年的苗年节和13年一次的鼓藏节都有祭祖仪式，祭祖由鼓藏头来主持。在祭祖活动中，全村所有人聚集在一起，在铜鼓坪上进行共同缅怀祖先和追根溯源的集体活动，祭祖活动的场面十分震撼，这种震撼主要是来自村民进行的灵魂深处的心灵洗礼，这也是增强社区内部集体感和认同感的一种方式。开发后，公司组建起一套歌舞表演节目，而祭祀文化也被安排在节目单中并被例行化表演。将祭祖文化搬上舞台，嵌入由灯光和话筒制造出来的震撼场面中，但这种震撼效果远远不是来自内心深处的震撼，而是制造出来的虚假场面，是对感官和视觉的冲击，而不是“灵魂深处的心灵洗礼”。被搬上舞台的祭祖仪式让村民觉得祭祖这一神圣的活动日益“去神圣化”。村民认为祭祀文化仅仅成为供人发笑的料子而已，其已丧失了文化的庄重感和神圣性，村民甚至觉得祭祀的并不是祖先，而是游客。

> 太不像话了，祭祖也能乱上舞台，现在的祭祖不是祭祀我们的祖先，倒成了祭游客。
>
> 我觉得这很不妥，祭祖是我们的活动，凭什么要拿给别人看，要看的话，苗年节可以专门来看啊。
>
> 祭祀文化不应该上舞台，还撒稻谷，稻谷是祭祀祖先的，不应该把稻谷撒向观众的，不符合规矩。为了宣传，什么都做得出来，真是太不符合传统了。

八　“宣传、促销和推广”——具体景点和遗产圣地的宣扬

宣传和促销是对制造出来的景点进行对外扬名的过程，这是公司的重大策略。在进一步加强国内宣传的同时，公司将宣传重点放在了国外。公司利用腾讯等网络、微电影、旅交会、电视、报纸、杂志、车体和营销企划等方式来宣传夏银村。2009 年以来公司每年都在中央电视台、中国旅游卫视等电视台播放夏银村旅游专题宣传片，同时公司每年都会在《人民日报》、《中国旅游报》、《东方之旅》、《贵州日报》等报纸、杂志开设雷山旅游专版。此外，雷山县还在贵州卫视一频道开设夏银村旅游宣传广告，在高速公路、机场等制作永久性宣传广告。

夏银村的宣传主要有以下几种形式：第一，通过报纸、杂志、电视、公交车、微电影等进行宣传的方式。2011 年春节在中央电视台“新春走基层，喜庆中国年”中直播在夏银村拍摄的《苗寨过大年》节目，2012 年大型原生态歌舞《我在雷山等你来》在国家大剧院成功上演。2013 年 5 月 14 日，香港凤凰旅游精品栏目推出以“旅游百家迹忆，新时代苗家人的发展革新”为题的专版，以“瞬间欣赏、文化传承、苗寨美景、悠悠民情、多元发展、美食风俗”六大专栏分别对夏银村千户苗寨景区的民族风情进行介绍。通过公交车进行宣传也是一个较好的方式。2012 年，公司采取利用车体进行宣传的方式，共有 5 条公交线路（48 路、54 路、64 路、66 路、217 路）和 10 辆公交车，覆盖贵阳主城区，所经路线均为车流量、人流量

密集区域，每辆车上都印有“春游夏银村——玩美一季”。此外，公司还通过电影来宣传夏银村，2013 年共有《苗娃》、《苗寨情缘》和《愿望锁》等微电影 3 部，景区主题宣传片 1 部。第二，组织活动进行宣传，通过在当地或外地举办活动进行宣传。2013 年春节，夏银村旅游公司举行了“闹夏银村·醉苗寨·过醉快乐的春节”的活动。2013 年 3 月 8 日，公司组织景区群众在夏银村景区芦笙场举办了“以美丽回答一切，苗寨与你同庆”的“三八”节主题系列活动，此次活动主要由迎宾、原生态歌舞、互动展演、打糍粑、苗族盛装穿戴体验赛、千人长桌宴等节目组成。第三，推介会宣传。2013 年公司前往西北参加“多彩贵州，风行天下”的推介会，四川推介会，“贵州精品旅游景区夏银村千户苗寨、黄果树、荔波、织金洞和镇远古镇走进湖南”的湖南推介会和“第二季游方之旅——在风景中恋爱”等一系列活动。公司先后参加国际、国内旅游交易会等大型旅游推介活动，在贵阳、重庆、成都、长沙、广州、北京、上海、台北等地进行了专门的旅游驻地宣传活动。公司还在夏银村景区举办了“听夏银村的声音，唱苗家的酒歌”、“游方之旅，牵手就是爱”、“天下夏银村·哥斯达黎加民间艺术联展暨文化交流”、“雪花纯生·中国古建筑摄影大赛”等活动。夏银村旅游公司和广州珠江电影制片厂在夏银村景区联合拍摄了《夏银村千户苗寨游方之旅——在风景中恋爱》的 8 分钟形象宣传片，该片以“让心灵跟上脚步，夏银村千户苗寨：来了，就爱上她”为主题，通过清新、唯美和浪漫的镜头展示了夏银村的苗寨风景、生产劳作以及苗族文化。此外，为了达到更好的宣传效果，景区与铜仁梵净山、镇远古城签订了贵州东线旅游景区联盟战略合作协议，并与黄果树、荔波两大景区签订了贵州精品景区联盟战略合作协议。

公司集中资源进行高密度的宣传和报道，“苗疆圣地”几乎家喻户晓。2013 年后，公司又将宣传目标转向了国外，“打开国门，走向世界”成为公司又一策略，法国、美国、日本等国家成为宣传重地。来自国外的旅游团也被公司编制成宣传材料：

> 近日，在夏银村千户苗寨景区迎来了一群千里之外的客人，他们是来自美国俄亥俄州大学的 14 名美国大学生。他们对苗族文化有着浓厚的兴趣，赴景区的目的是体验苗族文化，感受苗族风情。他们用自

> 己的眼睛寻找夏银村的美，用他们的投入感受夏银村的独特韵味。这14名美国大学生走进夏银村景区后，用他们那可爱的神情穿上夏银村苗寨的盛装；用那满腔热情走进苗家去体验苗家人民的风土习俗。他们在苗寨找寻到了田园生活的闲适恬静与乡间的独特魅力，把在夏银村美好的感受带回美国，告诉身边的朋友，让他们有机会一起到夏银村来。他们在景区里，穿苗族盛装拍照留念，走进农家体验苗族人的生活，走上观景台欣赏蔚为壮观的吊脚楼建筑群。

将游客的经历经过美妙的文字修饰，这样就增加了宣传的可信度和真实感。2013年11月9~23日，“多彩中华——中国民族文字展”走进美国进行系列展演。2014年，公司在法国宣传夏银村。通过高密度的宣传，夏银村在国外的名气也不断地扩散开来。

公司的宣传手段多样，宣传费用在2014年多达800万元。公司在宣传中尽量美化夏银村，通过大尺寸的海报、精致的宣传小册子和诱人的字眼，让外来人对夏银村充满了无限的想象。“让我们走进一个历史上最为悲壮的迁徙民族，一个沉淀五千年文化的苗族村寨，一个隐藏在大山深处的皇室贵族，一个争得世界之最的吊脚楼群，一个以美丽回答一切的神秘之地”等语句成为大肆宣传的话语，通过巨额的广告费和灵活多样的宣传策略，夏银村的名气越传越远。旅游者往往被诱导着想象置身于美好而又悠远的异域社会，“沉默的大多数”迷失其中，然而也不乏觉醒者，他们对制造出来的盛景保持一定的距离。

第三节　小结：“组合拳”背后的资本逻辑

亨利·列斐伏尔（Henri Lefebvre）很早以前就把旅游发展界定为资本主义空间扩张的一种机制，认为旅游是资本主义借以不均质地扩大其全球触角而进入非私有或半私有空间的一种主要机制。伴随旅游而来的是资本，在“旅游型发展主义”的时代和政策号召下，资本下乡也带有“口号和运动式”的特征。资本凭借资金和权力方面的优势而在乡村社会中彰显出极强的渗透力，在夏银村掀起了从未有过的“圈地运动”，同时私人化和半私人化的领域也难免受其影响。政府发现景点并对其进行确权和宏观规划，给景区打好底色，而公司就对夏银村进行紧锣密鼓动的布景、旅游线路的规划和关键景点的打造。公司以资产和特许经营权贷款，其投入的资金流向了基础设施领域，如表演场、污水处理厂、街上路灯、景区步道建设等。公司在夏银村布置旅游线路，并制造出几个关键的旅游景点，通过旅游线路将这些景点在地理上连接起来。其中，投入成本低而获利高的景点成为公司开发的重点，尤其是在对“门面”的打造方面，可谓耗资巨大。无论是纯粹的文化，还是村寨领袖，皆被升级为景点而成为景观化的对象。

从传统文化要素中抽离和筛选出部分文化要素并将其上升到景点的位置，进而重新组合成一套旅游景观，通过大众传播媒介的宣传，达到吸引游客眼球的目的。景观社会的形成不是“旅游者凝视”和“舞台化真实”的需要，而是为了实现资本价值增值的需要。当地人则从文化再生产中隔离出来，这就如同马克思所说的物品的使用价值被抽离出来，用交换价值取而代之，部分人丧失了主体性，也成为资本增值的机器。无论是文化还是人皆因脱离原有的场景和地域而丧失了原初的内涵，在资本的指挥棒下进行重组和统合。这就是德波所说的景观“呈现的都是好的，好的才呈现出来”的资本逻辑。

工业化的制造理念通过乡村旅游的平台加诸乡村社区，景观的制造寻求的是如何在传统和地方性资源的基础和层次上，为这种外来的工业文明的规模化和集中化生产方式在传统的旅游社区找到持续生长的发展空间和机遇。以现代城市化、理性化和工业化的思维观念、模式和眼光去看待和开发传统的乡村社会，那么，对传统村寨开发的问题就变成了一个类似于开发城市的问题，传统乡村资源在政府和资本的眼里就是一种“城市的或工业化的他者”，而不再是“农村的他者”，这是一种颠倒的开发理念。传统文化是深根植于当地社区环境和当地自然环境中的，在族群繁衍过程中凝聚着自身的性情、需求、智慧和才干等，拥有十分丰富的社会内涵和文化意象，是宏观社会结构与微观社会主体互动的结果。而设计者们使传统文化要素脱离原有的生长环境，成为一个静止的和孤立的“点”，再把这些原子化、碎片化和非系统性的“点”构成一个机械的和无生命力的景观社会，这样的社会因缺少有机联系而可以随意进行组合。

Unesco 认为“普遍价值、国家主体、世界遗产和专家认证构成了一个完整的现代世界遗产体系”[①]。夏银村同样是一个完整的遗产体系，一个世界级的文化遗产和自然遗产之地，共有鼓藏节、苗年、吊脚楼、银饰工艺和芦笙制作工艺等 11 项非物质文化遗产和 13 项省级文化遗产。大卫·罗文索尔（David Lowenthal）将遗产视为“对过去的阐述，以便赋予其现实意义，是过去一代保留并移交给现代人的并希望传递给未来的”[②]。然而，在继续打造、拓展旅游景点和景观消费空间的同时，夏银村早已丧失了遗产所代表过去、现在和将来的意义。夏银村获得的世界级、国家级和省级遗产等称号是用来维系和扩散夏银村名气的。因此，在宣传方面，有对具体景观的宣传，同样也有对遗产圣地的宣传，用遗产来宣传夏银村是当前及今后政府和公司使出的杀手锏。因为在文化遭到大规模破坏的情况下，通过遗产来维系逐渐消失的文化就成为救命的稻草。而后随着遗产名目的申报成立，夏银村仍将有大量的游客涌入。无论是迷失在景观制造中的游客，还是沉迷于遗产名目幻境中的游客，似乎对夏银村旅游景观都并非有发自内心的兴趣，对于那些真正的乡村旅游者而言更是如此。总之，通过不同等级的遗产等权威认证和夸大的广告宣传来保障和维持作为乡村旅游圣地的夏银村，殊不知，其已经被置换为一种与传统渐行渐远的想象的夏银村。

---

① Hewison R.，“Heritage：An Interpretation，” in Uzzell D. L.，ed.，*Heritage Interpretation*（London：Belhaven，1989），pp. 15 – 23.

② 大卫·罗文索尔在《遗产圣战》中说，遗产是从历史中萃取认同的符号，将我们与先人和后辈联系起来。因此，文化和认同是遗产的两个根本要素。保护遗产，本质上是对文化精神的再现以及对群体团结的凝塑。

第五章

“同意”和“反抗”：景观社会中的当地人

在少数民族村寨逐渐转变为景观社会的过程中，当地人对景观社会的态度发生了分化，一部分人持赞同态度，他们是景观社会的分享者，而另一部分人则对景观社会持怀疑态度，他们看到了景观化带来的破坏性后果。

第一节　分化的当地人

通过铸造出的众多景点、地点神话和遗产称号来确保旅游地的旅游价值，这是景观制造者们的策略。景观化是制造者们将自然资源和文化资源制造成一种商品而不断对外宣称的过程，位于其中的人也难以逃脱景观化的命运。景观化的过程中，制造者们对传统自然资源和文化资源采取的是“吃本”而不是“吃息”，其将风俗、生活习惯、仪式和文化等塑造成典型的“落后”形象。通过让传统静止下来铸造出众多景点，并通过不同等级的遗产称号来论证旅游地的旅游价值，因此，政府和公司把景点和遗产称号放在媒体上进行大肆宣扬从而维系旅游地的活力。对于景观制造的主体——政府和公司——而言，他们将村民看成“类共同体”，即将村民打包处理成一个整体，无论是当地的社区精英还是普通人都被塑造成景观秩序中的组成部分，而不是兼具个性和地方性知识的丰富多彩的个体。而少有的区分是将传统领袖作为核心景观来打造，将普通村民及日常生活作为一般性景点进行打造。前者因其能拓长历史时段而更能产生传奇和神秘的色彩，是公司愿意投入的景点。然而，即便有景观社会的严密监控，村民却因兼具“个性”而表现出一定的行动性（见表5－1）。

表5－1 分化的村民与分化的行为

分化的村民	身份	空间位置	人数	态度	原因	行为逻辑
共识型村民	雇工、房屋出租者、商贩	靠近旅游线路	极少部分	认同	生存危机和发财刺激	依附于景观社会
异质型村民	农民、半耕半工者	远离旅游线路	绝大多数	对立	利益、文化及权利受损	“造反”、“软抵抗”、“静悄悄地抵抗”

在这里，我们可以简单将分化的村民归为两类：一类是在景观制造中的“共识型村民”。或基于生存危机，或基于利润的考量，他们最大限度地配合政府和公司的政策与规划，这些人主要是雇工、房屋出租者和商贩。他们大多靠近旅游线路的两边，占据村庄总人数的比例不超过1/10，其依附于景观社会，成为景观制造的“合谋者”。另一类是在景观制造过程中的“异质型村民”，他们大多远离旅游路线，是纯粹的农户或半耕半工者。在传统文化被置换为旅游景观的过程中，这部分人由于在利益、文化和权利方面遭到剥削而产生强烈的抵抗意识，这种抵抗意识很快便转化成“造反”、“静悄悄地抵抗”或“软抵抗”行为。虽然这部分村民的声音表达较为乏力，但至少能够起到拖延和减缓当地文化沦为景观的时间和程度。从学理而言，这是从当地人这一行动者角度来对文化商品化理论的进一步解读。

第二节 “共识”与“同意”

在景观制造过程中，部分村民对景区管理和规则已达成“共识”，“同意”政府和公司的开发策略。所谓“共识”或“同意”是指在景观生产过程中，基于一种“自愿性的服从”而非“外部力量的强制”而自发地接受景观的统治，并投身于资本利益的增值性生产。这部分村民主要是雇工、出租房屋者及小摊贩。雇工大多来自“被凝视的对象”羊排和东引，由于无法将房屋等固定资产有效地转化为现金收入，他们迫于“生计”的压力而受雇于景区，自觉生发出对景观社会的较强的认同感。而房屋出租者和小摊贩主要是南贵和平寨一、二线的人。他们得益于旅游路线的规划和观景台的设置，因靠近旅游线路而使他们的物理空间拥有巨大的经济效益，他们通过将自己的住房出租而获得较多收益，同时也利用土地被占的合法性缘由来实现从农民到小摊贩的角色转变。相比于雇工而言，后两者早已摆脱生存危机的威胁而逐渐在“发财”[①]的刺激下争取较多利益，他们在村庄中属于富裕和较富裕阶层。同样，这部分人基于“发财”的考量而对设计者们制造的规则表现出不同高度的赞同。因此，景观社会的“共识”和“同意”可以归因于两类逻辑：“生存危机”和“发财刺激”。

一　雇工——基于“生存危机”下的一种认同

夏银村的旅游开发也是一个土地不断被兼并的过程，从土地中释放出来的劳动力尤其是中老年人被迫从事非农业活动，这种“倒逼机制”使得部分村民流向了景区（管理局和公司），成为雇用工人。同时旅游开发也将分散到全国的部分外地务工村民召集回来，在外务工的当地人认为，在外务工成本较高，再加上家里有老人和小孩需要照顾，因此，选择回乡就业是一条路子。瞬间，夏银村成为一个性别和年龄多样化的劳动力蓄水池，最大限度地满足了公司的用工需求。有文化和头脑机灵的人主要从事检票工作，而其他则从事保安、清洁和做饭等一线工作，其中安保队的有16人，做保洁工作的多达70人。有的在旅游旺季受雇，而淡季则被解聘，工资待遇普遍不高。“过剩的工人人口形成一支可供支配的产业后备军，它绝对地从属于资本，就好像它是由资本出钱养大的一样。过剩的工人人口不受人口实际增长的限制，为不断变化的资本增殖需要创造出随时可供剥削的人

① 这是张玉林于2013年在南京大学社会学院2013级新生入学典礼上的演讲，题目是《认识这个时代，与它保持距离》。他认为在中国改革开放30多年来的实践经验中形成的核心价值观是“发展”和“发财”。“发展”表现在国家和区域层面，推动者是政府，是舶来品，发端于20世纪初；“发财”表现在社会和个人社会成员层面，主体是“人民”，是土特产，可以追溯到先秦。

身材料。”① 即便存在较多的剥削和不公平对待，然而，为了维持生计，他们被迫自愿赞同景区决策，做好本职工作。即便是艰辛低廉的工作，也充满竞争。羊排与东引利用设计者们对空间规划造成的意外后果——“一边喝汤，一边吃肉”——作为筹码，使得公司最终在口头上同意招工时优先考虑这两个自然寨的人。然而在真正招工时，管理人员会优先考虑自家亲戚。因此，尽管招工的规模越来越大，当地人占据的比例却呈现下降的趋势，公司近亲增长的现象越来越严重。村民普遍认为公司招收的员工都是有关系的人，且他们不愿意招收本地村民。村民说，“现在就是捡垃圾的人也要靠关系才能进”。随着公司人员的饱和及从外地涌入的人群，进入景区打工并非易事。为了能获得生计补贴同时又能照顾到家人，雇工倒是乐意接受景区的安排，十分珍惜受雇的机会，他们对待工作，十分认真，丝毫不敢马虎。因为一旦触犯了规定，失业就很容易，景区不愁劳力，而村民则会丧失自己的生计来源。因此，他们在不同程度上赞同景区规则。

景区对受雇的当地人实行一定程度上的管制和剥削。一是经济上的剥削。当地人在公司不仅工作时间长、工资低，而且还得遵守严格的规定。他们获得的月工资大多是从800元到3000元不等，但大多数人在1500元左右。村民认为这些工作属于一线工作，即最累、最具有危险和报酬较少。保安队的人上班的时间是从上午8时30分到晚上8时30分，然后换班。作为演员的村民，公司给予的补贴是一场10元。他们在演什么节目、多长时间、如何表演等方面是没有话语权的，而作为资本代理人的公司才拥有文化的主导权，规定着演出程序、时间和节目类型等。二是生活上的监控。为了扩大地盘，公司将收费大门搬到了大北门，并设置关卡对过往行人进行严格审查，而村民认为自己像是被关进了动物园，没有一点自由，这对于包括雇工在内的所有村庄成员都是如此，而雇工的生活更像是处于“圆形敞视的监狱中”。公司对有倒票行为和参与群体性事件的雇工会做出开除的决定。如在下面将要介绍的“8·10”事件中，即便是家人参与，自己也不能参与，否则就会被开除。雇工不仅表达诉求的渠道受到限制，而且基于村庄的公共生活同样也受到了监控。三是身体上的伤害。保安在这里成

① 〔德〕马克思：《资本论》（第1卷），人民出版社，2004，第728～729页。

为高危职业，因为经常面对来自村里人的不满和游客的投诉，进而引发言语和肢体上的冲突。如票务部经理唐正杰是夏银村人，他专门负责一号岗，这是“捉鱼公司”进出的主要通道，为此，他得罪了不少人。他也道出自己的心酸，“毕竟工作性质是这样，公事公办，要负责，我也没有办法，有这个职责的。家里需要盐巴钱，有了工作就有了买盐巴的钱，有工作，就天天有钱，天天有钱，天天就可以买盐巴吃”。毛徐则是在管理局上班的人，他负责村民通道，为此也得罪了一部分人，这部分人就是“捉鱼公司”的人，于是他便得了一个外号叫“熊大”，意思是替景区做事吃得圆滚滚。而在公司上班的人常常遭到唾骂，“六亲不认的人，为了几块钱而出卖自己的灵魂，谁发工资就替谁卖命”，有的还会威胁说“晚上要注意点，小心我来找你”，“你这样就是断了别人的财路，是要遭到报应的”，等等。蒋玉桥是羊排人，在公司上班已有 5 年。他说，“对于‘捉鱼’的人，最好不要放过，不然的话会有下次的，还会有下下次。我们做这个工作要尽职尽责。有人也威胁我说让我的家人不好过”。因此，他们时常也很矛盾，一方面，如果让公司知道了故意放“捉鱼”的人进去，那么，这是公司明文规定了的，会被立即开除；另一方面，面对自己的亲戚好友，他们又不得不顾及亲情关系。然而，为了获得稳定的生计来源，他们不得不选择“六亲不认”和“剿灭亲戚”的做法。保安工作基本都是由本村人担任，毕竟是同一个村的人，所以打架、吵架还是会顾及同村人的面子。这样，公司可以将矛盾降到最低。而雇工面对的最大威胁来自游客。蒋志良是羊排 6 组人，在公司当保安 1 年，他给我们讲述道：

过春节的时候，有 6 个从凯里过来玩的人，当晚是喝醉了，没买票就想进去。他们说，“你是领导，可以直接让我们进去”。我说，“我不是领导，我不敢放你进去，除非你有相关的证件或者凭票才能进入”。他们说，“叫你们队长出来”。我给潘队长打电话，队长说不让放。我就对他们说，“队长说不能放”。他们就不服气，开始骂我。最后潘队也来了，说不到几句，就跟他们打起来了，队长说别人都欺负到我们头上了，当然要还手。我们就打起来，我受伤了。最后派出所的人来了，我们就用村规惩罚了那几个人。我回去休养了好长一段时间，但并未获得丝毫补偿。

蒋大是公司保安队的，专门负责村民通道，他说：

2013年6月23号凌晨一点，有十几个游客从景区游玩之后准备返回贵阳，他们走出景区大门后发现钱包掉了，他们要求返回景区寻找钱包。我说出来了就不能再进去，这是公司的规定，可以让司机帮忙找。他当时就发火了，说钱包掉了你们就应该负责，说完他们就一哄而上来打我。我当时就报警了，同时也给我的亲戚打电话，家族的人很快赶到，我家族的人看到我只剩下半条命，很气愤，于是与他们对打起来。他们受伤的人较轻，我有几个亲戚受了重伤。派出所的人在半个小时之后才到，也不敢处理，他们打电话给公司的领导，公司领导说有事来不了。最后他们害怕闹出人命，就答应赔偿我1.5万元的医药费，这件事就算了结了。之后我住院休息了两个月，公司分文不给，我花了4万元才将病养好。

景区的通道岗位是景区最为危险的地方，因为面对的是游客和本村的人，稍不注意就会遭到身体伤害。但受伤之后，公司并不会进行保险偿付，这是一个没有涵括保险的岗位。公司十分巧妙地将矛盾转嫁给当地人之间或当地人与游客，而掩盖了国家、资本与当地人、游客之间的根本性矛盾。四是人员的储备。由于旅游具有很强的季节性，每年的5~10月是旺季，游客量较大，而10月之后到来年的4月是淡季，游客较少。因此，在旺季和特殊的五一和十一、暑假的时候，公司需要招聘大量的临时员工，而在淡季的时候这些人就会遭到解聘。因此，从土地中释放出来的当地人就成为公司雇用的临时工，临时工除了工资之外，无任何社会保险。

尽管存在剥削和不公平，但雇工在很大程度上认可和理解新的规则。正如布若威所说，“正如玩一个游戏会产生对其规则的同意，所有在参与到资本主义迫使我们要做出的选择中也会所产生对其规则、规范的同意”①。

① 〔美〕迈克尔·布若威：《制造同意》，李荣荣译，商务印书馆，2008，第99页。

公司内部拥有一套完整的让雇工产生认同的制度设置。一种是硬控制，另一种是软控制。就前者而言，公司有关于上下班、倒班和轮班等的严格规定，是一种强制度设置，即便是工作量与工资不成比例，村民也被迫同意。比如清洁的工作较为艰辛，雇工全是本地人的中老年妇女。李奶奶是羊排6组的村民，她从2008年起就负责景区的清洁卫生，她打扫的范围是博物馆上面，时间是每天早上的6点到中午的12点。老人说：

> 这活很辛苦的，工资才只有900元一个月。我就是得一点钱，买盐巴吃，我不会搞巴巴（洋芋做成的），做不了生意，而且人老了也不会做什么，只能扫地。不辛苦，是不得钱的。我也还在家里喂猪养牛，半天扫地半天搞菜吃。

公司还有一个规定，就是雇工绝不能参与闹事和“捉鱼”，一经发现，立刻开除。因此，在夏银村所发生的三次群体性事件中，受雇于景区的工人根本不敢参与，更重要的是雇工大多认同已有规则而自觉不愿卷入其中。“捉鱼”让公司最为头疼，因为它游离于景区权力管控范围之外，公司甚至对“捉鱼”的人采取“连坐制”，即一人“捉鱼”，则全家永不受雇。

景区除了制定严格的规则来约束村民的行为之外，还采取更加柔性的统治方式，那就是通过具体的激励措施和抽象话语而形成的软控制。在具体措施方面，公司有“竞聘上岗”激励措施，那就是看人的能力而安排不同的岗位。通过这样的方式进行人员调动，在雇工眼里就成为一种公平的制度设置。如2014年有一场关于导游主任的中层干部的竞聘，村庄中还未高中毕业的一名苗家小姑娘竞聘成功，而其竞争对手是在人力资源部上班的大学毕业生。小姑娘虽然没有上过大学，但人缘较好，能说会道，处事能力较强，符合导游主任的标准。公司制定的游戏规则诞生出“贤能者居上”的公平理念，而这套理念而很快被员工所内化。在一线工作的当地人认为，公司给予的工作安排是基于自己的能力考虑的，因为自己没有文化、不识几个字而无法与别人竞争。因此，尽管工作强度大，又没多少社会保障，但他们认为能获得一份稳当的工作也算是不错的。看似公平的流动机制在很大程度上化解了雇工的怨气，成为村民认同的基础，因此，他们对景区的管理和规则表现出理解和赞同。即便是有所不满，那也是在规则认同下的自己的需求未能得到满足的一种表现，其指向的并不是景区管理制度本身。如老太太插白旗事件就是一个例子。老太太是东引人，在公司唱古歌已有两年，由于公司引进单独的考核制度对员工进行重新选聘，公司认为老太太唱歌走调而将其开除。老太太觉得比自己唱得差的人都能留下来，因此，十分不服气。于是一怒之下，老太太便在女婿帮助下将白旗插上自家房顶达到破坏景区环境的目的以示抗议。由于老太太居住在东引山顶上，白旗很显眼，几乎无论在哪一条旅游线路上都能看到，过往的游客不断询问是怎么回事。公司取缔了她家的文物费，同时多次对其做工作，但也无济于事。最终，老太太的抗议消失在获得不少的经济补偿中。因此，表面上，白旗事件直指景区不公平的规则，但实际上，这只是个体利益诉求的私人化而非公共性表达，并不对景区制度构成挑战。

同时，公司也将抽象话语的软控制运用到极致，公司通过制造内部舆论的方式将自身塑造成一个弱者和公正的形象，而雇工也大多认同。比如在关于景区门票分红比例上的态度上，雇工与其他村民是相左的，雇工认为合理，而其他村民大多认为分红太少。公司通过一系列的投入项目和精细化的数字给雇工“洗脑”，如给员工讲述路面的维护、车辆的购买、灯光系统的维护、宣传费用等基础设施方面的投入数量和花费情况，还说员工工资、水电开支等也是一笔不小的开支，上级检查和接待任务很重，文物费是年年增加，公司的贷款还未还完等。因此这就给雇工灌输一种结论，即公司为了夏银村的发展付出了很多，至今未产生任何盈利。与雇工对公司同情性的态度不同，其他村民看到的则是游客源源不断地进入景区和针对每个游客的高额门票收入及停车场的收费等，他们认为公司获利不少。因此，与雇工同情式的态度不同，他们认为公司拿自己的家园出卖，理应提高分红比例。

除了硬控制或软控制外，景观认同的力量还可以从村庄内部寻找。村庄内部形成一种惯习，即村民对基本生存需求底线的满足。村民在经济上受制于他们自身的日常生活，他们常常专注于维持基本的生存需求。正如斯科特所说，“村民囿于自然环境和社会环境的限制而长期处于‘水深齐颈’的状况中，哪怕碰到一点风浪也可能遭遇灭顶之灾”。而从土地中获得的收益并不足以应对日常开支，反而会因为自然灾害、市场价格波动、家庭变故等自然和人为因素陷入困境。因此，能从公司中谋取一份职业就意味着有了稳定的收入，不仅可以解决生计问题，还可以应对突发事件。这样，家庭抵抗风险的能力就大大增强。

总之，在内外挤压的双重作用下，雇工就成为村民基于生活压力而选择的一种角色。受雇的村民在“生存危机”的威胁下对景区制度产生了一定程度上的理解和认同。有学者用沉默的大多数形容这些迷误者，“大众的主体性彻底丧失，成为纯粹的看客”①。这部分人率先冲出村庄的庇护主义圈子，粉饰景观规则，无形中成为景观秩序的代理人。

二　地租经济和流动商贩——基于“发财刺激”下的一种认同

旅游规划区隔出高利益密集空间，空间已经与资本联系在一起了，村民也已知晓通过空间获益的道理。他们将“以地谋生”转变为“以地谋利”，通过出租房屋而获得不少租金收入。而他们中的部分人又可以通过流动摊位和拍照等方式来获得更多收入，走上了“发财”之路。在“发财”的刺激下，村民对景区秩序同样表现出一定程度的认同。

首先是地租经济。地租经济的实施者主要是南贵和平寨一线的村民，他们将房屋出租给外来老板以获得租金。“农民的谋利欲望一旦有了实现的机会，那种打破一切传统约束的势头，似乎什么也挡不住了。政府的规定、传统的风水、自然采光的限制、村落祖居的规矩，什么都挡不住。看着农民月中年末坐在船头上计算收取的房屋租金的票子，以及身边供奉的财神爷前面升起的缕缕绕梁香烟，真叫人有宛若隔世之感。”② 在利润的刺激下，旅游线路附近的村民大多将房屋出租。雷山县委办公室主任杨星将村民与外来老板形成的这种方式称为“土招商”的合作模式。具体而言，这种模式主要有以下几种：第一，村民修房，外地人承包并装修，这是主要的合作模式。如“游方之旅”是湖南老板来承包的，每年的租金是 7 万元，合同期 10 年，而房东全家 8 口人则生活在不足 50 平方米的房子里。“佳景客

① 〔美〕道格拉斯·凯尔纳：《波德里亚：批判性的读本》，陈维振、陈明达、王峰译，江苏人民出版社，2005，第 210 页。

② 李培林：《村落的终结》，商务印书馆，2004，第 23 页。

栈”是由湖南人来承包的，由于房东不会经营，就以每年7万元的价格外租，而老板每年可以赚取30万元的纯利润，房东则搬到了别村亲戚家居住。第二，村民出地皮，老板建房并装修，合同期一般是8~15年，租期结束后，老板归还房子。这种情况只有几例，如“龙门寨客栈”，其地理位置很好，由湖南老板来建房并装修，每年给予当地人租金16万元，20年后归还。第三，老板买地皮，修房和装修。这里也只有几例。南贵主要以地租经济闻名，平寨一线则以店铺著称，本地人将房屋租给外地人开店，他们一般在一楼卖银饰、特产、刺绣等东西，二楼及以上搞农家乐。这里全都是具有雄厚资本的大老板，他们携带大量资金进来，以租金为武器，将房价炒高，让本地人无力经营，主动或被动地出让房子。如顾大达老师家的房子位于古街旁边，共5层，租金是40万元/年，这是在2009年签订的合同，而2014年合同到期，他与外地人又重新签合同，租金超过100万元/年。“苗乡侗寨”是当地人出房子，外来人来装修，共有三间，每年的租金60万元。外来私人资本拥有丰富的经商经验，他们认准市场，从开发初期就开始与村民签订租金较低而期限较长的合同。在租金不断上涨的情况下，也有个别村民为了获得更多的租金而毁约。如平寨一农户，他在2008年将自家房屋以每月5000元租给了外地老板，合同期限长达10年。当他看到租金不断上涨，就想收回来，老板不同意，最后经过村委会处理，村民要回了房子并重新外租。但该村民除了赔偿违约金之外，还赔偿了老板额外的损失。他承担了巨大代价，这种代价除了经济上的损失外，更多的是村庄舆论的压力，部分村民觉得他这样做是很不对的，有损苗家人的形象。

无论是南贵的地租经济还是平寨的店铺经济，在“发财”的刺激下，他们将自家房屋出租，自己及家人或蜷缩在预留的狭小的正房里，或相拥在附属房里，或借住在亲戚家，或在自家田地上盖起简易的窝棚。获得收益的绝大多数村民很快便陷入非理性状态中，即参与到当地盛行的一种“买马活动”中，这是一种从香港流传过来的赌博，几乎从土地征收补偿和出租房屋中获益的村民都被卷入其中。在凯里市有一个赌博点叫“小夏银村”，因绝大多数买马的人来自夏银村而出名。由于无经验，90%的村民通过买马而输掉大部分积蓄，因此，农民从土地中获得的补偿很快流入外来人的腰包，买马之风兴盛两年，政府开始禁赌，该风气才被刹住。

其次是流动商贩[①]。流动商贩主要是平寨二、三线和南贵的村民，由于其土地被征，除了收租外，充当小商小贩是一个不错的选择，因为这些经营活动几乎不需要多大资金投入。然而，这些摊位却面临三方面的风险，一是制度上的风险。景区原本是不允许乱摆摊的，但村民拿丧失土地说事，景区只能妥协，允许其黄金周和周末经营。但景区与村民达成的口头协议具有不稳定性，一旦景区严管，他们就失去了摆摊的机会，村民说他们跟景区就如同城管跟小贩一样需要展开持续不断的“作战”。二是来自游客市场的需求风险。由于流动商贩的饰品大多从外地运来，部分游客不愿购买；做糍粑等的饮食摊位，部分游客也会觉得不卫生而不闻不问。三是来自摊位市场本身的风险。村民经营摊位十分自由，而且又能照顾到家里，因此，有条件的农户都会拥有至少一个以上的摊位。“8·10”事件后，村民摆摊更是肆无忌惮。有些非固定的摊位很早就有人占领，笔者在2014年2月调查期间，那时还是旅游淡季，但小北门附近的场地早就被占满了，占位的方式是用石灰写上“已占”两个白色的大字，非常醒目。景区摊位的不断增加也导致生意不好做，村民之间会因争抢游客而矛盾不断。

通过摆摊，村民每年的收入可达2万元以上，对于当地人而言这是一笔不小的收入。随着游客源源不断地进入，摊位市场也很火爆。摊位的管理也是景区较为头疼的事，即便有针对摊位管理的相关规定，但是在利益的驱使下，部分村民敢冒风险。这些摊位大多是平时隐藏在家而到了黄金周的时候才浮出水面。一到黄金周，供游客游玩和村民过道的风雨桥和公厕旁边就会出现很多摊位，整个景区似乎被摊位所包围，最多的时候可达上千个。摊位市场一片混乱，游客有时候也很反感，村民自己也觉得很混乱。而景区只能通过让老协会和村“两委”扮演“城管”的角色来实施管理，然而，景区的“城管”似乎早已失去了暴力的符号象征，老协会的权威资源已经不在，而村干部的治权治责也大大弱化。因此，他们只能通过磨嘴皮子来开展工作，但大多数情况下是无济于事的。通过摆摊，村民可以从中获得不少的经济效益。因此，即便与景区有矛盾和冲突，但基本上他们

---

① 流动商贩主要是贩卖银饰品、服装、水果、蔬菜、午餐（米粉、炒菜）、早餐（包子、馒头、粥）、糍粑、糯米饭、香肠等，还有擦皮鞋的。

对景区规则的认同度还是较高的。

最后是自主经营者。夏银村的自主经营者主要从事拍照、在农贸市场里开小吃店及利用自家房屋搞小吃店。首先是拍照。拍照坚持属地原则，即拍照地所占的土地是哪个村寨的，哪个村寨的村民就享有给游客拍照的权利。拍照主要有三个点：一个是表演场上方的广场。政府搭建起35个小木房，租给村民照相，每个月收取租金50元，2010年之后交由老协会管理。由于土地是平寨的，因此，照相的人主要是平寨人。另一个是观景台附近，共有30个小木房，每个木房约5平方米的空间。由于土地是南贵的，因此，拍照的村民主要是南贵人。再一个是白水河右岸的地方，约有54个小木房。由于土地是南贵的，因此，拍照的也主要是南贵村的人，租金交给管理局。其次是农贸市场中的小吃店。农贸市场是蔬菜和鸡、鸭、鱼等交易之地。由于征地过多，农贸市场内部空余空间仅有300平方米，景区便将其租给村民做米线、炒饭、烧烤等小吃店。这里的土地是羊排的，因此，这里做生意的主要是羊排人，当地人只需要象征性地交纳租金即可。由于空间有限，只能容纳约10户，他们每年的收入有3万~6万元。最后是利用自家房屋搞小吃的。夏银村总共不过三四家，皆是平寨人。他们大多是将自家住房的一楼改装成门面，做米线、面条和炒饭等，他们每年从中获得的收入至少10万元。

无论是从事地租经济和店铺经济，还是摆摊和自主经营，这部分人在旅游中获益最多，在村庄贫富排序中处于中上等，通过旅游，他们的经济条件得到极大改善。这部分人比较认同现有政策，在“发财”的刺激下，他们更多关注自身生意的好坏，而不是村庄公共事务的发展。他们中的大部分则将“发财”作为人生信条，以“发财”来彰显存在的意义，逐渐丧失了批判性和自主性。他们也参与到群体性事件中，但已经丧失了对景观统治的警醒而只是被动卷入其中。

第三节 对立与反抗

随着开发的推进，村庄与景区的关系呈现越来越紧张的态势，公司、政府与村庄之间的关系恶化到极点。公司和政府认为夏银村人十分野蛮，县里一位领导说，“夏银村人不好管，都是刁民，工作很难做”。而村民觉得他们的家园遭到了侵犯，毛进老师认为，“独家经营很不好，容易产生傲慢的心理。富人瞧不起穷人，政府瞧不起老百姓”。景观化的过程汇聚了强势的资本和权力以及部分村民的合谋，与之伴随的还有村社凝聚力和行动力的消解。村民在日常生活中充满了反抗，大多数以非暴力的形式表现出来。村民在日常生活中的反抗就是斯科特所说的“弱者的武器，即闲言碎语、哭穷、自动隔离和边缘化”。

第一，哭穷是村民争取道义上胜利的法宝。这可以从村民的话语中看出，“开发后，我们过的还是原来的生活，为了挣点盐巴吃而不得不到处奔波”，“我们是有房子住，但没有了田地，现在又面临物价上涨的趋势，日子比以前紧迫很多”。第二，吵闹。夏银村的开发一直伴随着吵闹，吵闹常常成为妇女的事，而男人一般不参与。对于补贴不公平、拆迁安置不合理等现象，常常由妇女出面，到公司或政府门口吵架。第三，不合作。村民对公司的不满也表现出不合作的态度。侯坤是平寨的年轻人，他由于对政府不满，尽管多次被邀请去公司上班，但他不愿意去。他说，“我不愿意寄人篱下，这些人把我们搞伤心了，他们破坏了夏银村，我们不与他们为伍”。政府意在考虑用公司的制度将最不配合的村民规训和牵制住，但村民采取不合作来表达心中的不满。第四，制造出不利于政府的话语。舆论和话语是村民表达对政府不满的成本最低的方式。村民经常聚在一起讨论公司的腐败和政府的腐败。尤其在征地时，村民会说，“政府全拿土地做生意，如果是搞生意，我们就不同意，作为公共设施，我们倒是很乐意的”；“办学校，我们同意征地，如果是做生意，我们是不同意的”；“田地都无了，没有田地吃啥子，钱用完了，拿什么买吃的。菜也买，米也买，钱不经用了”。因此，村民关于征地已经形成了一股强大的“地方气场”而将政府置于不利地步。有文化的人甚至拿起了笔杆子作为武器，制造出强大的村庄舆论，村民以自愿性隔离和主体性书写的形式来表达愤懑和不满。

当公司和政府忽视大多数人的生存境遇时，村民就铤而走险，以暴力对抗。几个兄弟挤在同一栋房子而政府始终不批宅基地、传统文化遭到破坏、当地习俗不受尊重、收入外溢、土地大量被征、出行不方便等便成为村民抵抗的缘由，并通过集体反抗的方式表达出来。“造反”指涉的是采用集体和暴力的方式进行抗争的地方性话语，这是从苗家祖先流传下来的。“捉鱼公司”则是旅游开发后，村民对自身权利受损而发出的特殊反抗行为。因此，暴力和非暴力就成为地方社会议价和讨价系统的组成部分。列斐伏尔说，“如果空间作为一个整体已经成为生产关系再生产的所在地，那么它也已经成了巨大对抗的场所”①。

一 “造反”——三次群体性事件分析

村民对景区不满的最为激烈的表达方式是发动群体性事件，2010～2014年，村庄中发生的群体性事件共有三件，可谓惊心动魄。村民将群体性事件称为“造反”，这是沿用老祖宗的说法，历史上，夏银村人都将集体对外抗争的行为称为“造反”。因此，村民将集体反抗政府和公司的行为同样称为“造反”，主要有三次，即“8·10”事件、羊排环寨公路事件和夏银村中学搬迁事件。

（一）“8·10”事件

2010年，村庄集体反对公司严格限制车辆进出。事件发生在2012年8月10日，鉴于事件的严重性，政府将此事件定义为“8·10”事件。这次事件可谓村民对景区管理制度和规则长久挤压在心中的不满的集中爆发。起因是公司加强管制，不让拉货的车辆随便进出。村民认为村庄并不是纯粹的景区，而是一个生活区，政府应该尽量满足村民的基本需求。政府实施车辆管制后，村民十分不便，要将东西从大北门送到村里，最近的地方也要花费半个小时，而最远的地方得花一个半小时。村民对自由受到限制早有不满，于是便决定“造反”。8月10日上午，村庄男女老少共5800多人聚集在大北门广场上，不准公司收取门票，还运来柴火，杀了6头猪，在广场上大摆长桌宴。村委会不敢出面劝说，害怕被打，村会计说，“只要我们一劝，他们就骂我们只是跟领导一头，而不跟村民一头，哪个去，哪个都会被骂的。乡政府和景区叫我们去劝，但我们劝说不了。他们就直接冒

① Henri Lefebvre, *The Survival of Capitalism* (London: Allison & Busby, 1976), p. 85.

火了，就是听不进去话”。老协会说话非但没用，反而激怒了村民。老协会的人说，“他们当面骂我们是只看金钱不顾当地人，还说我们是老不死的，劝说不了”。公司也让其员工回去劝说，但也无用。政府也派人做思想工作，也无济于事，政府派来武警维持秩序。

村民将长久积压在心中的不满和怨恨一起爆发，群情激奋。如同法国心理学家古斯塔夫·勒庞对乌合之众的刻画，他指出，个人一旦融入群体，其个性便会被湮没，群体的思想便会占据绝对的统治地位，而与此同时，群体的行为也会表现出排斥异议，极端化、情绪化及低智商化，而最终进入一种狂热状态。村民对自身家园遭到侵犯和破坏、自由权利受到限制、公司财政收入不公开、公司管理制度不透明、土地大量被征用后用于搞地产经济等情绪化和理性化的情感汇聚，新仇旧恨相互交织。因此，这次事件持续时间最长，长达一周。其中，政府工作人员与村民发生了肢体上的冲突，双方皆有受伤情况。政府也开展人海战术，从县里调来上百名机关人员以壮声势。一边是不超过 100 人的政府力量，另一边是群情激奋的 5 倍于机关人员的村民。最后县长亲自下来处理，与群众对峙。县长在广场上与村民进行了长达数小时的谈判和协商，村民提出四大诉求：一是公布旅游收益，并提高分红比例到 50%，因为这是夏银村的地盘，不能让外人赚走太多；二是罢免现任的村干部；三是允许车辆自由进出；四是修建停车场，让村里的车可以停放，也方便堆放沙石。政府也对村民的诉求进行了回应，第一，同意将分红比例从 15% 提高到 18%；第二，提高公司员工待遇，跳芦笙、唱古歌、拦门酒仪式等演员的工资从一场 7 元提高到 10 元；第三，村庄车辆可以在规定的时间内自由进出。最终政府做出了让步，但政府仍将部分带头村民以滋众闹事为由拘留起来。

（二）羊排环寨公路事件

该事件的起因是政府大搞开发，破坏了羊排的招龙山。招龙山在当地又叫后龙山，后龙山是祖辈留下来的一块风水宝地。羊排每三年就举行一次招龙节，招龙节主要是将龙招回来，让其继续保护村庄。而龙是守护村庄的神，蕴含着替子孙后代招福、出门有贵人相助、子孙发达、老小平安、百年长寿等寓意，因此，招龙山是藏福之地。村民认为山是留给子孙后代的，不能被破坏，破坏了山，就等于破坏了龙脉。2012年7月17日，羊排村民看到施工方正在破坏他们的招龙山，便回去告知老人，最后在老人和一帮年轻人的带领下，村民600多人会聚在山头阻止施工。看到为子孙招来福运的招龙山遭到了破坏，村民愤怒至极，部分村民会聚到山头阻止山体继续被破坏，而另外部分村民则扛着锄头和镰刀到古街上游行，举着写有“反对政府，还我家园，破坏龙脉”的横幅。政府也派来武警和机关干部约200人来助阵。派出所的人想要抢标语，村民就跟他们动起手来。村委会来调解，被群情激奋且早已对村干部不满的村民骂成是“卖国贼”，骂他们只帮政府说话，而不帮群众办事。这次事件闹得很大，破坏龙脉只是一个导火线，其实质是羊排村民在景区开发中积累的矛盾和不满的群体性爆发。在集体创造出来的反抗氛围中，村民一方面是在逼迫政府解决问题，另一方面则想通过集体抗议来发泄情绪。

在招龙山已经遭到破坏的情况下，村民十分无奈，政府修通环寨公路就成为平息事件的条件，因为修通公路是村民几代人的心愿。由于羊排山高坡陡，日常生活和生产资料只能靠“背”，羊排人一直希望政府帮助他们修一条公路，方便运送东西。村民说，“从旅发大会那天起，我们就盼着通路，现在是连一条小小的公路都没有，还谈什么建设，从旅发大会那一天起，我们就等着通公路，这就是我们的梦想。只要路通了，我们拉东西上山就不这样费劲了。开春犁田的时候，要用到肥料，如果请马来拉的话，价格是很贵的，路修好了，那就很方便了，这也会有利于子孙后代的，不然娶个媳妇也都跑了”。尽管村民提过多次，但政府和公司始终不同意，因为他们认为修路成本过高且害怕这两个村的吊脚楼保不住，所以他们就以修这条路会破坏“原生态”为由而不答应。最后在群众的逼迫下，政府同意修路，此次事件才摆平。但事后，政府迟迟不肯拨款，最后在村民多次反映下，县和乡一级政府各给予5000元，公司和管理局各给500元，村民各户出资20元，在2013年10～12月，羊排的环寨公路才修通。然而，这条路并不如村民心意，因为环寨公路离村庄较远，路的质量也很差，村民搬运东西仍然要采取背或马驮的形式。部分村民形容这次事件是“计中计”，即修路只是平息风波的权宜之计，现在不但是路没给村庄带来运输便利，反而招龙山也遭到了破坏。而对于山坡遭到破坏，老人们担心得更多：

修路并不是为了交换，政府本来也该修路，但山水也要保护，应该保护好龙脉，这是我们的面貌，是子孙发达和繁荣的象征，破坏了就会危及子孙的安危。龙脉已经遭到了破坏，我们很担心后面的事，老老小小的生活、健康和安危，生病、意外事故等都随时可以发生的。

招龙山遭到破坏后，我们心里都不知所措，都担心会出事。

村民的本意是既要修通公路，也不能破坏龙脉，但在强势的现代化的大传统面前，地方小传统的力量十分乏力。即便未能完全按村民的意愿通路，公路还是给村民带来了好处，这是地方传统智慧产生的积极效应。村民说，“搬运东西也较为方便，可以用车拉到路边，然后再背到家里，这样就节省了很多体力和时间。之前是从羊排山脚搬到山上，运输价格比从凯里到夏银村的价格高很多”。作为边缘的羊排也极力为自己争取自主性或某种程度的独立性，在控制严密的景观秩序中通过“造反”来表达自我。

（三）夏银村中学搬迁事件

夏银村中学是政府和村民共建的一所学校。由于当地财政吃紧，政府补贴很少，建校主要依靠村民出钱出力。为了让子孙能够光宗耀祖，村民毫无怨言，子孙的绵延感让学校建设也纳入村庄公共建设事务中来，几乎家家户户都交过15～20元的建校费和建桥费，在当时看来，这可是不小的数目。因此，在当地人的观念中，学校已经成为他们祖业的一部分。开发后，雷山县政府响应国家尽量集中优势资源办学与就地入学的政策，计划将夏银村中学搬到雷山县，其他乡镇的中学也搬迁到雷山县，合并为雷山一中。而政府决定将学校以每年100万元予以出租，听到风声后的村民坚决不同意，他们有以下几点理由：一是夏银村是传统苗家文化的汇聚地，同时也是乡镇所在地，理应保留一所中学，用于传承苗族文化。二是将孩子送往县城会增加家里的经济负担。尽管开发后村民可以通过多种方式获得一定的经济报酬，但是绝大多数家庭并不富裕，难以支撑起孩子在县城昂贵的生活费。三是村民对政府征地大搞地产经济十分愤怒。当村民听说校舍已经被卖给外地老板搞饭店和酒店后，都十分愤怒。一位侄儿在乡镇当官的老人讲道，“我侄儿被村民用鸡蛋打，都是笑眯眯的，这么近的地方，也不敢回来住。百姓会说你们把地盘卖光了，我们夏银村人以后吃什么和干什么。现在每家一个小孩子，送到县城去又不放心，病了也不知道，打架也不知道，村民爱护小孩子，政府却把学校给卖了”。四是当地人认为孩子太小，送到县城不放心。村民自古以来都是看着孩子在身边长大的，孩子大了之后才会离开父母。因此，从成本和情感方面来考察，大家都难以接受学校搬迁。当搬迁的浪潮在村庄传开时，村民再也忍耐不住。2013 年 12 月 29 日，村民扛着锄头在乡政府门口开始了又一轮的“造反”运动。村委会和老协会根本不敢出面，县教育局不断派下人来做说服工作，但也无济于事。村民有着不搬迁的共同呼声，县里也没办法，只能说暂时不搬迁了。只得到口头协议，村民仍旧不离开。最后拿到了政府正式签字的纸质文件后，村民才离开，这次风波才算暂时平息。而后，县里采取迂回战术，他们认为时间长了，再加上不断地做思想工作，村民就不会反对了，然而，村民不愿搬迁的愿望依然如此强烈，因此，经过了几次的来来回回，搬迁事件始终未能平息。

“造反”是村民对当地人集体反抗的一种形象说法，苗族历史上将祖先反抗清政府等行为皆称为“造反”。因此，当夏银村被作为供出售的商品及村民在开发中遭遇的经济文化上的不公平对待而导致矛盾不断积累时，这种集体的情绪就会通过一定的事件而表现出来，那就是“造反”。三次“造反”运动给政府以极大的震撼，在政府眼里，“群众的工作不好做，无纪律。夏银村人就喜欢闹，‘造反’已经形成一种习惯。搞不好就是一帮人来闹”。在村内空间已趋于饱和的情况下，同时为避免引起新一轮的“造反”运动，政府和公司将主要精力花在了如何更好地宣传夏银村和在村外开辟新的利益空间。

二 “捉鱼公司”——村民“静悄悄地抵抗”

“捉鱼公司”是当地人对参与倒卖景区门票的人的称呼，这些人将游客视为鱼，通过将游客带进景区，“捉鱼”的人从游客那里得到低于门票的报酬，价格由双方商定，一般是一个人 60 元。“捉鱼公司”的人主要来自南贵和羊排，约100人，他们大多是中年人，也有部分年轻人。有一些家族因“捉鱼”而出名，如羊排的侯家共30户，其家族有2/3的人都“捉鱼”。他们每天都徘徊在马路边、停车场附近“捕捉”游客，有的甚至潜藏在公司内部，做内应。不排除个别家庭经济较好的人也来“捉鱼”，“捉鱼公司”的人大多经济较为困难。在土地丧失而又难以成为雇工的情况下，他们选择了“捉鱼”这一职业。虽然获得报酬维持生计是其主要动机，但他们的越轨行为也可以视为对自己家园遭到破坏和安全感丧失的一种独特表达。“捉鱼公司”的“捉鱼”策略主要有五种：一是让游客穿上苗服，假装是本村人而混进去。然而这样做的成功率很低，因为保安队和检票口的人都是村里人，熟知村里情况。二是将游客装在车的后备箱里。后备箱一般可以装3人，保安一般不会检查后备箱，而部分游客为了省钱，也愿意配合。三是翻山越岭，从干荣、羊排、南贵、西门和北门等小路进村。然而这样具有很大的风险，公司一旦严抓，守住下山的路口，那么，“捉鱼”行为就功亏一篑。五是假扮是自家亲戚。这样比较容易进村，但遇到查票较严的情况，也没有办法。

当地人对“捉鱼公司”的看法并不一致，一些人认为应该通过正规的就业渠道挣钱养家，他们将“捉鱼”看成一种不光荣的职业，因为不用出卖自己的劳动力便可获得收入。

> 他们的面包车跑得比谁都还勤，载的人比观光车上的人还多，他们消息很灵通，有几个是将游客从凯里拦截，直接从凯里拉人过来。他们还跟保安串通，每天叫保安吃烧烤。有时候摄像头会莫名其妙地坏掉，这正是倒票的人进入景区关卡口的关键时刻。有几个保安放他们进去，被摄像头拍到了，公司为此而开除了好几个人。他们赚的钱都是我们老百姓的。
>
> “捉鱼”的人是很厉害的，拿的都是我们的钱，偷偷摸摸地，抓不完的。我很讨厌“捉鱼”的人，他们没有教养，每年可以获得不少收入，但来得快也花得快。有的去赌博，有的去吸毒。有的确实比较困难，土地被占后，也难以养家，不知道拿什么养家。
>
> 有一些人是因为土地被征，成天无事可做，就伙同别人一起“捉

鱼”；而有些人是在外面染上吸毒的瘾，他们吃白粉花费很多，没有一定的经济收入是不能支撑起他们吸白粉的。因此，通过倒票是一个不错的收入渠道，但终归是不好的。

而大部分村民则认为，“捉鱼公司”的人并不会损害到他们的利益，因为与政府获得的收益相比，“捉鱼公司”的人获得的收入是九牛一毛。他们认为，“捉鱼”一方面是因为家庭困难，如平寨7组的年轻人认为：

南贵有几个老人在“捉鱼”，“捉鱼”损害不到我们的利益的，没关系的，人家家里困难，田地被征，房子出租每年也只获得2万多元，一家10个人全靠这房租，生活很艰辛，人家来赚钱也是可以理解的。他们动的是政府的利益，有能力就去。政府就拿分成说事，让我们都来恨“捉鱼”的人，但是我们很能理解他们，我们倒是很痛恨政府，因为他们的开支不透明，村民不知道每年的收入是多少。而“捉鱼公司”的人从中获得的只是九牛一毛而已。他们多得一点，也算是给我们出气了。

羊排4组的杨富有认为：

有一个村民拉马时被马绊到后摔到了山坡下，摔成了重伤，欠债治愈后，再也不能拉马了。他家开有农家乐，有时候也去拉客，但是客人嫌太远了，就不愿意去他家。他家有两个孩子在上学，老婆身体也不好，家里就靠他一个人挣钱。因此，他也是没办法的，才参加到“捉鱼公司”里面来。

他们将“捉鱼”当成是一种谋生的手段而已，找不到其他赚钱的方式，需要养家，他们大多是30～40岁的人，经济条件不太好。“捉鱼”的人还经常被保安抓，都是好人。政府从不公开账簿，他们损害的并不是村民的利益，最大的受益者是公司和政府，游客花了钱，吃不了好吃的，还上当受骗。

另一方面是村民对于家园遭到侵犯、受到不公平待遇的宣泄。如羊排5

组的人认为：

> “捉鱼”并非完全为了经济利益，他们认为夏银村被别人看不起，把夏银村关起来，像是动物园一样，我们自己则像是猴子一样被看，没有一点自由，有些人想不通采取闹事的，他们就跑去“捉鱼”。有部分人去公司面试，公司不要，因为没有一定的关系是进不去的。因此，他们感觉受到了不公平的待遇，也跑去“捉鱼”。

杨玉富是纠察队的成员，是专门对付“捉鱼公司”的人的，他对“捉鱼”行为有自己的看法：

> “捉鱼”的人需要口才好，他们带进去的游客一次不能超过 10 个人，一个月带一次就行，要是天天带的话是不行的，我们也能体会到中年人挣钱不容易，上有老下有小，还要养家糊口。但是不要天天搞，让我们工作不好做。有好几个“捉鱼”的人都是 40 岁了；有些是家不穷，但是跟政府有矛盾，就开始“捉鱼”；有些是家里确实很困难，土地都没有了，拿一点钱是坐吃山空，很快就会被花光，花光了，就只有通过“捉鱼”来维持生计。

当政府企图用“捉鱼公司”的人损害分红将矛盾转向村民之间时，大部分村民有自己独特的见解，他们十分理解对家园遭遇侵害和维持生计的一种越轨表达。这在“捉鱼”的人的话语中也体现出来，“捉鱼”的人自己认为：

> 我们的田地没有了，没有田地，也就没有了收入。政府补贴又不合理，把夏银村搞得很乱，如果政府重视老百姓的话，我们是不会来“捉鱼”的，毕竟“捉鱼”在村庄中的名声并不好听，因为这可能会影响到我们的子女结婚。

一方面，部分村民土地被征后直接导致了生计来源的丧失。因为“捉鱼”的人的田地几乎被占尽，征地费用并不足以支撑全家开支，他们的生活面临威胁。另一方面，他们认为夏银村是祖祖辈辈居住的地方，是夏银村人自己的家园，是他们的根和精神寄托的场所。然而开发后的夏银村再也不是之前的夏银村了，而变成了一个供人玩耍的工具，他们自己也成为被观看的对象。总之，他们的“捉鱼”行为充满了生计危机和情感文化的双重考量，这是一种潜藏的抵抗行为，也可以说是农民在旅游市场中的苦苦挣扎。

针对“捉鱼”行为，公司也较为头疼。因为公司既有的组织结构无法对“捉鱼”行为进行有效的控制和管理，这成为“权力真空”地带。而为了改变这种局面，公司专门成立一个特殊的部门，即纠察队，用来监管“捉鱼”的人。纠察队主要由村委会负责，成员主要是村“两委”的人。纠察队在旺季的时候成立，淡季的时候就宣布解散。2009 年成立第一届纠察队，由于效果不明显，一年后就宣布解散。随着游客的不断到来和开发中矛盾的不断激发，倒票活动也越来越猖獗，于是公司在 2014 年 5 月成立第二届纠察队。公司将自身矛盾引到村庄内部，“捉鱼公司”的人会与公司检票处和保安处的人发生矛盾，也会与纠察队的人发生冲突。

布迪厄把“那些像瘟疫一样袭扰着老城区的暴力、犯罪和实质上的掠夺与破坏，看成是一种‘抵抗文化’的体现，来反击那个被白人种族主义者把持的、经济上他人无缘进入的主流社会。但这种反抗方式导致了更严重的压迫和更强烈的自我毁灭，正是这种反抗制度体系的过程，本身正加剧了创伤”①。布迪厄的描述符合笔者对“捉鱼公司”的分析。村民面对危机境遇时，他们会采取越轨行动。倒票行为的猖獗在一定程度上是村民形塑的一种另类的抵抗文化，是一种对自我利益得不到满足和村庄被边缘化的独特的表达方式，是用来反击被政府和资本把持的统治秩序。同样这也是对自身生活得有尊严而不得不为之的行为，这不仅仅是收入和维持生计的问题，而且也涉及当地农民的社会平等观念、自由观念等。然而，这也出现了布迪厄所分析的必然结果，那就是一种“自我毁灭”。“捉鱼公司”

① 〔法〕皮埃尔·布迪厄：《实践与反思——反思社会学导论》，李猛等译，中央编译出版社，1998，第 291 页。

的人在抵抗中也加剧了自身的不利地位。在村庄内部，他们经常与作为雇工的村民发生矛盾，这在村庄中的影响很不好，毕竟“捉鱼”并不是什么光彩的职业。年轻人甚至会影响到他们自己结婚，因为青年人参加“捉鱼”是村里人难以接受的，他们认为年轻人应该找一个正常的职业；而对于中年人的“捉鱼”行为，他们表现出一定程度的宽容，尽管如此，这仍然会给他们子女带来一定的负面效应。而在村社之外，景区也绝不会招“捉鱼公司”的人，或公司的人一旦参与到“捉鱼”活动中，就会被立马开除。因此，作为抵抗文化的“捉鱼”行为在得到一定的经济和情感回馈的同时自身也遭到了集体惩罚，他们的名声在一定程度上会变坏则是他们遭受的一种严重的“创伤”。

三 “软抵抗”——农民画家的悲与怒

农民画家是政府为了制造夏银村旅游的名气而打出来的一个宣传点，不过确有其人，农民画家是羊排村一位民间艺人和民俗文化保护者，叫李大福，在部队当兵时曾获得“部队神枪手”的称号，退伍后一直在外打工。他自幼酷爱绘画，拥有对苗家艺术的热爱和崇尚。2000 年，他决定不再外出务工，于是在家开了一个农家乐，之后他就一边务农，一边画画和经营农家乐。游客对他的画有着浓厚的兴趣，因为他所画的都是苗家生活和生产中的过程和细节，栩栩如生，充分表现出苗家文化的特色。不少游客购买回去作为纪念，他也会免费赠给游客。李大福对艺术和文化充满了热爱，作为苗家人的他对自身文化和传统保持有一种较高程度的自觉和自信。通过画，他与游客建立起较为亲密的关系，即便是有一定交易行为的买卖关系，但是这种关系背后也主要是一种文化的驱动力，是经济嵌入文化中，而非文化嵌入经济中。通过画，主客之间的关系更加和谐与融洽，他的画成为展示苗家文化的一扇窗。通过画，他不仅结识了不少中外游客、学生和专家学者等，而且他将画作为对外沟通的渠道，游客可以加深对苗家文化的记忆，这也在无形中宣传了夏银村及苗家的文化。在开发后，政府了解到夏银村还有这样一位有名气的能人，便有意在他身上下功夫，于是便赐予他“农民画家”的名号，并不断对外宣传。从此，“农民画家”便出现在各大媒体和报纸上。原本作为苗家文化的展示窗口，现在却连画带人一起成为吸引游客的景点。

2008～2009年，政府给李大福家每个月1000元的补贴，让其每天按时开门和接待游客。后来，随着其他旅游景点的打造，政府和公司决定减少补贴，每月只给其300元，李大福认为干这工作很辛苦、成本较高，大量游客涌到房子里会在一定程度上损害房屋。更为关键的是，他认为政府不尊重人，利用“农民画家”的称号去宣传，最后却将他一脚踢开。他认为他的画并不能纯粹从经济上来看待，他的画是展现苗家文化的一个窗口。而当旅游逐渐兴旺起来的时候，农民画家的名气也打出去了，公司对他进行的制度性约束也更加苛求，如对开门时间、卫生等严格限制。在一次检查中，政府觉得他家电线不合格，消防不行，卫生也不好，于是就打算不再给他补偿。李大福感觉受到了伤害，他说这是对苗家文化的不尊重和对苗家人的不尊重，因此，他很悲观和失望，便主动提出不要补贴。而此前，政府在征地时答应给他家一个门面做画展也未兑现。李大福觉得政府太过于霸道，便与政府彻底决裂了，他给笔者讲述道：

> 我不愿意去公司，觉得不舒服，有种“戒严”的感觉。现在村庄不像村庄了，搞封闭式管理，把人弄得很憋气，自己和家里人就像是被圈起来一样，如果来亲戚了，需要到大北门接人，很不方便。原来我们是进出自由的，但现在遭到了封锁，一点都不自由。我现在已经成了政府眼中的钉子户了。

虽然他多次被邀请到公司上班，但他都狠狠地拒绝了。此后，他不拿政府的一点补贴而自己仍旧画画，由于对画的挚爱，他通过一些展览、美术协会等组织来宣传苗家文化。2013年，在全国展览会上，他有一幅关于“老夫妻”的画得到的评价最高，同时也获得了奖励。他常常挂在嘴边的两句话是“等待有缘人”和“我的地盘我做主”。李大福通过不合作、拒绝等方式来对景区的管理行为表达出极度的不满，这可以被看成是一种“软抵抗”。这让我们真切地看得到一个堂堂正正的苗家人对文化变异和村庄边缘化的一种焦虑和反抗。

庄雅仲认为“社区必须被看成是个人与群体挣扎的场域，一个权力斗争与社会想象的混合体，一个历史的产物。完全和谐、没有矛盾的社区是不可想象的”[①]。农民的反抗在一定程度上能够阻止消费空间的过度蔓延，延缓文化同质化和异化的速度，这是行动者体现出的意义和力量。村民软性和暴力的抗争能够扭转权力和资本的些许规划，制造出与政府规划稍有差异的空间格局和生产。即便这种反抗并不十分有效，但这也使得政府不得不将精力花费在村民身上，并给予村民一定的生存权和发展权。

第四节　小结：分化的本地人，分化的行为

当景观被权力和资本共同制造出来时，作为当地文化持有者的村民则在景观社会的统治下继续生活和发展。当地人共同生活在一个村寨，但是他们对景观社会的态度是完全不同的，作为同一个村寨的当地人显然并不是一个整体性概念，他们对景观社会的态度和行为是分化的。分化的村民可以简单地用“共识型村民”和“异质型村民”来概括。

一方面，在生存受到挑战时，部分当地人宁愿受雇于景区，接受景区社会的安排和调派。通过旅游业而发财致富的房屋出租者和流动商贩，则在最大限度上脱离了村庄规则和接受了景区的制度性安排，同样依附于景观社会的统治。他们成为景观社会形成中的积极推动者，大大强化了景观的制造。另一方面，当遭遇到文化权利受损和利益受损时，同样有人敢于起来反抗。这种反抗形式包括轰动性的“造反”，静悄悄地“捉鱼”行为和个体行动者的“软抵抗”，这些抵抗形式皆体现出村寨绝大多数人的意见和态度。他们与景观秩序保持距离，其行为在一定程度上可以延缓当地文化的景观化过程和程度，充分表达出少数民族地区特有的宗族、民族、团结性和凝聚力等事实。

囿于政府和资本的霸权特性，无论是“造反”的暴力反抗，还是言语等非暴力反抗，他们在资本和权力面前都显得有些乏力。资本、权力和地

---

① 庄雅仲：《五饼二鱼：社区运动与都市生活》，《社会学研究》2005 年第 2 期。

方村庄博弈的结果是，前两者占据风头，而后者则逐渐在前两者所设定的发展框架下与自身发展道路渐行渐远。但通过特殊的反抗形式，村民保持自身与文化和景观的距离，争取个体的自由和权利，保持民族的文化自觉自信，维护着村庄的主体性。

第六章

“迷失”和“反抗”：景观社会中的游客

在旅游时代和消费社会的大潮下，旅游主义已经成为一种四处扩散的文化权力，成为萦绕在现代人周围的一种弥散型文化，并通过媒体和网络，让旅游者无处可逃。旅游主义文化和消费潮流在很大程度上更是加剧了景观制造的步伐，景观是根据消费而不是游客的真实需求生产出来的，景观制造者们将游客视为如同村民一样的“类共同体”，即游客成为地方文化的消费者而非文化生产者。因此，游客在他们眼里是没有个性的，是大规模工业文明下的“宠儿”。本质而言，当他者的文化成为一种现代化的旅游景观时，游客体验和追求的并不是异域社会的他者文化，而是在对自我文化进行消遣。然而，在旅游实践中，游客是分化的。本书根据调查将游客划分为两种类型：一类游客被宏大的宣传片所吸引并很快迷失在景观的宏大秩序中，“心满意足”成为他们惯常的表达话语，这类游客成为景观制造的同谋者；而另一类游客则对这种制造出来的旅游景观怀有不满，“上当受骗”则是他们独特的话语表达，他们对景观社会保持着一种警惕。因此，在景观社会中，游客也是分化的，他们对景观秩序的态度和行为是截然不同的。

第一节　分化的游客

一　旅游时代的来临

政府和公司合谋采取规划和“组合拳”的实施策略使当地文化快速地置

换、演变和生成一种消费景观，在景观的演变和生成中，政府的权威认证和公司的资本霸权如影随形，集结一体，直达乡村社会底部。迈克尔·曼（Michael Mann）将权力划分为两种：“权威型权力”与“弥散型权力”。如果政府和资本呈现的是一种集中权力的话，那么，作为蔓延到全球的旅游主义文化则借助权力而成功渗透到乡村社会，成为一种弥散型的权力。因此，夏银村社会被两种权力形式所支配，一种是政府和资本集中的权力，另一种是旅游主义的文化权力。20世纪中叶以来，大众旅游的潮流在全世界各地不断涌动，大家相互见面时的问候已经由“你吃了吗”转变为“你旅游了吗”，问候话语转变的背后揭示出旅游主义文化的蔓延。而这种蔓延是不知不觉的，如赵旭东所说，“在权力到处存在的社会中，借助文化的表达而实施的一种权力及其运作是完全不同于其他的权力运作的一类权力，特别值得为人类学家所注意和分析。因为这类权力的运作不是直白的、不是暴力的，也可能不是面对面的，而是一种曲折的、遮掩起来的以及表面华美的、迷人的一种权力或支配”①。当“通过旅游脱贫致富”、“旅游兴农”等发展话语在世界各地尤其是落后地区蔓延时，旅游主义文化已成为弥散在村庄中的权力和意识形态，成为一种文化的霸权和一种政治正确。文化的霸权是弥散性和软性的，然而又是十分有力的。

旅游主义文化通过网络媒介的助推而将自身文化的触角和统治网络延伸到村庄内部，即使主动寻求边缘化的村民也无处可逃，而在里面游行的外来者也无法逃离。当地流传的话语是，“只要到了黔东南甚至贵州省，就必定要到夏银村”，在贵州省的网站和媒体中，甚至在一些省外的网站上也随处可见这种霸权性的话语表达。而游客面对的是千篇一律的景观扑面而来，应接不暇，在这个过程中，游客享受的并不是诗意化的栖居，而是始终处于一种忙于应付和紧张的状态。

二 大众旅游者和乡村旅游者

在景观制造者眼里，游客被视为统一的整体，即来消费的人，是被景

① 赵旭东：《人类学视野下的权力与文化表达——关于非暴力支配的一些表现形式》，《民族学刊》2010年第1期。

观所吸引而且能贡献出自己金钱的人。他们只不过是一些被工业化所主导的游客，没有分化和个性，除了消遣和娱乐外，他们别无其他较高层次的追求。因此，旅游景观的设计呈现的是一种强制性、封闭性和单向性的宏大命令和叙述系统，而景观制造的结果就是让他们迷失在宏大的景观秩序中。

林德荣等认为，“从传统到现代再到后现代，这是西方社会发展的历史轨迹和时空顺序，现代化理论也是其历史经验的有效总结。但这种发展过程在当今的发展中国家则呈现出很大的不同，表现为多种历史发展阶段和时间被压缩在同一个空间里，即我们日常生活中可以同时观察到处于三个不同历史阶段的现象”①。而在这里，笔者认为这三种历史阶段指的就是农耕社会、工业社会和知识经济社会，这三种社会形态叠合并齐聚一堂，生活在不同社会形态下的游客有不同的旅游需求。然而，旅游文本却规划了旅游者的需求，如郑向春所说，“旅游者对于目标景观的‘凝视’，倒并非是从实际地点开始的，而往往是从媒介、书本，或是已经去过景观地的人们那里获得信息，随后，这些信息构成旅游者对景观加以想象与憧憬的原材料，并在头脑里构想出一幅融合了自己期望、意识、喜好的景观图景，之后便开始以这样一幅景观构图出发，去寻找与自己内心期许一致的现实对应”②。然而，在现代统一规则束缚下而生产出来的景观却难以满足游客个性化的需求。当游客与同质化的景观相遇时，有欣喜若狂者，有郁郁寡欢者，有沉迷其中者，也有大呼上当者，这便涉及旅游者类型的问题。史密斯（Valene Smith）将旅游者分为五类，即民族旅游者、文化旅游者、历史旅游者、环境旅游者和娱乐性旅游者。③ 科恩（Cohen）也将旅游者分为五类，即现实型旅游者、实践型旅游者、经验型旅游者、娱乐型旅游者、转移型旅游者。而在我国社会中，旅游者类型也不断多样化，如杨慧等人所说，“进入 21 世纪，随着国内旅游的发展，

---

① 林德荣、郭晓琳：《时空压缩与致敬传统：后现代旅游消费行为特征》，《中国旅游发展笔谈》2014 年第 7 期。

② 郑向春：《景观意识：“内”“外”眼光的聚焦与融合——以云南迪庆州茨中村的葡萄园与葡萄酒酿制为例》，《青海民族研究》2011 年第 2 期。

③ 〔美〕瓦伦·L. 史密斯：《东道主与游客——旅游人类学研究》，张晓萍、何昌邑等译，云南大学出版社，2007，绪论。

自助背包旅游也开始在国内盛行，传统的‘走马观花’‘到此一游’式的观光型旅游已逐渐向‘慢慢体验’‘细细品味’的休闲型旅游转变”[①]。笔者的访谈对象张斌，他是来自陕西的一名游客，他对游客有较为细致的分类，他说道：

> 来自城市里的游客，有部分喜欢热闹，喜欢商业化氛围，喜欢购物，他们将自己当作是消费者，不是体验者，他们要求的是一种服务的享受，他们心里想的就是自己花钱很多，可以得到较好的服务。他们在心里认为自己高人一等，这种关系是不平等的。但是也有部分人很喜欢自然一点，随意一点。我就喜欢扎营，喜欢体验当地的生活方式。这几天我都在山上逛，看看山水，也是挺享受的。我是对人造景观不感兴趣的，而喜欢看蓝天白云，我去过西藏，那是一个最接近天际的地方，仿佛触手可及。城市生活久了就会觉得很压抑。我们到一个地方旅游的话，会很尊重当地人，要保护当地的特色，尊重风俗和历史，现在我们大家都比较有钱了，不在乎钱，而是一种相互尊重。

在叠合性的社会发展背景下，旅游者表现出不同的旅游需求和行为。笔者将游客划分为两种类型：一部分游客保留有大众游客的消费观和价值观，笔者称之为大众旅游者；另一部分则具有后现代意识和行为，他们是一群真正的乡村旅游者（见表6－1）。

表6－1　分化的游客与分化的行为

分化的游客	人数	旅游形式	需求	态度	行为	作用
大众旅游者	少于一半	团队游客和部分散客	观看（tourism gaze）	“心满意足”	“认同”：购物、看表演、上观景台拍照、吃当地小吃等	助推景观社会的产生
乡村旅游者	一半多	散客	非观看（non-gazing tourism）	“上当受骗”	“反抗”：山上游玩、跟当地人聊天、体验农耕等	延迟景观化的过程

① 杨慧、凌文锋、段平：《“驻客”：“游客”“东道主”之间的类中介人群——丽江大研、束河、大理沙溪旅游人类学考察》，《广西民族大学学报》（哲学社会科学版）2012年第5期。

对于大众旅游者而言，他们大多刚刚摆脱了物质上的困境而有了部分结余，他们还处在旅游活动的起步阶段，其中也不乏高收入者。这类游客主要是团队游客和贵州附近的游客。跟团过来的游客一般在夏银村逗留 1～2 天，他们按照导游的安排行事，不跟村民交流。观看民族表演和在观景台拍照是他们主要的游览活动。而对于省内游客而言，他们一般停留时间较长。其中绝大多数人都多次到访夏银村，多次到访并不是对夏银村的文化感兴趣，而主要是为了陪朋友。因此，他们去乡村地区开展旅游多属于“走马观花”和“到此一游”，景点和景观带来的视角上的冲击和震撼已经足够满足其需求，这是一种“tourism gaze”需求，他们受“全景敞视监狱”（panopticon）① 的监控而毫不知情。他们不需要跟当地人互动，自己玩自己的，并乐在其中，不需要体验而只需要观看表演即可，寻找当地的小吃并购买大量的当地特色产品是他们的最爱。这部分人最大限度地契合了景观制造者的心意，他们受旅游景观标志系统的任意摆布，迷失在宏大的景观秩序中，成为景观幻象的囚奴。在这里，他们扮演的是景观制造的赞同者或协同者的角色，而这种赞同和协同的态度与行为在很大程度上又反过来进一步助推了工业化景观的生产。

另一部分人则是新乡村旅游者或后现代旅游者。对于他们而言，旅游已经成为他们日常生活方式的内置组成部分，这部分人大多经济条件较好，价值观超前。他们一般选择自助的形式，居住在农户家，跟农户交流，也愿意了解和学习当地的民风民俗和体验当地的生活方式。还有一些人是自己带帐篷，在空旷的地方支起来过夜，他们一般逗留 3～10 天。他们会跟村民进行深入交流，也会上山体验农耕以及抓稻田鱼等活动。这部分人愿意将艰苦和高难度行为视为一种乐趣，体验饥饿、疲惫不堪和情感空虚等极限状态，最后他们也最容易产生一种超凡脱俗的感觉，这是一种精神上的升华，在日常生活中是难以体会到的。而夏银村的旅游氛围一般不会让这些游客满意，他们对古街上的商业气氛、观景台上拥挤的拍照者和乱哄哄

---

① 这是米歇尔·福柯提出的一个概念，指的是执政者如何利用微观权力来控制社会，具体参见〔法〕米歇尔·福柯《规训与惩罚》，刘北成、杨远婴译，生活·读书·新知三联书店，2007。

的景区环境十分不满。部分游客宁愿选择自己到山上去游玩，感受大自然赋予的宁静与祥和，也不愿意观看震撼的表演和敬酒等仪式。因为他们觉得去这样的地方跟自己生活和工作的地方没什么两样，去了反而会再度陷入日常生活和工作的困境中，而体会不到旅游带来的一种自我价值的实现和自由。他们愿意接触不会讲汉语的苗族人，愿意看到狭小的传统吊脚楼，他们对“全景敞视监狱”的监控力保持警惕，具有对景观社会的反抗意识。他们是一些真正的后现代游客，也就是马波所说的新旅游者，“他们是一群有意识或潜意识的人本主义者和人性解放者，是诗意的人而非屈从于物的奴，是主动的体验者而非被动的接受者，是工业化准则的反叛者，他们的欲望虽然难以摆脱物质，却离心灵更近”①。笔者所调查的乡村旅游者也具备马波所说的这些特点，可以概括如下：他们强调的是一种身体的在场性（on-site）、需求的弥散性和人景同构；强调一种愉快而和谐的栖居的生活方式；强调主客之间的互动和产销一体；他们并非是看看，而是为了真正体验异域之地的风俗、习惯和生活方式等。

“人们已不满足于传统的大众化旅游方式，而是追求更高层次的、更新奇的旅游活动形式与内容。随着旅游者文化知识水平和消费层次的不断提高，一般的观光旅游将逐步减少，高层次的文化旅游、生态旅游、探险旅游、森林旅游以及其他一些有特色的旅游将越来越多，旅游的文化内涵将越来越丰富。”② 通过异域文化的体验，他们在旅游过程中实现了诗意化的自我，自我境界也得到了提升。而这与西方的乡村旅游者有所不同，林德荣用“敬致传统”来形容这批在中国旅游情景下而诞生出来的新旅游者，他认为“具体到旅游消费行为中，后现代旅游消费行为中充满了一种向传统的回归，我们将此称为‘致敬传统’的后现代主义旅游”③。每个国家的传统不同，当然追求和感悟到的也不一样，但对传统的回归始终是新旅游者共同追求的目标。他们是一群追求个性、异质、自由、愉悦、有尊严和轻松的旅游者，而且更重要的是，如同托夫勒所认为的，“第三次浪潮时

① 马波：《对“新旅游者”的感知与相关思考》，《旅游学刊》2014 年第 8 期。

② 张建萍：《生态旅游——理论与实践》，中国旅游出版社，2004，第 19 页。

③ 林德荣等：《时空压缩与致敬传统：后现代旅游消费行为特征》，《中国旅游发展笔谈》2014 年第 7 期。

代，人们强调与自然和睦相处，注重事物的结构、关系与整体，乡村旅游者并不是唯我独尊式的自恋式旅游，而是在尊重当地人、当地环境和当地文化的基础上强调个性和需求的满足。是跟当地人的充分互动，是产销新的一体化，这充分尊重了当地族群和文化的发展”[①]。他们的需求是“non-gazing tourism”。当这群人在面对工业化批量生产出来的标准化的旅游景观而不是多元和真正他者的文化时，他们感觉自己上当受骗了，进而表现出抱怨、厌恶、不满和反抗。无论是采用语言的方式还是行为的方式，他们都对景观的管控方式进行着不同形式的反抗。

因此，游客在面对制造景观的旅游实践时，大众旅游者“心满意足”，选择“同意”，很快便迷失在宏大的景观秩序中；而乡村旅游者大呼“上当受骗”，选择“反抗”，他们通过言语和行为来抵抗这种严密的监控和统治。

第二节　“心满意足”——迷失中的认同

钱钟书曾形容“一类游历者像玻璃缸里游泳的金鱼，跟当地人情风土，有一种透明的隔离，随他眼睛生得大，睁得大，也无济于事”[②]。科恩指出“大众旅游者是最缺乏冒险性的一类旅游者，他们隔着熟悉的环境空气泡（environmental bubble）张望东道社会的人地和文化，在陌生环境里以自我熟悉的方式为人或处事”[③]。大众旅游者对制造出来的景观持有高度的赞同，他们很快便沦为景象的奴隶。制造出来的旅游景观在现代消费主义意识形态下以宏大、震撼等特征示于外来者，而大众旅游者则高度认同这样的旅游景点，古街上热闹的气氛、琳琅满目的商品、宏大的歌舞表演、盛大的拦门酒、活路头、鼓藏头等景点都可以满足其需求。他们很快便迷失在景

---

① 〔美〕阿尔温·托夫勒：《第三次浪潮》，朱志焱、潘琪、张焱译，生活·读书·新知三联书店，1984。

② 钱钟书：《钱钟书集：写在人生边上·人生边上的边上·石语》，生活·读书·新知三联书店，2002，第305页。

③ 〔以色列〕埃里克·科恩：《旅游社会学纵论》，巫宁、马聪玲、陈立平译，南开大学出版社，2007，第48~49页。

观秩序中，成为景观幻象的协同者。因此，他们可以将古街看成购物的天堂，购买大量从外面运输进来的地方特色产品，观看与自己熟悉环境并无二致的文化。他们寻求的是在现代元素中夹杂着的传统文化要素，尽管这些文化要素已经移植出本地场域。实际上，大众旅游者只是在一种陌生的环境中欣赏自己熟悉的文化，却始终未能体验到当地文化和生活方式，“旅游者程度不同地龟缩在排他的小环境里，这种行为特征导致其与东道主社会的文化隔离”①。他们不在乎与当地人的交流，而仅仅注重浮光掠影和扑面而来的视角享受，“心满意足”是他们对景观赞同的话语表达。如一位来自重庆的阿姨，对夏银村充满了兴趣。她从早上 6 点来到景区，按照观景路线和标识参观各个景点，一边玩一边不停地赞叹夏银村的美妙，最后从古街上购买了包、衣服、米酒等东西，她准备多带一些东西回去送人。她说：

> 我是在网上看到夏银村这个地方的，网上的宣传很好，有很多精美的图片，我看了之后觉得很漂亮，很好玩，于是就决定来这里。到了之后，果然是这样。我好喜欢这里，挺好玩的，小吃又多，衣服也具有特色。我一路看下来，都是过去我没有看见过的。房子也好看，很多都是木头的，有特色。表演也好看，跟城市一样，虽然好多内容我看不懂，但那些苗族姑娘和小伙子穿得花花绿绿的，都很漂亮。敬酒也好玩，我还喝了几口呢。这次没有白来，我回去宣传，让亲戚都过来玩，他们来了绝对不会后悔的。就是门票贵了一点，要是收 50 块就更好了。

显然，她对自己的旅游之行十分满意。她是大众旅游者中的一员，具有典型的现代消费观念，他们带着城市消费理念而下乡来，“隔着熟悉的环境空气泡”看待异乡。景观制造者们就是在很大程度上切换了文化的场景，然而为了在表象上符合传统和当地的场景，新文化场景的设置必须引入旧的文化元素才能在表面上保证一种传统文化的延续性和传统在新时代的激活，这是景观制造者们的高明之处，这也糊弄了观光游客。因为他们还未

① 赵红梅、董培海：《回望“真实性”（authenticity）（下）——一个旅游研究的热点》，《旅游学刊》2012 年第 5 期。

真正跨入乡村旅游的阶段，其旅游实践才刚刚起步或其价值观仍处于大众旅游的阶段。而真正的乡村旅游者则对之不屑一顾，他们往往采取暴力和非暴力的形式进行抵抗。然而，行动者的行动意义在资本和权力的约束中被弱化和消解。为了吸引游客，景观制造者们需要强调当地文化要素，编造出新的文化情结，但对文化的强调或编造最多只能算是一种机械的组合而已，最终达到的目的却是不断地积累财富和使资本价值增值，而文化本身却在这个过程中丧失了生命力和绵延性。然而，这却可以很好地让大众旅游者大赞一番和流连忘返。

来自山东的一位游客，他刚好趁五一出来游玩，他们一行有 3 人，开车来的。他说：

> 来之前，我们搜集了这边的很多旅游信息，网上对黄果树和夏银村宣传得很好，比如水上粮仓、歌曲和当地小吃等。我们都是按照旅游说明书来旅游的，昨天去过黄果树，那边很好玩。今天到夏银村，很不错的，这边就是门票高、物价高和管理混乱，不过我觉得没事的，我只是过来玩玩而已。我就是来凑个数，热闹一些就行，我是休闲旅游而不是文化旅游。这里的农民很纯朴，对游客的态度很好，但我只是来玩玩，不想跟他们打交道。我以后有机会也会带家人来的。跟宣传的差别不大，这里还是可以，我是比较满意。

来自重庆的游客王佳是第一次到夏银村，她是通过网上宣传片知道这个地方的。她说：

> 这里跟网上宣传的一样，空气好，夜景好，治安好，我们都比较喜欢这里，来透透气总是好的。我们请了导游，让导游帮忙介绍情况，导游也不错，介绍得很详细，没有导游的话，我们自己都不知道怎么玩。

曹答是一位在湖南上班的游客，趁五一，刚好出来旅游一趟，他早就想来夏银村了，只是一直没有时间。他说：

> 我们觉得这里很好玩，有很多小吃和烧烤，如同大城市一般，住起来也很方便，真是好山好水好玩。我们只是在游玩而已，不关心文化。本来是想请导游的，但是景区内有很多标示牌，按照介绍走就行了，一天也玩不完，真是太爽了。

李敏是一位来自贵阳的游客，他之前来过 3 次夏银村，他觉得这里很好，这次专门把朋友请来了。他说：

> 这里有些房子很破旧，但是却很吸引人，大部分都是新房子，新房子也好看，不商业化是赚不了钱的。我 2011 年去过泰国，泰国也商业化了，当地人也可通过开旅馆而获得不少收入。只要玩得开心就行，商业化也无所谓了。我们不请导游，因为有很多旅游广告和旅游牌，我们很容易知道在哪里有什么好玩和好看的，我们按照指示牌走就行了。

然而，受限于自身的较低层次的需求和景观制造者的精心安排，大众旅游者最终寻求的仍然是一种熟悉的感觉和文化，消费的仍然是自身熟悉的文化类型。因此，制造出来的景观恰好满足了他们的需求，旅游者不过是沉迷于布尔斯廷所说的“旅游工业所炮制出来的伪造景象中”，而这种景象的表达基于的是一种无形的权力控制。毫无例外，大众旅游者都需要借助诸如旅游标示牌、游览图或导游等现代设施，这些都是他们旅游中的方向标，他们很少能跳出旅游资本制造出的旅游幻影。“当权力要表达其自身之时，情感、激情、艺术、幻觉、错觉乃至整体而言的艺术便会被唤醒和调动起来，让人无法觉知到其权力支配的存在，更无法感受到一种支配的压力。因为当我们的心智感受到或者聚焦于它是一种艺术，是一种美的时候，我们不会同时感受到它是一种支配性的权力，所以我们会接受，会任劳任怨，会甘心情愿地为之服务。”[①] 无形中，他们已经接受了景观秩序的

① 赵旭东：《人类学视野下的权力与文化表达——关于非暴力支配的一些表现形式》，《民族学刊》2010 年第 1 期。

控制，成为一群史密斯所说的“依赖性强的孩子”①。

旅游宣传单和导游册的宣传构建出当地历史文化、传统风俗和习惯禁忌等一套地方性知识，而游客大多依赖这些备受关注和反复播放的旅游文本和旅游传播工具。旅游前，游客大多会深度了解旅游地的相关知识，其实质是在对景观统治秩序进行最大限度地吸收，因此在开展旅游活动时，他们很容易受导游、路标等的影响，高度依赖于现代化的设施。最终，他们彻底陷入景观秩序中，即他们认为旅游区的所有景点都是应该去看的，既然制造出来了，都应该是好的，都值得去看。由此可见，在旅游景观文化和话语中，景观所起到的宰制功能已经显示出来。而到了旅游目的地后，游客的旅游规划和行为更会依赖于标识牌和解说员等景观导向。总之，在乡村旅游的活动中，大众旅游者很容易迷失在宏大的景观幻象中，丧失对旅游景观的批判能力，他们自愿认可和高度赞同景区秩序，乐意迷失在景观社会宏大的景象中。这部分游客在很大程度上起到巩固、营造和传播景观秩序的作用。

第三节　“上当受骗”——乡村旅游者的反抗

“真正的旅行应该是探险，一切有价值的体验都来自未预事物或事件，因为它们真实而自然。”② 齐格蒙特·鲍曼（Zygmunt Bauman）认为，“后现代社会的消费者要得到真正的自由，就应该摆脱贪婪的消费和广告语言的机械化统治，去重新寻求改变现实的和个体身份与获得自由的可能性，并从中获得幸福”③。乡村旅游作为一种后现代的生活方式是乡村旅游者真正想体验和学习的，然而，工业文明将乡村旅游拉回到自己的统治范畴内，而使得离其本质——“主体间性的诗意化栖居”——愈来愈远。景观制造

---

① 〔美〕瓦伦·L. 史密斯：《东道主与游客——旅游人类学研究》，张晓萍、何昌邑等译，云南大学出版社，2007，诸论。

② 赵红梅、董培海：《回望“真实性”（authenticity）（下）——一个旅游研究的热点》，《旅游学刊》2012 年第 5 期。

③ 陈虎：《后现代视角下韩国旅游消费者行为特性分析》，《旅游学刊》2014 年第 8 期。

者们将陌生的东西熟悉化，制造出同质化和标准化的景观。作为逃避、学习或追求自由而来的游客而言，他们想逃避熟悉的环境却又进入另一种熟悉的环境中，想体验新的东西却发现体验到的东西跟之前没什么两样，他者文化的内涵早已丧失。游客所依赖的是通过行走、注视、观看与景观发生关系，而不是通过参与、交流和互动等实践与当地文化和当地人发生互动。左晓斯认为今日旅游正日趋走向“乡村化”（ruralization of tourism）[①]，这正是对新旅游者或乡村旅游者出现的说明。然而，游客在乡村旅游地本该建立的“参与和文化”的关系，在制造中却演变为一种“观看和景观”的关系。因此，在宏大的景观秩序中，当地人消失在景观秩序中，人成为机械的观赏者，游客与地方的关系演变成观众与景观的关系。

一 “主体间性的诗意化栖居”的缺失

（一）“只是看，而未参与”

乡村旅游者去乡村地区旅游经历的更多是视觉上的冲击，而无法调动其他器官。“现代旅游所能提供的，事实上就是一种没有任何神圣性的想象的真实，是坐在流水线上对周围世界的片段的没有深度的浏览。”[②] 真正的乡村旅游者去乡村地区旅游，内心最想体验的东西是建立在“地方感”基础之上的一种他者文化。他者文化是融合了当地族群传统历史、地方文脉和地理环境等综合要素的产物。而作为乡村旅游者应该融入当地的环境中去，体会到不一样的旅游氛围，不仅当地人可以顺利地实现与情景融入，就是作为外来者的游客也可以很好地融入其中，游客在这个时候已经将自身身份转换为生产者，这就是新的产销一体化。当地的文化是人们在生活中创造的，并且流淌和蕴含在人们的日常生活和空间中。游客实践的乡村旅游并非仅仅是观看这种融合于生活中的文化，而更多的是融入村民的生活中去体悟当地独特的人文气息和氛围以及学习当地人的智慧和文化。所以，真正的乡村旅游者寻求的是回归到生活中，实践一种诗意化的栖居生

---

① 左晓斯：《可持续乡村旅游研究——基于社会建构论的视角》，社会科学文献出版社，2010，第1页。

② 马翀炜、陈庆德：《民族文化资本化》，人民出版社，2004。

活，而不是简单地停留在观赏与游览的层面。

乡村旅游实践中观众与景观的单向度关联贯穿始终。作为游客的观众只能观看而不能融入其中，进入村寨中，游客视线所触之处是古街两边琳琅满目的商品和货物以及通过旅游线路而串联起来的旅游景观。而景观秩序阻隔了游客与当地人亲密互动关系的建立。"如果创造新的文化景观是建立在个人体验、想象和意愿的基础上，那么它就需要在视觉上或空间上能够接近或具有可接近性，没有体验则其文化意义无法建立。"[①] 迷失在景观中的当地小贩除了推销商品、询问是否需要住宿等外，他们也几乎没有时间和精力与游客交谈。游客最多只是从询问和购买行为中获得苗家文化的细枝末节，根本形不成对完整苗家文化系统性的了解和学习，而当地的小商贩对于不购买者则表现出淡漠的表情和慵懒的姿态。主客关系由互动转变为对峙，双方互为景观。而在歌舞表演中，这种景观化的关系表现得更为明显。由旅游公司编排的节目从头到尾都是演员在表演，游客在观看，两者都在主持人掌控的节奏和时间中度过。且不论这些演员早已不是当地人以及节目也不再是基于当地的生产和生活而编排，就是在观看过程中，游客也如同坐在传送带上一样，被快速地从一个节目运送至另一个节目，就连观看也如此匆匆，连回味和思考的时间都没有，如此循环而进行到最后。最后一个是团结舞，主持人允许游客上舞台与演员会聚一堂，当周围的游客蜂拥到舞台正中央时，主客之间的界限仿佛被打破了，两者相互交融并互为一体。但游客和演员的关系在形式上是融合的，而在实质上却是隔离开来的。即便有短暂的交流和互动，游客也并不是跟承载"他者"文化的当地人互动。团结舞的持续时间不到十分钟，这是最后一个节目，等节目匆匆结束之后，景区管理人员又快速地将游客赶出场地。因此，可以说在整个表演过程中，游客并未有机会参与进来。

2013 年国庆期间，公司花巨资筹办活动，活动内容十分丰富：举办苗家 12 道拦门迎宾酒，苗家刺绣、蜡染、酿酒、银饰展示，纺纱、织布、打糍粑等民间工艺展示，苗族飞歌、情歌对唱、芦笙舞等苗族歌舞展示，田

---

① 路幸福、陆林：《国外旅游人类学研究回顾与展望》，《安徽师范大学学报》（人文社会科学版）2007 年第 1 期。

间捕鱼、秋收等民间生产劳作体验以及四场不同时段的苗族歌舞演出。然而，这些节目并未给游客留下多少印象，更别说是约瑟夫·派恩提出的体验，“就是企业以服务为舞台，以商品为道具，以消费者为中心，创造能够使消费者参与、值得消费者回忆的活动。这其中，商品是有形的，服务是无形的，而所创造出的那种‘情感共振型’的体验最令人难忘”①。紧凑的安排将游客排斥在外，他们只需要在外围观看而并不需要亲自参与。因此，他们短暂的“诗意化地栖居”便演变为只是在欣赏一种艺术化的景观秀，变成了对“现场事件”进行“查看”的目击活动，而不是受到氛围的渲染从而无意识地融进当地“过去”和“传统”的文化中去。而在表演场之外的村庄场域中，观众与景观的关系仍在起支配作用。如布尔斯廷所说“这些旅游吸引物提供的是一种经过精心设计的、间接的经历，是人工产品，它们在某些地方被消费，而这些地方的真实的东西却像空气一样是虚的(即不是真实的)，它们只是一些吸引物，让游客到某个地区走马观花地看看，而不让他们与别的地方的人接触。他们把当地人隔离起来，游客只能在有空调的房子里，很舒适地通过一扇窗子来观看本地人。这些场景是一种文化的海市蜃楼，现在可以在任何旅游目的地看到”②。

王丽来自湖南，跟她同行的共有3人，她是真正的乡村旅游者，在夏银村的经历让她十分不满意。她说：

> 我们还是自己玩自己的，十分失望。来了半天，很多风俗都不知道。到处摆放的都是纪念品，这些纪念品都是大同小异的，哪里都能买到。我看到了一根木头拐杖，有一点特色，需要好几百元一根，东西太贵了。本来是想来体验当地文化的，但很多项目都没有。当地人都忙着做生意，根本无法跟他们交流。

来自北京的14个游客，他们是临时在北京组团过来的，他们相互间不

① 〔美〕B. 约瑟夫·派恩、詹姆斯·H. 吉尔摩：《体验经济》，夏业良等译，机械工业出版社，2008，第23页。

② 〔美〕Dean MacCannell：《旅游者——休闲阶层新论》，张晓萍等译，广西师范大学出版社，2008，第116页。

认识，到夏银村来旅游也不请导游，他们说请导游是最没有意思的，还不如自己玩。他们说：

> 在电视上看到的夏银村很漂亮，而来了之后，觉得很失望，没有什么好看的，更不要说体验活动了。本来这次主要来体验一下苗族的山地农耕文化，现在却成了来看表演，表演也不好看，光是穿得漂亮，动作花枝招展的，但是没有文化内涵。苗家文化如果再不抢救的话，就要遭到灭亡了，如果真是那样的话，我们都会觉得很可惜的。

在景观统治中，村寨社会似乎都是为“观看”而提前做好了预演，同样也不提供给游客体验和追求自由的机会，而沦为王晓东所说的，“在观看场景中，人与人的关系也就沦为主客体关系或人与物的关系，而不是彼此交融的生存关系和本真的亲密关系”①。游客既没有渠道去了解当地的文化和习俗，又体会不到当地人的热情。即使通过购买东西了解到苗家的只言片语，那也只是雾里看花。

（二）“见不到当地人”

尽管沿着旅游线路映入游客眼帘的似乎都是不同的景观和穿着苗服的苗家人，面对这样壮观的场面，乡村旅游者并未迷失，而是感叹苗家本有文化的流失和异化。当地人去哪儿了，这是乡村旅游者始终在寻找的。满街穿着苗服的都是苗族人，但已丧失了苗家人应有的好客、热情、善良和纯朴的特征。相反，他们行走匆匆，只是在拉生意时才热情招呼，在乡村旅游者眼里，这些真实的当地人并不是苗家人。如一位来自湖南的女游客说：

> 很想跟当地人聊天并了解当地人的文化和习俗，但当地人都不知道去哪儿了，本以为苗家人的婚嫁习俗是很浓重的，来了之后才知道我们根本参与不了的。似乎出现在古街上的这些人并不是本地人，而

① 王晓东：《生存论视域中主体间性理论及其理论误区——一种对主体间类存在关系的哲学人类学反思》，《人文杂志》2003年第1期。

是专门从外面雇来的演员。

一位来自四川的游客认为：

> 有时候觉得，旅游没有什么意思，有时候连住的地方都找不到，到处都是人，人挤人，高速路上也堵车，这跟假期有关。我本来想出来散散心，很喜欢跟当地人聊天，问他们当地的风俗习惯和民间故事，体验一下这里的生活方式，学习他们的语言。这里虽然是千户苗寨，但走一圈下来，觉得很一般，连一个正宗的苗族人都没有了。

在景观化过程中，“他者”变为“它”，“他者”是地方性知识系统及作为这一系统的传承主体的当地人，而“它”仅仅只是一种旅游景观和表演艺术品而已，其蕴含的艺术化和精品化成分如空灵、唯美、精致等已经与融于当地环境中的质朴、纯真、生活化等村寨文化在本质上形成冲突。乡村旅游者所倡导的真正的主体间性的交流也因当地人的缺失而受阻，当地人消失了，游客只能是各自玩各自的，产销也分离了。产销分离的结果是游客并不能顺利地实现从“自我”向“他者”的转化，也不能实现产销新的一体化。由于缺乏“通过”仪式和“阈限”[①] 状态，所以，游客不能顺利地实现对他者文化的理解和感悟以及对自我的重新定位和认知。作为文化生产主体的村民则遗失在宏大的景观秩序中不见了踪影，而游客也因为见不到当地人从而感到悲观和愤怒。

（三）“没有办法，只能观看这些”

景观社会在最大限度上形成了对游客的霸权统治，游客在到达旅游景点之前就被宣传册、操作手册等文本所牵引，而到了旅游目的地，更难以自主性地选择旅游景点和按照内心所需选择体验活动。游客的身体被导游和现代规则所控制，其心灵的自由也因拥挤的旅游环境而不能放空，最终短暂的诗意化栖居也就成为空中楼阁。表面上看，游客的旅游行为的自主性较强，但

① 张晓萍等：《民族旅游的人类学透视》，云南大学出版社，2005。

实质上游客早就被旅游景观背后的力量所宰治，而不得不在规定的时间内游览规划好的旅游景点。团队游客被旅行社和导游引导着参观一个又一个的旅游景点，并被灌输着与夏银村相关的奇风异俗和“地方性知识”。导游成为旅游的指挥者，他们规定必须在一定的时间和空间中会聚，游客个人的自由活动则严重遭到压缩，整个游览过程是紧凑而有规律的，当游览完一个景点之后，游客又被遣送到另一个景点，“旅游与其说是旅游者发现新东西的过程，不如说是确证或适应景观符号再现编码模式的过程”①。在旅游实践中，游客开展的旅游更多的是一种空间的位移活动而已，而且他们的位移活动被设置了浏览的边界。大量的散客也因为受到媒体、书籍等方面宣传的影响而到某地寻找传说中的景观，文本宣传的夏银村更兼具独特的人文魅力和文化内涵，是历史浓重感和地方凝重感的有机组合。如到夏银村来旅游的游客大多都会询问“苗王”在哪里，这是他们在网站和书上所看到的，似乎“苗王”已经成为苗家的主要标志。游客来夏银村必须做的事情是“看一场表演，上一下观景台，看一看夜景”。“然而，对‘真实景观’的判断标准是很明确的，观光者对该浏览什么景观没有疑问，他唯一的问题是如何达到所有这些景点。但是即使事实上有看不完的景点，一些神秘的制度因素在观光者到来之前就决定了应该浏览的景点总数，并指定了旅游的具体景观”②。虽然夏银村凭着“世界之最”的传统建筑使得景区具有了一定的吸引力，但是在乡村旅游者眼中变成了看“几栋新式的房子”而已。

（四）“原汁原味丧失了”

到夏银村旅游的乡村旅游者，他们体悟不到文化的内涵，如同瑞切尔所说，“这样的旅游注重数量，明显地注重游览了多少景点，而不是景点游览的质量如何”③。他们更为看重的是旅游了多少地方，而不是旅游带来的生命感悟。公司员工介绍：

① 周宪：《现代性与视觉文化中的旅游凝视》，《天津社会科学》2008 年第 1 期。

② 〔美〕Dean MacCannell：《旅游者——休闲阶层新论》，张晓萍等译，广西师范大学出版社，2008，第 44 页。

③ George Ritzer, *The McDonaldization of Society* (California: Pine Forge Press, 2000), p. 77.

旅游的人数是上去了，但来自国外的游客减少很多，他们都认为景区太商业化了，到处都是商铺，原生态的东西少了很多。开发后，可以感受到的东西少了很多。

海外游客的锐减在一定程度上反映了景区的过度商业化趋势，同时也印证了乡村旅游者对文化质量的要求。当地村民说：

路易莎在开发后曾经带着家人来过三次，她认为这边商业化很浓，跟之前做调查时的感觉很不一样。因此，如果她不是在夏银村做过调查，而单纯作为一个游客的话，她是不愿意带家人来这里旅游的。

一位来自湖南的农家乐老板倒是对游客充满了同情，他说：

游客也是很可怜的，到这里来，花了钱，也看不了什么东西。前天，从湖南来了6个年轻人，准备在我这住一周，下午在我这安顿好后就到外面逛去了，天还没黑的时候，他们就回来了。他们觉得这里没有什么好看的，他们也观看表演、吃了酸汤鱼等，活动很快结束了。他们回来后就一直抱怨说这里没有什么文化内涵了，问我，我也不懂这里。晚上吃过饭后，他们实在不知道该干什么，就待在我这里打麻将，在打麻将的时候还抱怨这个地方太商业化了，一点文化气息也没有。他们还说回去之后一定告诉他们的朋友千万不要来这个地方。第二天天一亮他们就走了。

来自北京的一位姓汪的游客说：

我不属于观光，而是属于体验原生态，我很向往自由的生活方式，待在城市厌倦了，想找一些无人烟或者未被开发过的地方，心情就会很好，再苦也能够接受的。我从事的工作有很多，现在在帮别人开车，我现在是工作半年，旅游半年，我很喜欢这样的生活，旅游可以缓解城市生活带来的压力。现在我婚也没结，房子也没买，压力挺大的，每年的存钱也不多。想想以后，压力会更大，出来旅游的话，我就不会想这些，出来就是放松一下，体验一下，学习别人的东西，过一段时间再回去上班。都是被生活所逼迫的，没有办法。但是在这里，我看不到文化的东西，感觉就像是一个博物馆而已，只是里面多了一些人。

游客追求的当地原汁原味的文化并不是一种静止的传统文化，而是一种鲜活的文化类型，是有“他者”参与其中的文化或生活方式，是以当地人或当地文化为主体的。但在现代开发理念的诱导下，一种源于本地、为当地人服务的一套特殊的文化系统被置换成按照“他者”的商品化、理性化和城市化等文化观念而制造出来的一种同质化的景观，这一过程的最终目的是利润的增加。“他者”的文化限定并不是对异域社会的想象，而是对工业社会和城市社会的叙事和想象。这种想象包含着制造的膨胀的虚假欲望，这种文化的限定由消费逻辑和景观幻象的逻辑主宰，并最终为资本的价值增值服务。因此，对于当地人而言，这是一种“他者的文化”，是异于他们自己传统文化的另一种文化；对于游客而言，他们是在“自我消费”，是对城市、工业和消费文化的消费。从本质而言，景观是一种否定的文化，是一种异化的文化。在制造过程中，文化的原有意义被抽空，作为文化中的部分当地人和游客则“同意”景观的制造，成为景观秩序的一个客体和工具，丧失了反思性和批判性。当地文化或生活方式是当地人栖居的文化，是在当地人可以掌控的范围中不断变化和发展的。然而，缺失了当地人和脱离了当地语境的文化也就不成“他者的文化”了，而演变为一种静止的景观，但这并不是乡村旅游者所欲看到的。

二　乡村旅游者的反抗

景观社会内含本地人的“缺场”、观众与景观的关系和主客分离等现象，而这些都在根本上背离了乡村旅游的本质——“主体间性的诗意化栖居”。大众旅游者迷失其中，而乡村旅游者则通过语言、行为等进行持续不断的反抗。

一是在言语上。绝大多数乡村旅游者是抱着试试的态度来的，然而当地的旅游跟宣传中的具有很大不同，更重要的是他们想通过短暂的诗意化栖居来实现自我价值的提升也化为幻影。对此，他们十分恼怒，并通过抱怨和诉苦等语言形式表达出来。来自湖南的一对情侣说：

我们觉得这边没有什么好玩的。我们之前也去过很多地方，都比这里要好。这里没有文化内涵，服装也不好看，原汁原味的东西很少，以后再也不想来了，我会回去给别人说这边不好，叫他们也别来了，来了钱也是白花了，没意思。这哪像是乡村旅游呀，连观光也不是。与本地人接触的也少，住农家乐也贵，到处都是工艺品，全国都能买到，价格也贵，地方的特色小吃也没有。我男朋友也不喜欢这里，他刚下光观车就失去了信心，他一上午就只是在玩手机游戏，他觉得没有什么意思。最多就是看了一下房子，房子也变了。

一位来自辽宁的游客同样对景区十分不满：

我属于喜欢徒步的游客，一般不去很出名的旅游景点，觉得黄果树瀑布也没有什么好玩的，都是很商业化的东西，我对这些不感兴趣，我倡导的是一种原生态、随意、自由、节俭和节省的生活方式。从辽宁坐车到北京，又从北京转车到凯里，共坐了有40个小时，坐车也是很辛苦的。不过这只是体力上的辛苦，我能接受。但是到了夏银村之后，我更是辛苦，这不是体力上的辛苦，而是精神上的辛苦，从检票口一路走进来，到处都是摊位和叫卖声，街道两边都是商品，不看都不行。我这样大老远地从最北边跑到最南边来，为的就是体验苗家的山地农耕文化和学习当地的语言习俗等，但来了之后更是窝火。还不如不来，真是失望极了。

二是在行动上。首先是扎营。扎营是一种空间隔离的反抗方式，通过空间区隔的方式让自己远离景观社会而实现短暂的栖居，这部分人大多属于背包客，他们不喜欢住宾馆和农家乐，而喜欢野外露宿。山下面被景观化了，但山上还保留有乡村旅游者想要体验的东西。他们会在山腰或山顶上寻找一块平地，支起帐篷，过起一种世外桃源般的生活。当地人杨玉富介绍：

> 现在有很多游客喜欢在山上扎营，他们一般待3~4天。现在经常能看到十几个人在一起露营，他们自己带了一些东西，在山上露营，带有很多吃的和喝的，只是在需要买东西时才下山来。他们也不爱看表演，就在山上看水田和树木，有时候跟我们聊天，问问路和相关的情况。可能是感觉下面不好玩，太商业化了，就住在山上，像是一个个的野人。还有来自深圳的游客喜欢到这里来玩，他们觉得景区不好玩，没有什么体验的项目，就让我带他们去雷公坪，一行有二十几个人，我就让几匹马驮东西，而人则走路，走了9个小时之后才到达，我们就边聊边走，时间过得很快。当天晚上搭帐篷住在上面，我教他们做酸汤鱼和苗家饭，就像一家人一样，很热闹的。他们给我们每人400元。

这部分人寻求的是一种真正的文化体验，他们早已对宏大的景点失去了兴趣，通过远离景观中心的方式发出对景观秩序的反抗。他们通常会选择在山上丛林中寻找人与自然、人与人和人与内心的和谐而达到心灵净化的目的，这也是他们通过扎营而制造出来的一种短暂而又诗意化的栖居。如果自己没有带帐篷之类的露营设备，乡村旅游者很愿意居住在农户家，他们会选择在山腰上或山顶上的农户家居住，这些农户不经营农家乐。他们如同田野调查者一般与村民同吃同住。这些旅游者不喜欢在古街上游玩，不喜欢观看表演，甚至对夜景也不屑一顾。他们选择在东引和羊排最高的地方住下来，在家里和农田里跟当地人聊天，到山上欣赏大自然的风光。羊排村民杨天介绍：

> 有来自贵阳中旅的老外，他们就不愿意住下面，经常来我家住，我就帮他们寻找荒田，他们就开垦，体验农耕生活，他们吃住都在我家，虽然是老外，语言听不懂，但是我能感觉到他们来这里获得了不少知识，也很满意我的服务。

来自重庆的两位游客说:

我们是在网上看到夏银村的,非常漂亮,就来这里玩。但到了这里,才发现上当了。北京和上海的夜景比这里更漂亮,更好看。这里可能就是寨子要集中一点,但地方太小了,也没有把文化开发出来。我们就在古街上逛一下,十几分钟就走完了。之前在苗煌酒家居住,但那里的设施跟城市里一个样子。因此,我们就问当地人,他们就建议我们在羊排村住。后来我们就搬到了山上,每天跟房东去田地里劳动和欣赏自然风景,房东也很热情,住在他们家还是很欣慰的,我们一共住了一周才离开。

张飞是一位来自河南的"80后"游客,平时喜欢徒步,他在网上看到宣传的夏银村苗寨很有特色,于是就改变旅游路线,来到了夏银村。他在夏银村待了3天,他住在李老师客栈,平时很少到街上逛,因为他来的时候经过古街,觉得很吵闹,商业气息太浓。他跟笔者说道:

感觉这里没有什么好逛的,宣传倒是做得很好,但是当地已经丧失了特色,跟当地居民互动较少,体验式的民族特色也比较少,一起互动的机会也比较少。看到的都是商业化的东西,没有体验,也很想参加到当地的传统活动中来,但是没有机会,看不到这些活动。我想的是下地干活也行,动手一起干是最有意思的。我也是很想来看千户苗寨,但是来了之后很失望的,没有文化气氛。我昨天在古街上逛了一下,眼睛看到的全都是古街两边贩卖的商品,很多都是从外地拉过来的,全国各地都能够买到。跟大城市差不多,到处都是车水马龙的,我还是愿意在山上居住,跟李老师一起去抓鱼和下田,不想看表演,觉得没什么意思。我刚刚去钓鱼了才回来,山上的农民还是很纯朴的。下面都是乱糟糟的,不想下去,还不如下地干活。

羊排村民侯银介绍:

一个印裔英国人,在街上逛了后很失望,就只想待一天。但是他遇到了我，我就跟他聊天，让他到我家去玩，我还带他去地里干活、抓鱼，他很感兴趣，结果待了4天。他说跟我一起比看街上的东西好看多了。

三是破坏。当乡村旅游者感到忍无可忍时，便采取暴力的形式发出抵抗，尤其是在面对敲诈和拥挤的人群时，他们便通过破坏景区设施来发出反抗，这主要表现在男性游客身上。于洋是来自北京的游客，他描述道：

听说西南这边的风景很好，尤其是在少数民族地区，有很多跟北京大都市不一样的东西。我在网上搜集了很多信息，看到很多对夏银村的宣传，夏银村有"苗王"、活路头、歌舞表演、拦门酒、民间故事等，这些都是我想了解的。于是我专门休假一周。到了夏银村的门口，正赶上一场拦门酒仪式，看到很多老人在表演，但他们并不是像宣传中那样的热情好客，老人大多面无表情，摆几下手，挺可怜的。到景区后，看到的都是一些现代的建筑，根本不像是一个村，倒像是一个闹哄哄的城镇。我很生气，就使劲地摇护栏，一脚把它踹到坡下去了。

住在一号风雨桥附近卖糍粑的阿姨说：

昨天，一群游客很气愤，说这里不好耍，一个劲地说不好玩，东西又贵，说是上当受骗了。他们就使劲地在风雨桥上跳，男男女女一起跳，整个桥都动起来了，搞得我都很害怕。游客有时候也是挺可怜的，吃也吃不好，住也住不好，花了这样多的钱，却看不到什么东西。

四是肢体冲突。如果说前面几种还是比较温和的反抗的话，那么，通过肢体冲突进行反抗则是暴力的表达。暴力冲突主要发生在雇工与游客之间。景区工作人员介绍：

张虎等6人相约从兰州过来看苗寨，他们说我们的宣传做得很好，有很多东西是他们感兴趣的，来了之后，他们花100元门票专门来看苗寨，觉得没意思。到处都是乱糟糟的，服务也不好。人挤人，看的是人

> 头而不是风景。于是他们就跟我们争吵起来，说我们是骗子，景区是骗子，要我们退钱，我们当然不愿意，吵了几句就打起来了。我们就喊来家族的人帮忙，由于他们人少，我们始终占据上风，双方都有人受了一点轻伤，最后经过派出所的调解，他们赔了一点医药费就走了。

五是不入场。《哈姆雷特》中有一句经典台词：生存还是毁灭，这是个问题。笔者套用这句台词，将其改为：去旅游还是不去旅游，这是一个问题。“去旅游”就是将旅游想法变成旅游实践，是实践中的旅游状态，前面四种对抗方式是游客入场后的反抗，他们的旅游已成既定事实。而“不去旅游”则代表另一种态度，他们并未开展旅游实践，他们是一群“未踏出家门”或“半路上另觅他处”的群体。部分人通过朋友叙述、甄别网上信息等方式已知晓夏银村的真实情况，放弃了到夏银村的旅游。这是一种远距离的反抗形式，通过身体“不入场”而实现反抗。一位来自河南的游客讲道：

> 我们一共有 6 个人从河南出发，但中途听驴友们说夏银村一点都不好玩，宣传得很好，宣传都是欺骗人的，没有什么体验的活动，太商业化了，有 3 个人不想来了，他们就中途去了云南，说那边有原生态的风景。而我们 3 个还是过来了，过来看看究竟是怎么回事，但是来了之后，很后悔的，还不如不来，早知道就跟他们去云南了。

第四节 小结：分化的游客，分化的行为

旅游者对旅游地事先的想象、事中的实践和事后的评价成为判断旅游目的地是否具有生命力的关键。当文化上升到景点的位置时，景观化的过程就开始了。然而景观并不是根据游客的真实需求生产出来的，而是资本按照工业化的生产方式对当地文化的任意组合，采用最小的成本实现收益的最大化是工业社会生产方式的基本特点，景观制造的根本目的是实现资本的增值。当景观统治村社时，当地人与自己文化出现断裂，人与文化的

栖居关系被打破。

制造出来的景观要想获得利润的最大化，必须经过消费这一环节才能实现。景观的制造和消费是融为一体的，制造过程是为了消费，而消费是为了更多的制造。制造景观，即在文化可供消费的限定下，资本依照工业制造的方式，再造景观，满足外人的文化消费心态。制造出来的景观是为了让更多的游客来消费。因此，让更多的游客入场，并制造出游客虚假的需求是景观制造的关键。而乡村旅游是游客到乡村地区寻找“彼时彼地”的体验和感受，这种被置换出来的景观要素或切合了游客的需求，或背离了游客的需求。部分游客在景观中丧失了自己的真实需求，而将虚假的需求看成是真实的需求，这便是景观的同意者，他们在一定程度上助长了景观的再生产。而另外一部分游客则对此表现出极度的反抗，他们对景观社会存在抵抗和质疑。尽管景观制造者们将景观统治秩序强加于游客身上，让游客难以摆脱景观社会的统治，但他们仍可以通过言语、身体暴力和行为选择来表达不满和行使自己的自由选择权。

因此，无论是对于游客还是当地人而言，剥削和反抗同时存在，共识和异质并存。村民无奈而又自愿地服从，加入景观生产中来，塑造出一幅“村寨车间”的图景。而作为游客，他们的同意和对立则宣告了景观的再生产性和景观的幻景性，两者在本质上都属于在景观消费中获得的一种自我文化的镜像。从实践上而言，尽管在景观统治这种密不透风的网络的笼罩之下，作为村民和游客的个体似乎无力摆脱其控制，但他们仍具有一定的自由选择的可能性。从理论上来看，这可以被视为行动意义上的文化商品化研究。

第七章

景观社会的悖论

乡村旅游的原初内涵是借用文化上的价值来改善物质上的滞后。然而景观设计者们所践行的景观化道路并未实现经济和文化的兼顾性发展。相反，地方政府在获得高额财政收入的同时，整体地方经济的稍微增长却需要文化付出沉重的代价，这是一种“旅游后‘废墟’现象”[①]。权威性政府和霸权性资本成为塑造景观的主要力量，而地方村社则面临较大压力，张玉林认为“考虑到权力和资本都具有贪得无厌、不断扩张的本性，为了权力本身的壮大和利润的增加，它们都必然倾向于控制和汲取更多的资源，从人、财、物，到信息、符号和话语权，也必然会在土地和空间方面进行拓展”[②]。“停车场、酒店等都是骑在农田上的”，这是村民的朴素话语，却映射出资本和权力肆无忌惮的扩张性。景观化的过程是一个不断驱除当地文化丰富内涵的过程，让生活其中的村民被动或主动边缘化及导致村庄主体性的缺失。政府仅仅通过行政权和规划等设计景观蓝图，但忽视了村庄作为生活和私人空间的特性。借用旅游促进发展的庇佑，地方政府追求地方经济增长和附带的政治目标，资本则对其进行具体编码。总之，景观社会是由权力和资本诠释、筹划和实践的，是通过国家重新塑造乡村社会的

① 这是云南大学教授田里提出的一个概念，是指主题公园因衰败后暂时退出或彻底离开后所引致的所在地域的荒废和一系列伴生现象的综合表现。具体参见田里、周运瑜《旅游后“废墟”现象及其规避》，《思想战线》2012 年第 2 期。本书主要论述旅游给当地文化带来的负面影响。

② 张玉林：《当今中国的城市信仰与乡村治理》，《社会科学》2013 年第 10 期。

想象和制度结构强制性的安排以及部分游客和村民赞同、同意甚至合谋而达成的集体产物。这样，“养在深闺人未识”的乡村社会就被卷入一场谋划好的剧目中，而将其卷入的还有全球性的“风险”和“不确定性”。在景观霸权的统治下，一亩地和一个村庄代表的只是单一的产品意义，而非村民视野中的“我们的祖业地”和“我们的家园”，这就是景观社会的悖论。内视角和外视角是文学中的两种叙述方式[①]，本书从这两大视角来看待景观社会的悖论，进而反思“谁的发展，谁的景观”之问题。

第一节　内视角下的景观与村社

一　外化的“家”

政府、公司和旅游主义文化三种势力统摄下的村庄在村民眼里俨然已经成为一个外化的“家”。“从他们的产品中分离出来的人们，以日益强大的力量制造他们世界的每个细部，同时他们也发现，他们与这个世界越来越疏离。他们的生活越是他们自己的产物，他们就越是被排除于这一生活之外。”[②] 开发后，夏银村“家”的意蕴在逐渐消失，由家构建起来的归属感和安全感皆在迅速消失，“公民的最大利益，在于自己所选择的生活方式不受侵犯”[③]，而村民的这种利益却消失在资本和权力的霸权逻辑下。夏银村本是村民祖祖辈辈在生产和生活过程中不断与自然环境互动而形成的一个融居住、生活和生产为一体的社区，在这里，有鼓藏节等节日，有菩萨，有村规民约，还有社区领袖人物等，这是一个综合了自然兼人文性的村庄，有着自身独特的运转和发展逻辑。夏银村是村民通过互帮互助形成的一种农耕经济共同体，所有当地的文化都具有潜在的意义，皆指向为社区提供认同感和情感依附。同时，这是村民生老病死的场所，是村民安身立命的场

① 内视角指的是叙述者用故事内人物的眼光来叙述，本书主要从当地人的角度来看乡村旅游的开发过程；外视角指的是用外来人的眼光来叙述，本书主要指的是从游客的角度来看待开发的村庄。

② 〔法〕居伊·德波：《景观社会》，王昭风译，南京大学出版社，2006，第10页。

③ 陈斌：《中国必须超越发展主义模式》，《南方周末》2010年9月30日。

域，对于个体村民而言，村庄则更加具有“家”的意蕴。在外打工的人在重大节日期间都会尽量赶回来，与家人齐聚一堂，在节日中享受祖先的庇佑和恩泽。对他们而言，夏银村更多的是一个极富情感意义上的家，生活其中的村民对自己的家园充满了爱戴、敬意和归属。而在旅游开发之后，“当现代社会所建构出来的资本的逻辑成为社会的主导性原则之后，生产力得到了极大的提高，但同时生活于其间的人们也深刻地感受到了资本的无情”[①]。村民在旅游中感受到的是一种被出卖的感觉，成为笼子中的困兽而不得自由，这就是学者所说的“商品完全成功地殖民化社会生活的时刻”[②]。村民在家园中的安全感、归属感逐渐被失落感和焦虑感所取代。

东引在四个寨子中是收益最少的村庄，随着旅游线路两边高档酒店和农家乐的不断兴起，原本作为住宿和接待的家庭旅馆迅速地败下阵来。旅游开发前，外地不少游客通过走寨串户的形式体验当地民风民俗，他们居住和餐饮的需求很快便催生出一些家庭旅馆。虽然没有村委会的赋权，也没有显赫的名字来吸引游客，但农户与游客已经达成协议，将自家的房屋作为旅馆提供给游客暂时居住，而当地人收取的租金也只是作为补贴家计的一种方式。这就是游客与当地人之间形成的产销一体，即便是作为临时出租的房屋也更多地兼具了家的情感性，在其中，游客与当地人也充分享受到了无中间阻拦的文化交流和互动，实现了短暂的产销一体的主体间性的交流。而旅游开发后，这种关系很快被打破，本地人的家很快退出市场。一些经济条件较差的村民则继续希望通过这种关系让家活跃起来，然而，往往事与愿违。

东引一位阿姨是从羊排嫁过来的，她主要在家务农，老公在外打工，而孩子在外求学，自家的房子占地 120 平方米，共有三层楼。在开发前的一段时间，游客经常到访，阿姨收取少量的房租主要用于补贴家计。而开发后，东引成为被凝视的对象，游客被引导着去了古街和南贵。因此，这里只是一个传统和静止的地方场域。每到五一和十一，她便在一号风雨桥附

---

① 马翀炜：《民族旅游的政治—经济分析》，《广西民族大学学报》（哲学社会科学版）2007 年第 6 期。

② 〔法〕居伊·德波：《景观社会》，王昭风译，南京大学出版社，2006。

近举着居住的牌子揽客。2014 年 5 月的黄金周，她跟几个妇女一起到风雨桥拉客，5 月 1 日，没有一个客人愿意上来，她说，“客人都不愿意爬山，都被带到酒店去了”。5 月 2 日，她终于以每天 50 元的价格将 6 名游客劝说到她家居住。

这位阿姨所在意的就是能从中获得一些“买盐巴的钱”，但这样的机会越来越少。随着古街两边房费越炒越高，大部分游客游玩之后就到凯里和县城过夜。租房价格的不断飙升在无形中驱赶走了游客，缩短了游客旅游的时间，而后者将他们的消费支出投入城市。

工业时代最为重要的机械发明是钟表。精确的时钟的出现，使各地区的时间协调统一起来。技术时代全球整齐划一的步伐是从时间的统一开始迈出的。如福柯所说的“为了从肉体中最大限度地榨取时间和力量，就要使用那些普遍的方法，如时间表、集体训练、操练，全面而又具体的监视”①。“追求时间精确性的工业时代的到来，使得生存于大地上的人们再也无法像从前那样去体验‘寒来暑往’、‘秋收冬藏’的生命律动，也感受不到四时的代序。”② 工业时代将一切社会和文化都纳入进来，传统的生活空间在不断缩小，旅游扩张成为新的一种不平等方式，“家园”已经变成了“动物园”。“为了挣钱，一些人被控制在一个小范围内，丧失了尊严。我们不能因为要发展民族旅游而人为地制造出一个个‘动物园’，要允许变化。”③

夏银村开发后，土地被大量攫取，空间被分割成不同的细小的部分，有些作为私人经商之用，有些作为表演场地之用，原本开放的空间被区隔成一个个封闭的空间。对于这部分异化了的土地，村民不愿意踏进。因为似乎土地已经不归属于村庄所有了。村民对于这些封闭的空间望而却步，因为他们觉得这部分空间并不属于自己所有。村民说，“如同被侵略一样，如同坐牢一样，如同动物园一样被观看”。这种“人种动物园”就是把人当

① 〔法〕米歇尔·福柯：《规训与惩罚》，刘北成、杨远婴译，生活·读书·新知三联书店，1999，第 246 页。

② 马炜、张帆：《想象的真实与真实的商品——经济人类学视野中的现代旅游》，《思想战线》2004 年第 4 期。

③ 〔美〕Nelson Graburn：《人类学与旅游时代》，赵江梅等译，广西师范大学出版社，2009，第 448 页。

作旅游景观，“动物园”即是“家”的外化。

二　无主体性的村庄

《中国在梁庄》中有这么一段话：“所谓村庄的整体面貌，就是一个个生动的、相互纠结的家庭故事，是一个个鲜活的生命。这是只有把血液融入这一地方，经过漫长岁月沉淀的人才有的感觉。每一个村庄都是一部历史。”而村庄开发后，其历史在慢慢地夷平，成为受外人掌控的景区而已。开发前的村庄，村干部与地方领袖合二为一，在传统社区平等参与和公平议事的情况下，村庄呈现有序的秩序和良好的治理态势。村庄在微观结构与外来宏观结构的充分互动中缓慢地发生变迁，村社制度和规范随着环境的改变而不断做出调整，而村庄及其村庄中的人始终成为村社发展的掌握者和指挥官，村民对于村庄拥有较强的主体性。“由于人们在一起吃饭、一起居住、一起应对危机、一起分享环境，因此有了对所在地方的共同理解和共识。”[①] “一个人在一个地方生活久了，便对自己的生活环境中的一山一水、一草一木、一砖一瓦产生了感情。这种情感的依恋就是地方感。这种地方感是自己的，不是他人的，因此具有主体性。”[②] 落叶归根的意识是在村庄中长期塑造出来的一种文化氛围和村民对村庄的情感依托性。村民说，

> 以前有一个老人死都要死在家里，在贵阳有权有势的，一定要回夏银村，最后也埋在了夏银村。回到家里是很温馨的，在夏银村可以一起聊天和喝酒，一定得回夏银村，一定要落叶归根。
>
> 开发前，村民对村庄的认同感很强，我有一个兄弟在外当医生，在贵阳属于有钱有势的，他自己要求回来养老，他觉得回到家乡就很温馨，和亲戚在一起聊天和喝酒。他死后也就遵照他的遗愿，埋到了祖坟山上。一般大多数人都会回来的，是自己的家，割裂不开的。

---

① Tuan Yi-Fu, *Segregated Worlds and Self: Group Life and Individual Consciousness* (Minneapolis: University of Minnesota Press, 1982).

② 周尚意：《人文主义地理学家眼中的“地方”》,《旅游学刊》2013 年第 4 期。

村庄的变迁始终在向着一种缓慢的和良性的方向发展。而开发后，村庄成为一种无主体性的村庄，村民的家园感在逐渐丧失。村民形成了对公司和政府的极度不信任，几次群体性事件的发生，导致他们之间的关系愈加恶化。村民说，

> 开发后，感觉村里很乱，如果要离开的话，还是有点舍不得的，毕竟是自己的家乡，很担心夏银村的发展，如果政府再不引起重视，夏银村的发展就很危险了。
>
> 也不知道村庄以后会成为什么样子，到时候成什么样子就是什么样子吧。
>
> 是我们的地盘，但是我们做不了主，以后也不知道该怎么办。

面对旅游浪潮的席卷，村民的无力感和乏力感油然而生，这是村民不能掌控自己的命运而发出的感叹，这就意味着村庄对于村民而言的无主体性和归属意义的缺失。“但现实中的‘现代化’铁律，又似乎具有难以控制的摧毁力量，可以碾碎一切价值平衡和选择协调的希冀。失去了农民和农业的载体的‘村落’，其文化意义已经慢慢地让位于其利益共同体的意义，这个‘community’，也越来越成为一种外在的符号，它的历史身躯，就像工业挖掘机下幸存的古朴瓦瓮，已经踏上步入民俗博物馆的路途。”[①] 没有农业和传统作为支撑的村庄生活，是没有生命力的，“无农”、“无农业”和“无农民”就使得活生生的村庄成为工业化和现代化驰骋的旅游飞地而已。尽管村民通过旅游获得了部分收入，但那种收入是极其不平衡的，绝大多数村民仍然成为依靠文物费而过活的人。此外，经济效益的过度开发进一步加剧了文化的流失，最终造成乡村旅游悲剧的上演。如宋国要所说，“光搞现代旅游是不行的，现在政府是在唱独角戏，让别人来看独角戏，别人也是不感兴趣的，应该继承和发扬古老的传统，让村民参与进来”。

羊排和东引背负着集体衰败的标记，原先是老大哥和长辈的羊排现在却成为被区隔、被凝视的对象，苗家搬迁史、仪式活动等历史感在羊排这

① 李培林：《村落终结的社会逻辑——羊城村的故事》，《江苏社会科学》2004 年第 1 期。

个场域得以集中体现。而后的旅游开发让生活其中的村民背负着沉重的历史重担，他们的历史感正在被摧毁，他们厚重的历史记忆正在被瓦解。这是现代化通过乡村旅游而为其打上的深刻印记，似乎它们是落后的才最能显示其价值，它们的存在就是为了被凝视，其注定只能成为被凝视的对象。景观的生成性路径出现困境，这在很大程度上破坏了村民对村庄的连续性的归依感，丧失了一种建立在血缘、地缘基础上的强有力的地方支持系统，而这正是他们生活中可靠的生存根基和网络。被制造出来的旅游景观成为一种具有极大剥削性和消解性的力量，消解了夏银村在村民心中的价值、地位及意义，摧毁了他们的历史连续性，获得一种融入其中但又被隔离的新空间，存在就是一种新的遗忘。"在黑格尔看来，贫困，既是指物质上的匮乏，也是指那部分穷人从社会中异化出来的内在感觉，贫困是由于近代社会顺利发展而产生出的一种明显的结构性现象。"① 这也是一种新的贫困。

"但现实中的'现代化'铁律，又似乎具有难以控制的摧毁力量，可以碾碎一切价值平衡和选择协调的希冀。"② 资本下乡并与政府合谋，瓦解了集体活动的基础，在更为基本的层面上加速了村庄文化纽带的断裂。村民被排斥在村庄边缘位置，资本侵蚀了村庄正常的基础，其在进行布景的过程中，借助嵌入进来的权力而具有了更强的保障性。因此，它在实施的过程中，既保障了自身的安全，又具有非常大的利润可以赚取。在不断的群体性活动或小事件过程中，村庄的生活变得支离破碎，生活在村内的人容易变得没有安全感、没有确定性、恐慌和焦虑等。村民会担心，"以后没人来了怎么办，照这样下去，夏银村的旅游将会持续不了多久"，村民纷纷表达出对村庄的担忧。杨振华是夏银村中学的老师，他对景区的开发模式非常不满意。

> 把人的空间权给侵犯了，本来是一个社区，人文生活的社区，硬是要把我们围起来，干嘛还要设关卡，比匪帮干的事还坏，匪帮干事情是此山由我开，此树由我栽，要想打此过，留下买路钱。而政府却

① 〔德〕黑格尔：《法哲学原理》，范扬等译，商务印书馆，1982，第244页。

② 李培林：《村落终结的社会逻辑——羊城村的故事》，《江苏社会科学》2004年第1期。

设置关卡，收钱时是毫无愧色的，似乎这才是他们真正的家产。我们都是一分子，是一个个的人而不是动物，何必要围起来呢？乡村旅游应该走的是开放性经营的路子，让其他产业也进来，通过交税等方式政府能获得不少收入，百姓也会受益不少。旅游发展应该是分享式，而不是竭泽而渔。夏银村是老百姓的，积淀了几千年，而现在是一种不可持续的发展方式。而郎德才是最具有可持续的发展，郎德是可持续的，这叫不开发的旅游。文化的东西还在，游客也愿意去。

侯天正家的儿子说：

我们感觉被入侵了一样。很多公共设施没有建立起来，景区是贪人民的血汗钱了，旅游应该是让村民吃饱，让我们满意，让夏银村人们的生活提高起来。一个人吃饱，全家不饿。

付勇说：

文化需要在传承中保护，应该合理开发和利用，应该注重分享，让村民支持我们。形成利益共享连横机制，也不仅仅当成是一种工业产品，要有一个品牌，是一个鼓舞和文化的符号。乡村旅游是体验而非观光，是体验经济。

三　文化的断裂和危机

“文化这个东西，看似高深奥妙，其实多半都是从‘土’里长出来的，其本质是一种族群的生存哲学。”① 旅游迅速将夏银村这座“文化富矿”进行挖掘，而后产生的破坏性更加明显。传统文化的现代表述并不是回归到传统本身，而是指向了别处，传统成为一种获取利润的工具，“文化富矿”在不断地向“文化荒漠”方向发展，从而导致传统文化出现危机。

---

① 李培林：《村落终结的社会逻辑——羊城村的故事》，《江苏社会科学》2004 年第 1 期。

通过获取文物费、出租房屋、打工等旅游活动，村民在一定程度上改善了经济状态，提高了生活质量，然而村庄共同体纽带的消亡，破坏了社区的保护性功能，邻里互助的传统在慢慢瓦解，人与人之间基于天然的血缘和地缘纽带而形成的互助网络也失去了基础。这都可以统归为文化的荒漠化。村庄民俗文化、仪式和活动等是基于当地服务的一种地方性知识，这就是邓正来所说的“生存性智慧”，他将生存性智慧定义为“人们在生活实践中习得的应对生活世界各种生存挑战的‘智慧’”[①]。作为应对生存性挑战而谋生出的“生存性智慧”，在如今的态势下却反过来成为因旅游而带来的生存性危机的挑战。文化资源在经济独裁式的旅游开发背景下遭到破坏和消亡，由权力和资本营造出的旅游景观也与其本身的意蕴渐行渐远。如鼓藏头将鼓藏文化当成私人事件，通过上香获得利益，违背了村庄公共性的习俗；活路头及附属的农耕文明则在现代社会中遭到淘汰；农民画家用画表征出的传统风俗和文化也淡出政府视野等。“开展的民俗节目应唤起村民的自豪感和认同感从而生产出他们的自我形象，只为满足游客的表演或展演可能会导致社区团结和传统的失落，沦为迎合游客观看目光的奇风异俗”[②]，表演世俗化了，已沦为一种大众文化。在地方经济独裁主义的形态下，经济覆盖了文化，传统在流动社区中被抛弃，地方历史感将会终结，这是景观化的必然结果。建立在传统农耕文明基础之上的地方性知识和传统在景观化过程中，同样也成为一个遗址化的过程。而被遗址化的当地文化对于游客的吸引力也在逐渐发生变化，当游客对这些旅游景观的凝视和注目得不到持久的状态时，那么，夏银村旅游离其生命最后的期限也就不远了。他们经常说的是，“游客问我，我也不知道有什么可以玩的，再这样下去，也长远不了多久”，“现在都不重视文化了，人情也冷淡很多。过得没有尊严了，思想也变差了”。这是村民对夏银村旅游乱象的朴素和深刻的认知。村民无不对旅游充满担忧，“再这样下去，夏银村就很危险了。夏银村垮台了就是对夏银村人最不利的”，“文化被出卖了，变质了，就像是玩

---

① 邓正来：《“生存性智慧”与中国发展研究论纲》，《中国农业大学学报》（社会科学版）2010 年第 4 期。

② 谢珈：《乡村旅游的文化转向》，《江西社会科学》2013 年第 6 期。

具一样，以后文化会丢失的，但是要看政府如何运作，村民参与才能保护好的”。

旅游确实促进了当地文化在物质层面的发展，但是这样的发展只是满足了资本价值增值的需求，而没有促进当地文化的发展和村庄生活水平的提高。资本的逻辑不断渗透到文化领域和私人领域，使得村庄文化日益展演化、世俗化，与原初意义愈来愈远。一味地制造出差异化的意象而歪曲了文化的内涵。一些神圣的空间被旅游空间所挤压和占用，文化出现“荒漠化”现象，甚至最终可能演化为一种文明危机。

四 日常生活的“政治化”与“去生活化”

旅游开发以来，村庄矛盾重重，围绕土地征收、房屋拆迁、学校搬迁等问题的群体性事件和非群体性事件不断爆发，村庄生活和生产不断被卷入抗争政治的潮流中来，抗争、斗争的氛围不断凸显。日常生活也不断去生活化，村庄社会也由“稳定”走向“失序”。在旅游开发过程中，政府、公司、承包商和村干部之间达成协议，围绕利益分配而形成“分利秩序”①。亲资本、亲权力和疏村民的景观秩序成为统摄村庄的主要规则。由资本和权力推动的村庄发展已经引发了自然景观和人文景观永无休止的形成和革新，使之处于不稳定状态，资本和权力最终是为了不断积累利益和提高政绩及声望。

除了门票收入外，从地产经济中获得的收益是利润增加的主要渠道，因此，征地成为村庄中的常态。大小北门、表演场、黔森酒店、白水河、观景台等征地运动席卷了大半个村庄，将绝大多数村民卷入了征地斗争的旋涡中来。

最近一次大规模征地是政府准备在白水河上游建立一个饮用水库，土地主要是平寨的，政府的规划将占据大片良田。这里的地势较为平坦，而且土地肥沃，属于夏银村最好的土地资源。再加上旅游开发让平寨丧失了大部分土地，因此，面对新一轮的征地，村民极力反抗。他们试图通过制

---

① 贺雪峰提出“分利秩序”概念，具体参见《农村正在形成分利秩序》一文，载贺雪峰《小农立场》，中国政法大学出版社，2013。

造出不利于征地的舆论氛围让政府望而却步。

围绕征地，村庄政治不断升温；围绕征地，村民有说不完的话。村庄日常生活的逻辑被土地政治逻辑取代了，面对强大的外来力量，除了暴力反抗外，村民的言语抱怨也不断增多。

> 旅游开发只能锦上添花，不能釜底抽薪，确保旅游开发只会给当地带来新的经济发展的机遇，而非破坏原有的生存基础。
>
> 夏银村是我们祖祖辈辈居住的地方，上千年留下来的美好的寨子，是要留给后代的，应该由夏银村人民自己安排和管理。
>
> 我们还真是巴不得政府不搞了，我们自己来搞，搞小型的发展，发展过去的传统，并传承下去，让游客留下来，看里面稀奇古怪的东西。夏银村就是任人摆布，像一块肥肉一样被卖了，随便怎么宰割。我们世代居住在夏银村，这里是我们的地盘，本来应该是夏银村人管理自己，不能让别人插手。
>
> 夏银村被侵害了，夏银村就是背一个名声而已，只是一个名义上的东西。

开发前，村民生活在一个熟人社会和具有稳定性与长久性的生活预期中，有当地熟人的交流，有当地文化的规则，村民的生活世界中充满了一种确定性。而开发后，村庄通过旅游业而得到重塑，处在景观统治的逻辑中，村庄共同体无法实现有效的建立，因旅游而爆发的群体性事件和矛盾成为村庄中的常态。资本和权力的霸权导致村庄已有的秩序松散，景观化切断了村庄有意义的生活，当这些无序反射到村民身上时，村民对未来充满了焦虑和不满。

五　安全感的丧失和焦虑感的产生

地产经济不仅让村庄的抗争政治升温，而且给村庄带来了精神震荡。村庄是村民的生活之所，土地是村民的生产资料，这是村民能够安居乐业的根本，是安全感和归属感的保障。开发后，土地的价值发生了极大的变化，政府为了获得更多的利益，土地的使用被完全商品化了。土地所承载的多重价值和意义在市场和政府的联合动员下丧失殆尽，土地的增值价值完全取代了其对于村庄的经济保障、延续血脉、情感依托、子孙绵延等多重价值和意义。在村民的土地权属观念中，土地再也不是与他们的祖先、自己和子孙联系在一起的具有浓厚祖业的东西。开发后，土地成了被出卖的商品。土地彻底从村社中分离出来，而分化出来的土地成为一种商品，其目的是实现利润的最大化。基于土地而产生两种精神震荡：一方面是焦虑感的产生，另一方面是安全感的丧失。

农民因所依托的场所和物质资源的失却而产生一种强烈的焦虑。

> 旅游断了，以后的生活怎么办，都不敢想这些，二线平寨也不行。我都不知道以后生活该怎么办，我现在想的只是把小孩和老人管好就行，走一步看一步吧，我们也是没有办法的事情。
>
> 夏银村整天闹得不可开交，做一点活动，村干部都去上面要钱，夏银村干部给人的印象就是到处讨钱，但管理村庄是不行的。
>
> 几年后如果旅游搞不下去了，土地被卖光了，村里以后怎么吃？子孙后代的生活会相当困难。夏银村也不属于村民了，这是最困难的地方，我们都是不敢想象的。

羊排和东引虽然被占土地较少，但是，村民也对未来充满了焦虑。

> 在开发前，房子很古老、很古朴，外国人很喜欢这些房子。之前很舒心，感觉很好，人也很团结。现在是怨声载道，巴不得景区关闭，文物费给得也不到位。我们似乎是跟旅游无关的。旅游不在了，对我们的影响不大，但是对其他人会有影响的，有旅游会好一点，我觉得可搞可不搞。

在管理局上班的毛大平是东引人，他说：

> 这边管理很混乱，是否能延续十年是很难说清楚的事情，领导对夏银村的管理也是模糊的，不知道如何搞，到了最后的期限，他们是

可以拍拍屁股走人的。以前是看房子，高低起伏的，很漂亮，层层叠叠的，而现在到处都是在建新房。不好看，要是建筑完了，夏银村的旅游也就完蛋了。我们土地没有被占领多少，比其他寨子要好一些，旅游完蛋了，我们始终还有土地的，饿不死。

旅游给平寨和南贵带来一定经济收益的同时，也带来一系列风险。相比于羊排和东引，平寨和南贵的村民更加焦虑和不安。杨仕兰是夏银村小学一名退休老师，平寨6组人，她对旅游业的未来充满了焦虑，她对现在的形式充满了理性的分析：

羊排和东引虽然旅游收入较少，但他们有土地，短期看，是劣势，但从长远来看，则有很大的优势。土地不被征收是一件好事。夏银村的旅游是看形势，年景好就行，要是有天灾人祸就不行。旅游是一阵风，以前很多名胜风景区，现在都不火了。龙宫我在2012年去过，当时很火，但是现在也不行了，那个地方，我去过一次，就再也不想去了。夏银村再这样搞下去的话，肯定会垮掉的。

南贵村民的焦虑绝不亚于平寨，杨光恒是村庄中德高望重的老人，他是南贵4组人，他家土地只剩3分，全家生活所依仗的主要是房屋的出租，他同样对未来充满了焦虑。

旅游万一落了，生计如何办，这是最大的问题。旅游是一个风险比较大的事业，虽然是无烟工业，但来得快也去得快，夏银村的旅游若搞不好，很快就会完蛋。

何昌辉是南贵7组的，他说：

如果不搞旅游了，南贵就会被饿死，因为田地都没有了，现在是靠农家乐的租金和做一点小生意，但是风险很大，收入也不稳定。今年过来的游客少了，因为夏银村没有什么好看的，没啥古董，也没啥文物，这可能就是一个预兆。我们都很担心未来的生活。一个农民没有田地了，怎么过一辈子？年轻人以后怎么办？子孙后代以后怎么办？旅游业不会万岁，破坏完了山水，也就完蛋了，就像三月的桃花一样。田地被破坏，如何过日子？有田地在的话，可以从事农业，有饭吃的，有衣服穿，如此后代才能无忧。否则的话，田地没有了，农民就会去偷盗，社会就会得大乱。

南贵3组的一位阿姨说：

旅游是村民挡也挡不住的。我们现在是考虑子孙如何过，以后如何过，会有很多焦虑，会想如果旅游不在了，会如何生活，我对以后充满了悲观。土地才是万岁，现在连荒山也没有了。我们是今朝有酒今朝醉，一年得就几万元的土地费，今后如何办呀？我们的文化是当商品一样被出售，表演场的跳舞有很多是官场动作，无多少百姓动作，改变了原来的味道，跳舞也是乱七八糟的。

土地攫取使得土地所具备的安全阀丧失，其背后直接指向的是安全感的缺失。可以说土地延续了祖先的血脉，是村民根的寄托，有土地就有了根，就有了生命。夏银村人很爱护土地，在高山上开辟土地用于耕种，以养活世世代代居住的族群，从夏银村的建筑多建于山坡上就可以看出来，土地是村庄具有生命力的资源，是村民世世代代生产和生活资料的主要来源，可以说土地成了村民生存空间的重要保障。

负责视频监控的羊排村民蒋玉桥说：

征地很头疼的，大家都是一亩三分地，有的只有几分地。被征用完了怎么办？搞得好就是一辈子，搞不好就不行。有田地的话还具有保障作用，生活开支也较低，没有了土地，子孙如何过呀？后代如何生活？没有一技之长的话，到时候吃啥？地都没有了。

毛进老师说：

土地被征，村民就无法可持续发展，因为无地了，村民就会丧失口粮来源。旅游是有风险的，不是永远的，万一垮了，百姓抗风险的能力就比较弱。自己失去了土地，子孙也就没有了土地，我们是对不起子孙的。

从上述的话语中可以很清晰地看到土地在村民生活中的工具性价值和人文性价值，土地是维系村民于村庄之中生活的关键要素，只有在村庄中获得土地这一生活和生产资料，农民对村庄才具有安全感和归属感。

由于土地保障功能的缺失，村民倾注于土地之上的情感也失去了可以依附的东西。一方面，土地作为一种生活和生产资料，可以提供给当地人基本的口粮，满足村民建房的需要等，从工具性方面而言，土地具有经济保障的功能。另一方面，土地是村民情感的依托。土地是祖先通过开荒得来的，倾注了祖先的艰辛，这在一定程度上成为村庄中的私产，这种私产是可以不断地向后来者流动的。因此，土地就成为祖先、自我和子孙之间的一种连接纽带，是村民超越性价值的载体。从时间方面而言，个体的生命是有限的，而将有限生命的无限意义倾注于土地上，通过土地不断地往下流传，在子孙香火绵延的过程中，个体生命也就有了延展性。从空间方面而言，村民可以通过土地赡养孤寡老人和抚养儿童，这是一种互助的文化传统，在很大程度上强化了村庄内部的凝聚感和认同感，而这种价值和意义就根植于当地村民“过日子”[①] 的日常生活中。这是土地赠予当地人的一种文化和情感。

而旅游开发使得文化完全失去了情感依附的根基。旅游开发的过程也是土地被大面积征收的过程。从土地中释放出来的劳动力，部分沦为公司的雇用工人，其面对的是较为艰辛和工资待遇较低的工作条件，几乎享受不到社会保险，在公司规模不断扩大而出现“近亲繁殖”的现象时，部分工人由于知识水平、年龄、不配合景区工作等因素而面临被解雇的危险；另外绝大部分人则沦为农家乐等其他经营主体的雇工，面对着极为不稳定

① 吴飞：《过日子》，《社会学研究》2007 年第 6 期。

的工作环境和较低的工作待遇。因此，土地提供最基本的生产生活资料和情感依附的功能也就丧失了，村民日渐从“祖荫下”① 走出来。

毛文功是一位典型的老农，旅游开发后，他家的土地被征用很多，但经济条件并未得到大的改善。他无可奈何地道出了土地对于农民的意义：

> 农民靠的是土地，无土地就无饭吃，依靠田地养生活，不然就会被饿死了，打工不长久也不稳定，人老了，别人也不愿意要。农民始终是靠土地吃饭的。工业是辅助性的，而农业才是长久的……征地是不同意也得同意，慢慢做思想工作。征地的费用也很少，搞的规划让田地都没了，没有田地吃什么，钱用完了，吃什么呢，又没有什么好的收入。征地对农民的伤害很大，没有土地，农民就没有生活之路了。

退休后在家经营农家乐的李老师对旅游和土地的分析十分深刻，他说：

> 旅游想要继续发展下去的话，是不准破坏良田的，否则就会破坏原生态，要保持当地的环境，不破坏良田。有土地就可以维持生活，减轻社会负担，没有吃的，就会偷偷摸摸，互相残杀，田地就是老百姓的根本。有田地，生活就会蒸蒸日上；破坏了良田，生活就会受到威胁。没有土地，就无所谓农民了。现在的旅游业搞的是杀鸡取卵，良田应该保持下来。如果有良田的话，还是可以种田的，旅游业有了，村庄也就富裕了，百姓是更加富裕一点。失去旅游业的话，社会不会混乱。没有田地的话，大家就会为了生活而抢和偷，这是不好的现象。子孙后代并不是百分之百地到城市去生活，有工作的是千分之一。田地没有了，工厂也没有，到时候子孙去哪里打工？没有地方可以找到工作，也找不到吃的。大城市有工厂，而我们这里没有工厂，这里很难找到工作。我们现在是杀鸡取卵，虽然能够养活自己，但子孙后代怎么办呢？现在是吃不完，子孙后代怎么办呢？我们不仅仅要考虑自

① 参见许烺光《祖荫下：中国乡村的亲属·人格与社会流动》，王芃、徐隆德译，南天书局，2011。

己的问题，还要考虑到子孙后代的问题。

六 空间的二元性、隔离和碎片化

政府的规划和设计在很大程度上是对村庄空间格局和村民生活的重新安排，原有空间所携带的知识、权力和资源等得到重新定义。而在规划权和行政权的主导下，夏银村的生活和生产空间不断被隔离和碎片化，空间彻底成为一种被粉碎化的存在，规划和资本的权势打破了原有的空间布局，并塑造出全新的空间格局，地域性和血缘性构建起来的社会生活共同体不断弱化。在一定程度上，国家权力失去了控制经济资本的能力，私域不断侵占公域，共同体被打破，多个隔离区成型。空间差异的形成不仅仅是由资源禀赋、地理位置的优劣所决定的，而更多的是由资本和权力通过非对称的交换而日益集中于某些地方造成的。这是由外来力量制造出的一种新的地方不平等主义，塑造出的一种新的“中心—边缘”格局。

社会地域性是夏银村最明显的特质，这是权力和资本在夏银村空间格局上的集中体现。南贵和平寨具有浓厚的现代元素，而羊排和东引集前现代的符号于一身。南贵和平寨地理位置最佳，南贵是观景台的位置，可以观看其他两个村寨，房屋建筑也经过老板的打造，形成非常新潮的建筑符号，拥有现代化的元素。由于具有“观看”优势，可以观看古朴的苗寨，大多游客都居住在这两个地方，尤其是南贵，游客居住从南贵开始，然后向平寨和羊排部分地方延伸。南贵处于村庄贫富排序的顶端：村民年收入在100万元以上的有4户，都是自家在开农家乐，靠近观景台和公路；年收入在50万~100万元的，有10~20户，主要是出租房屋和征地所得；年收入在10万元以下的占据1/3；年收入在1万元以下的只有1~2户。而平寨属于次富，有门面出租的就较为富裕，非街上的就不富。整个夏银村，年收入超过100万元的约有30户。然而，南贵和平寨两个村寨的大部分住房都被外来人垄断，这里的房价在黄金周的时候每天可达上千元，但是这些钱大都被送进了外来人的口袋里。

我们是没钱，竞争不过外地老板，很多都让外地老板挣走了，夏银村永远是叫花子。村民享受不到旅游带来的好处，而是被外来力量拿走了。

为了得一点收入，我们才把房子出租出去，也是没有办法的事情，没有土地就只能依靠出租房屋。外地老板来搞，还是给夏银村造成了不好的印象。他们把房价抬得很高，破坏了我们的名声。钱全部都被他们拿走了，我们只得一点房租，吃饭几乎不成问题，但腰包还是没有鼓起来，百姓还是没钱用。

外地老板很会做生意，他们在外认识的人很多，与导游达成协议，老板给予导游的回扣较多，而我们本地人不认识导游，几乎就只能坐着等游客过来。

而羊排和东引人认为南贵和平寨人很嘚瑟，因为他们是有钱人。“有地盘就能吃饱，而无地盘就吃不饱，就饿肚子”，这是当地村民对这种新二元不平等生态的高度凝练。

资本只对利润保持高度敏锐性，它将生活空间从传统中剥离出来，制造成一个供游客消费的场所，同时也使原本统一的社区空间结构支离破碎化后形成一些区域的封闭格局。这对于村民而言，已成为一种排斥性的壁垒。虽然村民生活其中，但旅游似乎与村民无关，资本将生活其中的村民隐形地排斥在空间之外，成为与此空间无关的人。现代政府规划特许开发商经营管理，允许个体资本无障碍地进入，造成空间的集中和疏离。在让外商带动地方发展的合理化的话语背景下，外商被赋予占据有利空间而排斥村民获益的机会。如烧烤城、表演场和不同的小摊位由本地人经营，因为这是获利较少的区域，是村民在丧失土地的情况下另谋生计的策略。而古街两边的店铺和南贵的农家乐都被外来资本占据，这是利益最为密集的区域，是能够满足中产阶级消费的生活区域。外来老板在南贵和平寨塑造一种新的适合中产阶级生活方式的区域，这两个村都配备有空调、独立卫生间、互联网等现代“贵族”居住空间所必备的设施，空间结构的布局不断向城市靠拢。

“上边贫困，下边小康”、“大富大变，小富小变，大部分不变”，可谓对景区经济状况的生动描述。就整个村庄而言，穷人占 50%，小康的人占

10%，中等收入的人占 35%。穷人大多位于羊排和东引。

我们只是得了一个空名声而已，没有游客上来。你家父母生你在那儿，注定在那儿了，这是没有办法的事。现在是夏银村拿房子给别人看，我们没有得钱，我们很想自己搞，成立一个协会。但政府不让我们搞。

羊排活路头家的二儿媳妇说：

这边上来的游客很少，一点收入也没有，游客来转了一下就走了。我们是坡里来坡里去的，有空了就去街上逛逛，一般是没空的，每天都有做不完的农活，别人会送一点田地给我们种。

羊排有 50 人左右通过从事拉马工作而获得部分收入，这就是有名的“马驮经济”[①]。

而东引村更加糟糕，很多家庭是一个房子里面挤满了人，有客人来了都不知道如何安排。东引一位年轻人说：

我们这里消息很闭塞，大家基本上要不外出务工，要不就上山种田，差不多成为野人了，什么事都不知道。村干部也不传达。天时不如地利，老祖宗把我们生育在这儿，只能怪运气不好，不能怪老祖宗，我们对老人很尊重。我们只能得一点文物费，跟政府要钱，很难的，感觉是寄人篱下。

而村民自嘲为“穷得干净，饿得新鲜”，“一边是喝酒吃肉，一边是喝汤无饭吃”。

除了对大的空间隔离外，村庄公共空间也严重萎缩。之前的平寨老协会有一个聊天的场所，是老人们就地取材将树做成木凳，搬来石头做成石

① 指的是用马拉东西到山上，通过这种方式，村民可以获得一些补贴。

凳而自发形成的一个公共空间，老人们管这个公共空间叫坝坝。宋光和老人是贵阳师范学校退休回乡的老师，他对旅游开发是极其不满意的。老人说：

> 以前是天一黑，大家就从山上下来聊天，每个村都有坝坝，大家都围在那儿聊天，人很多，很热闹的。但现在这个地方被政府占了，只给我们修了一个凉亭，地方太小，坐不了几个人，又在公路边，很吵。

第二节　外视角下的文化与村寨

王士荣等认为，“人们真实的日常生活已经被虚假的景观消费侵占，个体自身的真实生活被蒙蔽和压抑，日常生活中的休闲娱乐等都被资本的逻辑渗透、组织，变成景观，被消费逻辑主宰着。我们所有的生活全都被景观统治着，这是资本主义对个体最深刻的异化。而资本家则通过这种异化来掌控景观的生成和变换，并进而操纵整个社会生活。所以景观成了当今资本主义世界最大的政治”①。总之，乡村旅游在工业文明下的主要症状有：批量生产、扎堆看热闹、花钱买罪受、匆匆一瞥、紧凑的安排等。夏银村的开发与其说走的是乡村旅游的路子，还不如说是大众旅游的路子，是对自然、传统和文化的工业性剥夺。而幻想进入异地的游客感受到的仅仅只是一种工业化的生活方式。乡村旅游受到地方传统文化的总体性影响，传统文化对乡村旅游具有构成性意义，是赋予乡村旅游活的生命力的重要因素。而现实生活中，地方文化往往被视为与其他生产要素相等同的“物”，人们忽视了其本源的价值。“旅游型的地方发展主义”正在成为剥夺这种文化多样性意义和价值的意识形态，由此导致传统文化迅速向城市文化靠拢，让传统乡村社会的运转逻辑跟城市并无二致，最终导致游客的不满意。将文化视为一种自然资源和交换指标就是在进行碎片化的“去文化性”的过程，这打破了文化所具有的多样性、多元性和个性化“杂糅”的状态。

---

① 王士荣、刘成才：《消费社会意识形态控制与自我殖民——居伊·德波景观社会理论及其批判性》，《江西科技师范大学学报》2012 年第 1 期。

一　在固定的“文化模式”中旅游

文化的消费是资本操纵的结果，“最明显的例子无疑是如今为数众多的影视媒体和平面媒体，它们的内容和对象其实都是预先设计好的，商人们躲在幕后着力制造种种我们将去预期和追求的东西，一旦我们真的将这些影像内容内化为自己的欲望时，我们也就失去了自己内心真正的需要”[①]。团队游客表现得最为明显，团队中的游客几乎是被导游牵着走的，吃住、该游览的景点、如何拍照等都是有时间规定的，游客几乎很少有机会参与到当地人的生活环境中去。在夏银村的团队游客唯一比较自由的是在观景台上照相和在古街上行走，那是他们的自由空间，然而，这种自由也十分有限。在观景台上拍摄照片时，拍摄到的仍是如现代城市街灯一样宏大而震撼的景色，游客除了感叹在乡间居然也会有这样大规模的灯光之外，而并未将此景与自我价值联系起来，没有体会到其他的东西，对此的记忆也并不深刻。此外，观景台上的拍照市场也极为混乱，村民逼迫游客拍照现象十分常见。在这个小场域中，当地人的权力远远高于游客，游客从下观光车并踏进这一场地的那一刻起，就已经进入被凝视的视野，本来是作为凝视主体的游客在这个时候却置换了自身的角色，成为被凝视的客体。“游客的体验更强调个体性，注重个人的创造性和参与感，强调人的主观感受，不再依赖传统的旅游吸引物，人们注重寻求自我独特的体验及不同情绪的满足。”[②] 总之，游客总是在一种固定的“文化模型”中进行旅游。

而乡村旅游的制造者们则通过对游客真实需求进行拔高或虚化的方式制造出不同的旅游景观，并通过旅游文本的书写而渲染出一个轻松娱乐、与世隔绝的天堂和圣地。部分游客不断地寻找宣传中的美景，迷失在寻找书写中所描绘的标志性景观中。而乡村旅游者们追求的能与当地人交流和谈话，能实现主体间性的一种无障碍交流则成为一种奢望。“借助文化的理解和视觉的感悟，观者与景观之间往往产生一种情景交融的感觉，完全沉浸在景观情境中，主体与客体之间的距离消失了，在主体与客体之间产生

---

① 〔法〕居伊·德波：《景观社会》，王昭风译，南京大学出版社，2006，第32页。

② 刘晓霞、王兴中、李九全：《体验经济时代旅游场所的构建》，《经济地理》2008年第5期。

一种‘意象美’。观者通过这种意象达到跨越个人与自然主体与客体有限与无限之间的界限，达到胡塞尔（Husserl）要求的事物在直观中出场的本来面貌，‘如所存而显之’”。[①] 他者文化的大众化是乡村旅游者所不愿意看到的，这部分游客需要的是一种建立在“地方感”基础上的文化体验和主体间性的一种互动，这就是一种“主体间性的诗意化栖居”。因此，他们保持对景观的警惕，并通过言语和行为的方式对景观的霸权实现反抗。从本质而言，他们在“圣地”中接触到的仍是熟悉的环境和熟悉的文化，这并不是对当地文化的一种体验，而是对大众和城市文化的一种消费。

二 “休闲”变“闲忙”

劳作和休闲是人类两大生命活动，前者是为了解决温饱的生存问题，后者是为了追求更好生活的发展问题。林语堂在《人生盛宴》有一段话：“能闲世人之所忙者，方能忙世人之所闲。人莫乐于闲，非无所事事之谓也。闲则能读书，闲则能游名胜，闲则能交益友，闲则能饮酒，闲则能著书。天下之乐，孰大于是?”[②] 这是拿“闲”来折射出人生真谛，旅游者看似闲，实则“闲”是一种能实现自我价值提升的方式。亢雄认为，“古希腊人认为，幸福生活应具备三大要素：智慧、美德、休闲。在这三个要素中，休闲具有突出重要的地位，因为休闲可以塑造美德，休闲可以增进智慧。为此，亚里士多德认为‘休闲是一切事物环绕的中心’、‘休闲可以使我们获得更多的幸福感，个人的幸福在于闲暇，城邦的幸福在于和平’”[③]。同样，旅游者到目的地休闲可以从日常忙碌中逃离出来，实现生命的增值。旅游者的“闲”是需要将其与异域文化系统关联起来的，否则，这种“闲”也是没有价值的，所谓“皮之不存，毛将焉附”。然而，景观化的过程则是在抽离这种“皮”，村寨文化早已不是一种建立在地方感与地方认同基础上的人与自然、人与人和人与自身和谐的知识系统，每一个景点都如出一辙，其运行逻辑皆相似。“快速”、“加快”、“又好又快”和“超常规”等宏大

① 赵刘、周武忠：《旅游景观的嬗变与视觉范式的转向》，《旅游学刊》2011 年第 8 期。

② 林语堂：《人生盛宴》，湖南文艺出版社，2002，第 37 页。

③ 亢雄：《“旅游幸福”何以可能》，《华中科技大学学报》（社会科学版）2013 年第 1 期。

的发展修饰词让乡村旅游离其本质愈来愈远，乡村自觉和诗意化的栖居意境被打破。

旅游者在现代社会中不断聚集起紧张、压力、繁忙和疲倦等，这需要通过一段时间的短暂外出来加以缓解，乡村旅游则成为一种较佳的方式。然而，景观社会因始终保持着一种高强度和高密度的运行节奏，从而实践着对“闲暇”最大限度的背离。乡村旅游者对这样的旅游环境极度失望，因为他们根本不想在逃逸出城市快节奏的生活方式后又陷入另一种快节奏中。这突出表现在表演中，在整场表演中，视觉的冲击成为舞台化的重心，游客只是在快速地观看而非参与其中，而且这种观看也只是对文化破碎化的、片面化的观看，而无法完全理解文化背后的整体全面的精神内涵；他们观看的是民俗文化的部分内容，只是部分文化符号而已，而对文化符号内涵的凝聚力和认同作用却感受不到。这是由资本简单化处理后而导致的民族文化的肤浅化表达。传统要素只是在为他人作嫁衣，而景观并未从根本上复活和延续地方性要素以及传统历史文化。因此，脱离了异域感的文化俨然已经成为一种展览品。对于逃逸出来或主动追求自由的游客而言，他们在旅游活动中表现出不满和抱怨，甚至产生一种憎恨情绪。因此，乡村社会所具有的“静”的一面，在工业社会逻辑主宰下遭到了破坏，旅游者在异域的土地上进行自由漫步的愿望也成为一种奢望，由“闲”滋生出来的整套意义系统也未能实现，乡村旅游由“闲暇”变成了“闲忙”。

三 自我实现的受阻

周大鸣认为，“对于游客来说，没有什么比千里迢迢赶来体验与别处雷同的东西更叫人失望的，其旅游体验的效果就可想而知了”[①]。游客到异地体验当地文化，而这种文化存在的前提必须是建立在“地方性”的基础上，否则，体验的雷同性就会出现。埃里克·科恩（Erik Cohen）和斯科特·A. 科恩（Scott A. Cohen）认为，“‘cool authentication’通常是一个单一的、明确的、经常正式或官方的、表演（演讲）的行为，其中一个物体、地点、事件、风俗、角色或人物都被声明为原创，真正的或真实的，而不是复制、

① 周大鸣：《人类学与民族旅游：中国的实践》，《旅游学刊》2014年第2期。

伪造或虚假的。有一点重要的是它必须得到权威机构的认证”①。如今的夏银村就是一个“cool authentication”的过程，通过世界级、国家级和省级等遗产称号的获得而维持生命力，它并不依靠与游客之间的互动而达成新的有效秩序，而成为一种博物化的“museumization”。郑达是一位来自河南的游客，他是一位真正的乡村旅游者。他先从游行和旅游的区别出发，进而从更深的层面揭示出乡村旅游者的意义和价值。他认为旅行与旅游具有重大的区别：

> 现在，大部分的游客都是在观光，是在玩玩而已，而我则是在旅行而非旅游。旅行很注重内在的东西，这也是一种未来的行动，有助于启发人生观和价值观。而旅游是消费，玩玩吃吃就行，要住得好。旅游就是这样的一个心态：人多、热闹、好玩、购买纪念品，开心、快乐就好。而旅行是要遇到很多未知的人和未知的事，这些事会给自己也会给别人带来启发，这种启发是精神上的启发，是思想层面上的启发。而旅游则是物质上的消费而已，被消费的潮流所引导，不缺钱，有钱了才旅游，想消费更好的东西。而旅行是能适应未知的生活方式，体验各种生活，体验山水、体验食物缺乏的一种饥饿感，体验一种绝望和一种极限，这样的体验能激发出一种潜意识，从而对生命重新定位和认识，这也是一种人生态度、人生观和价值观。有时候会让人觉得自己其实已经非常幸福了，因为还活着。如果心灵上不健康，那活得不如残疾人。太压抑的话，就出来旅行一下，人生并未像你想的那样美好，你要领悟到别人没有领悟到的，在一个地方你领悟到了，你就没有白来一趟。要学会尊重自己内心的想法，需要什么，想要什么，就去追求，别人不理解也属于正常的情况。我现在是把旅行当成一种体验生活，以后不知道还有机会不，有些事情通过旅行就可以体会到的。旅行之后，很多东西就可以放下了，之前是放不下的，一旦走出来就会放弃很多东西，也会获得很多东西。在旅行中会有一些挑战和困难，有些事情是需要经历的，不经历的话是体会不到的。我现在是

① Erik Cohen & Scott A. Cohen, “Authentication: Hot and Cool,” *Annals of Tourism Research*, 2012, 39 (3): 1299.

敢于打破常规，只要下定决心就可以了。通过与各种不同的人交流，你的思维会有很大的改变的。跟别人交流，会发生一些影响。在福州遇到一位大姐，得了癌症，但她这个人很乐观，什么都想得开，不在乎人世间的很多东西……我是来体验的，不会抱着很兴奋的态度，来寻找刺激。我会自己去体会遇到的人和事，并综合参悟，自己亲自去体会一下，印象就会更加深刻一些。在旅途中会有一些感动，并对自己产生影响，而有时候这种影响又是潜移默化的，连自己都不知道。就像你来采访我一样，我会记得的，会有一些记忆的东西存留在脑海中，随时在另一个场景中会得到重新浮现。不会完全消失的，这就是一种深刻的记忆。而大城市的生活有时候很难想起来，因为他们从未有如此深刻的经历，而没有经历的话，是不会对你的人生产生什么影响的，也不会有什么深刻的记忆。

郑达所说的旅行其实就是本书中分析的乡村旅游，他将旅行与个体生命价值和意义勾连起来，这是对乡村旅游本质最好的阐释。然而，乡村旅游的本质被景观社会所曲解，体现的并不是一种诗意化的表达，而是一种偏离和对立。乡村旅游者不是在“异地”开展自由之行和追寻生命的意义，而是在“文本”中进行旅游实践。他继续说道：

到夏银村来，我就是来体验一下农耕生活，学习一下当地的语言和一些技能，但是来了之后，我感到很失望，古街上全都是商品，几乎都是外面运进来的，在哪里都可以买到。这里的人也穿得花枝招展的，整个村寨像个花枝招展的小姑娘，哪里是一个村寨呀，简直搞得就像是一个小城镇。表演场的声音很大，到处都能听到卡拉 OK 的声音，主持人的声音很大，整个景区是乱糟糟的。很多游客来了之后，就去那些宣传的地方玩，哪里的宣传做得好，就往哪儿走。我就拍了几张照片，作为纪念。看到这样的环境，我心里就很不痛快，巴不得直接回家算了。有几个宾馆在招揽生意，但我不愿意住在下面，我就住在山上，跟农户聊天挺好的。

报刊、网络、短片等宣传，让夏银村旅游具有轰动性，让游客迅速地从潜在的旅游者变为现实中的旅游者，这是景观制造者们最大的愿望。然而，游客在目的地感悟到的跟宣传上的很不一样。游客对地方的消费，并不是对地方传统的文化、物质、习俗、风情等层面的消费，而是一种低层次的消费。在景观统治的压迫之下，他们通过照片等带走的并不是本原的文化，也不是游客的“地方之爱”，只是一些被资本改造过的现代符号而已，他们的“地方之爱”最多只是一种“城镇文化符号的缩影”而已，这就严重损害了游客对当地的情感及对当地文化的认知。郑达继续说道：

> 山下面很乱，我想在更高的山上应该会有不同的发现，然后我就一直爬山，到了李老师家。李老师为人很和善，很热情，对我就像是自己的儿子一样，他给我讲了很多夏银村的历史，这几天我就一直没下山，跟他上山砍柴和下田抓鱼。通过与他的交流，我不仅增加了对苗家的了解，更重要的是，李老师给我讲的苗家迁移史、当地文化、习俗禁忌等，这些都是网上找不到的，很美好，很具有启发性。他那坚忍不拔、乐观豁达和热情善良的性格也感染着我。我也重新认识了自我，感觉生命受到了彻底的洗礼。

作为一名真正的后现代旅游者，郑达在宏大的景观秩序中，从严密的监控网络中逃离出来，选择了居住在半山腰的李老师家。在这里，他实现了人景合一，找到了主客互动的机会，让自己真正过上了一种短暂的“诗意化栖居”的生活。他在夏银村的经历可谓一种真正的乡村旅游实践。从学理上而言，这体现出行动者对景观结构的一种极强的行动意义。

第三节　产销分离

一　主客关系的研究

自史密斯的《东道主与游客——旅游人类学研究》一书出版以来，主客关系就被提上研究焦点的位置。关于主客关系的研究经历了从单方凝视、双方凝视和互动交汇的历程。约翰·厄里（Urry）提出旅游凝视理论，他研究了“游客在旅游地的所有心理动机和行为，以及游客对旅游地的符号性消费”[①]。厄里从高度自觉的角度开创了旅游研究的新视野，然而他的研究针对的是游客对当地人所产生的权力，而忽视了当地人对其的反作用力，而这正是毛兹（Maoz）着力研究的地方。她提出“地方凝视”（local gaze）的概念来讨论第三世界旅游目的地国家对游客产生的反作用力。她认为“地方凝视是和游客凝视互补的一个词，地方凝视来源于一种更复杂的双向情景，在这种情景中，既有游客的凝视，也有地方的凝视，还有双方的交流和感受，这种地方凝视导致了双向凝视（mutual gaze）……当地人也可影响到游客，即使游客具有一定的权力。地方凝视作为研究热点是在当本地人作为自己权力的代表时。这个词能够帮助（我们）看到更复杂和双面的图画，旅游者和当地人的凝视是存在并且相互影响的，当它们发生作用的时候就相互碰撞”[②]。这与其他学者提出的“东道主凝视”（host gaze）[③] 和“反向凝视”（reverse gaze）[④] 具有相同的含义。吴茂英提出了“旅游凝视系统”的概念，“在一个完整的旅游系统中，仅认识到游客凝视和当地人凝视还是有欠缺的。完整的旅游凝视，还应纳入游客间凝视、专家凝视以及隐性凝视”[⑤]。然而在多斯塔（Daugstad）看来，这些凝视皆可归结为一种“视觉霸权”（hegemony of vision），他认为主客关系绝不仅仅是视角上的问题，“一个人在看景观时，感觉系统可以调动起嗅觉，味觉，或触摸，声音可以从远处发现，视觉是观看远处最为有效的感觉系统”。他进而提出“协商景观”（negotiating landscape）的概念，认为“乡村旅游可被视为一个场所，在那里，景观观念和认知由游客和当地人协商达成。协商结果可能是相互调试的结果，妥协方案的达成或观点仍然分歧。对景观的认知可能是

---

① Urry John, *The Tourist Gaze: Leisure and Travel in Contemporary Societies* (London: Sage, 1990), pp. 3 - 4.

② Maoz, D., "The Mutual Gaze," *Annals of Tourism Research*, 2005 (33): 221 - 239.

③ Moufakkir O., "The Role of Cultural Distance Inmediating the Host Gaze," *Tourist Studies*, 2011, 11 (1): 73 - 89.

④ Gillespie A., "Tourist Photography and the Reverse Gaze," *Ethos*, 2006, 34 (3): 343 - 366.

⑤ 吴茂英：《旅游凝视：评述与展望》，《旅游学刊》2012 年第 3 期。

由协商而导致的自然和审美气质发生变化”[①]。胡海霞认为旅游是建立在公平、公正和尊重的对话而非凝视的基础上的，主客双方是从“我—它”走向“我—你”的新型的主客文化关系，“旅游是主客间我与你的相遇，在相遇中通过真正的对话实现游客和东道主真正的交流和理解”[②]。多斯塔和胡海霞的研究可以说实现了主客关系的“关系转向”研究方向。

然而，有人对主客互动进行了质疑，如拉奥（Rao）、努涅斯（Nunez）、纳什和布尔斯廷等人。拉奥就质疑游客与他者之间的遭遇，“这是乡村旅游中最有意义的活动或内容——是否真的可以用所谓的主客间自愿关系描述；我相信，这种关系再次受到了追求掩盖或抹杀这种遭遇的商业性质的旅游话语的支配或规制”[③]。努涅斯认为主客关系“几乎总是一种工具性的关系，很少有情感纽带色彩；并且几乎总是被社会距离和刻板印象所标示”[④]。纳什认为“在旅游社区，有些东道主得扮演边缘人或文化中介人的角色，以便应付游客和大都市资助者，这给当地人造成了一种压力，他们要对大都市文化进行适应，学习如何进行表面的、不带个人感情色彩的交易，满足旅游需求。这种情况（包括未能实现的渴望）一旦出现或加剧，会导致东道主与东道主之间、东道主与游客之间的社会冲突，而且会引发不相容的人格积淀的内心冲突”[⑤]。美国南加利福尼亚大学的埃文斯（Deirdre Evans-Pritehard）从当地土著的角度论述了在美国西南部印第安保留地的民族旅游中，印第安主人和新兴殖民者——白人游客之间的关系。他得出两者的关系出现了恶化乃至敌视的过程，扭曲了“好客”的意义，造成了文化的非正常融合和变迁。他说道，“典型的印第安文化是不可轻易了解的，真正的印第安民族艺术品是无法用金钱做交易的，就连那小部分研究印第安文化

① Daugstad K.，“Negotiating Landscape in Rural Tourism,” *Annals of TourismResearch*, 2008, 35 (2): 405.

② 胡海霞：《凝视，还是对话？——对游客凝视理论的反思》，《旅游学刊》2010 年第 10 期。

③ Rao, N., *Tourist as a Pilgrim: A Critique Conference on Postmodemism and the Search for the Other* (Delhi: DelhiUniversity, 1991).

④ Nunez T.，“Touristic Studies in Anthropological Perspective,” in V. L. Smith, ed., *Host and Guests: The Anthropology of Tourism* (Philadelphia: University of Pennsylvania Press, 1989), pp. 265 - 280.

⑤ 〔美〕纳什：《作为一种帝国主义形式的旅游》，载〔美〕瓦伦·L. 史密斯《东道主与游客——旅游人类学研究》，张晓萍、何昌邑等译，云南民族大学出版社，2007，第 44 页。

的人类学家也面临着同样的命运。在制作阶段，工艺品原始的、真实的符号意义已完全散失，原来的艺术品成了纯粹的商品；在国际旅游者看来，购买纺织工艺品的意义仅在于以便将来唤起对这次旅行的回忆，或回家时作为一种显示经历的荣耀，或作为赠予亲友的礼物；从工艺品消费动机和过程上看，也全然没有艺术审美或了解目的国文化的内容。因此，纺织工艺品从制作到销售再转移到国际旅游者手中时已走完了商品化的整个过程"[①]。拉克森（Laxson）是另一位研究美国西部民族旅游的学者，他从白人旅游者的角度出发研究了白人与当地土著人之间的关系，他得出两者之间并非互相融合，而是相互持有自己的文化原型和世界观。"白人旅游者对当地文化的认知展示出的更多的是他们自己的世界观和文化价值，而并非想通过旅游而学习。短暂的交流加剧了民族中心主义（ethnocentrism）倾向，使双方更加坚定自己所持有的世界观的正确性。"[②]

无论是对主客虚假互动的研究还是对主客冲突的研究，如果将其放在社会发展阶段上来看的话，其根源在于乡村旅游与工业文明相遇时所产生的系统悖论。在工业规则下所形成的景观社会中，无论是作为当地的村民还是外来的游客，皆成为景观社会系统中的一部分，而非单独的个体。这如同卢卡奇所说，"人无论在客观上还是在他对劳动过程的态度上都不表现为是这个过程的真正的主人，而是作为机械化的一部分被结合到某一个机械系统里去。他发现这一机械系统是现成的、完全不依赖于他而运行，他不管愿意与否都必须服从于它的规律"[③]。当乡村旅游遭遇工业文明时，游客和当地人似乎都游离于乡村旅游的场域之外，成为观望者。

因此，笔者将主客关系研究的重点放在他们之间形成的一种新的"场"上，如保继刚所说"在这个时候，我们的旅游研究，将不再是旅游者，也不再是旅游地了，而是两者间形成的一个新的东西。我想，这就是类似旅游场这样的问题。场，就不单纯是旅游者，也不单纯是旅游产品，而是两

---

① 〔美〕纳什：《作为一种帝国主义形式的旅游》，载〔美〕瓦伦·L. 史密斯《东道主与游客——旅游人类学研究》，张晓萍、何昌邑等译，云南民族大学出版社，2007，第50页。

② Joan D. Laxson, "How 'We' See 'Them' Tourism and Native Americans," *Annals of Tourism Research*, 1991 (18): 65 - 391.

③ 〔匈〕卢卡奇等：《历史与阶级意识》，杜章智等译，商务印书馆，2012，第153～154页。

者互动中的新的物像。就是说，是旅游者进入环境或情景之后，所形成的一个新的东西”[①]。这样，我们既可以看到主客关系研究的新进展，也可以看到乡村旅游研究中行动者的意义所在。德国宗教哲学家马丁·布伯（Martin Buber）认为“‘存在’并非‘我’自身所具有的特性，而是发生在‘我’与‘你’之间；‘我’不应当把他者视为客体而形成‘我—它’关系，而应当建构平等的‘我—你’关系，使人与世界与他人之间构成平等的相遇，这种‘我—你’关系和敞开心怀便被称之为‘对话’”[②]。布伯所言的“对话”意在消除主客之间的距离，重新建构起主体间互动的关系，这也是托夫勒所说的产销一体。

二 “主体间性的诗意化栖居”的破坏

在大规模开发前，外来人逐渐到访夏银村，并与当地人建立起一种良好的主客关系，可以用“拟制”[③] 血缘关系来形容。而随着夏银村旅游开发的不断推进，亲密的主客关系经历了从友好到不友好的过渡，也即建立起来的“主体间性的诗意化栖居”关系逐渐走向了破灭。

（一）“拟制”血缘关系的构建

“主体间性的诗意化栖居”在大规模开发前普遍存在着。村民很怀念过去主客友好的关系，当地人将旅游者视为来自远方的尊贵客人。而旅游者是来适应和学习当地的生活方式和文化习俗的，扮演的是“边缘性的当地人”的角色。这样，产销一体的主客关系就开始建立起来。而作为外来者的游客也能够在异地体会到差异性和轻松感，短暂地经历一种“诗意地栖居”，这是一种旅游的减负作用。在旅游地，他们能够轻松、自由和畅快地与当地人聊天，实现无障碍的主体间性的交流。他们能够有尊严而又愉悦地行走在异地的家园中，享受着异域赋予的价值和意义，短暂地过一种有

① 保继刚等：《旅游学纵横——学界五人对话录》，旅游教育出版社，2013，第105页。

② 〔德〕马丁·布伯：《我与你》，陈准纲译，生活·读书·新知三联书店，1986。

③ “拟制”在百度百科中有三种解释，即：比拟其规模制度；草拟制订；视为。本书用这个概念来指涉游客与当地人之间的友善关系，虽然没有血缘关系，但是通过旅游这一中介而构建起如亲戚般的友好关系。

尊严的生活，而无须在旅游期间承受太多的负担，更不要说是言语和行为上的包袱。这时候的旅游能够规避列维－斯特劳斯所发出的“我讨厌旅行，我恨探险家”[①] 话语中的沉重的身体和心理负担，能让外来者沉浸在轻松愉快的人文环境中，他乡真成为故乡。“蚩尤部落”的老板，是夏银村中学退休老师，她十分好客，很多游客都喜欢在她家居住，她说：

开发之前，游客对当地人充满了好奇和兴趣，他们到夏银村来是为了了解我们的生活习惯和风俗民情，有些游客即便没有了解到当地文化的精髓，但他们一直对夏银村文化充满了崇敬，回去之后宣传苗家人的好客友善等。游客很少抱怨和提出其他过分的要求，我们苗家吃饭较为简单，他们也不介意。他们随时随地都可以跟我们交流和互动，我们也愿意将我们的文化和故事讲给他们听。

王进老师说：

开发前很多游客都来夏银村玩，我们不收钱的，那个时候很幸福，游客也很好，我们会把游客当成朋友一样看待，他们来一趟夏银村也算是半个夏银村人了。游客很认同苗家人，对当地文化很感兴趣，葬礼、婚礼、喝酒等他们都很融入的，苗家人很高兴，我们也很愿意与外面的人做朋友。个别有过分的，如醉酒说粗话、谈情说爱等，但这是很少的现象。他们有的待的时间很长，有的 2～3 天，有的一周多。我们待他们，就像是对待自家人一样，很亲热的。

陈成是东引 2 组人，他回忆：

外来人到我们这里来，是可以随便进门吃饭的，那个时候是不需要钱的，我还带老外到河里去洗澡，他们都很热情，和我们一起玩。

---

① 〔法〕列维－斯特劳斯：《忧郁的热带》，王志明译，生活·读书·新知三联书店，2000，第 3 页。

他们很愿意跟我们交流。我还带游客去雷公坪看原始森林，还帮游客背包。有时候他们会给一点费用，我们有时候会要的。他们都到我们家免费吃住的，尽管那个时候我们家条件也不好。

李老师给我们介绍道：

2003年，有一位叫李云松的上海游客到夏银村玩，他大概是下午三点找到我家询问住宿，我将老房的门打开两间，示意他们分开睡，因为这是我们苗家的风俗。但他们要求居住在一起，我不同意，因为这违背了苗家的风俗，同房的话就会得罪老祖宗，会祸害到子孙的。他们拿出结婚证给我看，证明他们是夫妻，但我说这确实是苗家的风俗。他们就去别的地方找，六点钟的时候他们又回到了这里，说这确实是苗家的风俗，还是住在我这里。我就煮鸡、鸭、鱼给他们吃，还喝了很多酒。本来他们打算住一周的，结果有事就临时走了，临走前很舍不得这里，要了我的电话。回去之后还教我如何上网，帮我做网站并在微信上宣传，很多游客都是通过网站找到这里的。2004年，一个叫杨光的游客从深圳过来，李老师客栈的名字就是他帮我想的，他说全国就一个张老师客栈，你就叫李老师客栈吧。他还邀请我到深圳去玩，跟我现在都还保持联系。很多游客给我提意见，还寄来很多外地的东西，他们来了我都是好好招待。有很多游客还连续来了好几次，都住的是我家。我们办农家乐接待客人，就是抱着一颗全心全意服务游客的心，把他们的小孩当成是自己的小孩，把他们的老人当成是自己家的老人，从不争吵也从不闹架，收费也是合情合理的。开发前收费是吃饭2~3元，住宿是8元，现在是40元左右，吃饭是100元一个人，我们是根据物价来收钱的，与工资持平，学生是可以免费吃住的。我现在经营农家乐，觉得好玩。我从来不去拉客，客人也对我家很有好感。有一个回头客来了四次，都是住的我家，喜欢苗家的文化，喜欢这里的人，经常和我一起聊天和吃饭。有一个来自北京的回头客，来了有三次，第一次还让我带他去雷公坪和其他村寨玩，他们会象征性地给一点钱以表示谢意，我们并不是为了钱，而是觉得可以跟他交流，也比较好玩。回去之后，那个游客还给我写过几封信，都是表示感谢的话。

开发前的夏银村社会塑造出了良好的主客关系，当地人并不将游客视为一种“客体”，主客之间是基于主体间性的一种互动，没有隔阂，没有偏见。游客也乐意再次回到夏银村，他们也会介绍朋友到夏银村，游客和当地人建构起“拟制”的亲密关系，并投射在夏银村村寨，形成一种特殊的情感，我们可以称之为“夏银村情缘”。在这种情缘和关系结构中，存在感激、互惠、友谊等情感因素。游客在异地他乡建立的这种长久的关系网络也利于当地人的文化自觉和自信，当外来人通过教村民如何上网、赠送小礼物以感谢他们的热情款待等方式来表达这种特殊的“夏银村情缘”时，这便体现为对苗家文化及苗家人的高度认可。这也可以看成是一种互惠基础上的关系模型，在这个过程中，关于主客双方的信息是对称的，如诺思所说，“给定现有的知识存量，可以通过增加信息的方式来减少不确定性”①。因此，这种互惠关系体现出较多的情感性而非经济性。然而，随着夏银村大规模旅游开发的推进，这种特殊的关系模式很快便被打破。

（二）工具性关系的建构

随着夏银村大规模旅游开发的到来，“主体间性的诗意化栖居”遭到破坏。随着景点不断被挖掘，景观脱离场景而与资本和权力结合在一起，通过媒体等渠道而将景观传播出去，景观更多携带的是广告信号而非地方文化知识。游客来旅游的目的仅仅是观看景观而非体验当地文化，当地人也被纳入旅游语境中，因此，游客与当地人之间的联系被阻隔。游客仅仅是在标识牌、旅游路线等现代旅游辅助设施下进行游玩的单个人，并不会刻意或者也没有机会和渠道去维持与当地人的一种友好关系，除非是真正的乡村旅游者。对于游客而言，他们的诗意之行并未得到实现。如彭兆荣所说，“游客在旅游景点的活动经常受到限制，它的真实性在很大程度上要打

---

① 〔美〕道格拉斯·诺思：《理解经济变迁过程》，钟正生等译，中国人民大学出版社，2013，第16页。

折扣。人们经常被乱七八糟的信息所引导、宣传、唆使、误导等，游客被搞得手足无措，这也使游客在某一个具体的景点无法真正自主地决定进入到'前后两分制'的广度和深度。这样，对于大多数游客来说，旅游景区和景点便被不同的因素（包括大量的人为因素）'撕裂'成为各种不同的'碎片'，而成了一个名副其实的'展演场'"[①]。约瑟夫·派恩等认为现在已经进入体验经济时代，"人们已经在产品上减少开支，而把更多的钱花在享受服务上一样，现在他们在重新审视他们在服务上所花费的时间和金钱，以便让出一部分来用于更加难忘的也是更加有价值的提供物——体验"[②]。然而，在旅游场域和景观社会中，体验却缺场了，体验对于游客而言已成为一种奢望。广告、标识牌、导游、主持人、旅游路线和具体的旅游景点等无不自成一体，仅仅通过将游客的需求定位在"tourism gaze"上而使其包围在内。如巴曼（Bauman）所说，"这些东西构成封闭自我存续的虚假的、人为的系统，目的就是哄骗游客。在东道主与游客相对隔绝的团队旅游中，旅游地的世界对游客是沉默的，旅游者付出的代价是：失去了知悉和关注当地人生活和情感的自由和权利，丧失了把对当地人生活编织到自己意义之网中的自由和权利"[③]。

同时，当地人对游客的看法也发生了改变，他们只是将其视为来消费的陌生人而已。村民对游客的心态发生着潜移默化的改变，这种改变一直沉寂在内心，一旦有不满事件发生，他们的这种情绪很快就会爆发出来。当地村民介绍道：

> 在开发前，我结识了很多外地人，他们经常打电话给我，叫我去他们那里玩。广东的一位游客，我叫她阿姨，之前来过夏银村好几次，都是住在我家的。回去后，她还给我孙子邮寄衣服过来。2008年后，她也来过夏银村一次，也是我招待的，我们的关系是很融洽、和谐的。现在，政府搞得全都乱套了，我们现在的感觉是在出卖我们苗家的文

① 彭兆荣：《旅游人类学》，民族出版社，2004，第200页。

② 〔美〕B. 约瑟夫·派恩、詹姆斯·H. 吉尔摩：《体验经济》，夏业良等译，机械工业出版社，2008，第16～18页。

③ Bauman, *Postmodern Ethics* (London: Routledge, 1993), p. 241.

化。这里是没有文化气息的，以后再这样下去的话，没几年就会垮台的，每家的砖房建起来之后，夏银村就会垮台，我也很担心这个问题。很多游客来了就是抱怨，说是不值得来。现在的游客也不如之前的游客了，很多十分挑剔，嫌饭不好吃，菜太少了，说我们这里不好玩，一点也不尊重我们这里的风俗，不该摸的也用手摸，一点规矩也不懂。

以前我们将游客当成远方的客人，会很真心地对待他们，他们也很尊重我们。但现在很多人都是为了看寨子规模而来的，都是一种利益关系，而不是情感关系。以前我们都很喜欢自己的服装，现在就是一些做生意的人才穿，我们都不穿了。游客也是很可怜的，毕竟还是花了不少的钱，但什么也没看到。他们来这里只是为了过一下眼瘾，不了解苗民的生活，很多游客过来之后抱怨说看不了什么东西，到处都是乱搭乱建，乱糟糟的。

现在大部分都是来看看而已，主要是宣传得很好，游客都是看看而已，没有多少真正地懂文化的。我们是主人，他们是客人，关系是不平等的，不像之前，我们把他们也当成是主人，没有主客之分。现在很多人都是来一个晚上或是一个小时就回去了，就是看一下寨子规模，看一下表演和吃一餐饭，就走了，以后一般都不会再来。他们就是拿钱来消费的，不跟我们交流。

很多村民骂游客，挑柴很累的时候，游客就只是顾自己拍照，不让路。村民就用苗话骂，他们也听不懂。一点也不尊重当地人，拉马也不让，村民又骂。之前是很文明的，现在不文明了，一点都看不起本地人。

景观制造者们将大而全的理念贯彻到景观的制造中，彻底掩盖了小而美的村社。在这里，游客仅仅只是单一向度的金钱的化身而非多面向的人，而村民及其附属的文化则是可以任意曲解和改造的。原本村民心中的愿景与游客体验当地文化的需求具有一致性，然而资本和权力将两者间的关系切断并形成一个黑洞，让当地人对游客的态度发生较大转变，反过来，游客对当地人的认知也会发生变化。总之，地方性知识系统与游客的外来知识系统形成壁垒，无法实现有效的交流。

第四节　小结：谁的村寨，谁的景观？

游客来到夏银村，寻求的是一个真正的“苗疆圣地”，寻求的是古朴的民风以及当地的文化特色等。然而，权力和资本以自身的强势来对抗地方的弱势，让强势的想象强加于地方之上。景观制造者们制造出来的是经过美化了的夏银村，游客被主导着来到这里，在搜集这个旅游文化描述的神话的过程中，游客面对的只是一些不断被翻新的苗家吊脚楼和古街两边林立的大量商铺。这是被资本改造过的一个地方，是资本的天堂，而不是村民的居住地，更别提是一个“圣地”。根植于当地环境的夏银村被不断地抽离出来，地方传统文化逐步被商业文化所取代，生活在夏银村的人也逐渐脱离当地场域，成为身在夏银村而逐渐被边缘化的一群人。具有活生生的一套文化系统的夏银村生命体，却在地方发展主义和旅游规划以及市场的侵蚀等多方力量的作用下不断地发生变异，夏银村被置换成一个供消费的场所，成为资本牟利的工具。当夏银村的传统、文化、习俗、自然环境等生存基础遭到破坏时，夏银村的乡村旅游发展对于村社而言就不是一种福利了。

这是一个关于“谁的村寨，谁的景观”的反思性发展问题。“你当你的官，我搬我的砖”，是老一届的村干部对目前乡村旅游开发的总结。村寨中居住着世世代代的村民，村民在当地自然环境和社会环境中不断生发出一种“维系人类生活”的文化类型。村寨本是村民世世代代居住和生活的场所，但在旅游景观的制造过程中，村寨逐渐丧失了自己的发展方向，村寨文化在发生变异，村庄中生活的人也在开发中不断被排挤和边缘化。村寨发展的方向被外来者所掌握，而不是社区精英和村民。村寨再也不是以前的村寨了，而成为被交换价值标榜的旅游景观和产品，景观化过程就是一个获取利益的过程，被削平了文化内涵的村庄也就失去了多元化的价值和意义。“园中园”的人也类似于产品一样被出卖，“旅游不光是保护几栋房子，而是要将文化保护下来，生活方式、生产方式和习俗等都是需要保护下来的”。权力和资本通过“物理性的折腾和外科手术式的改造”[1]，将乡村建设视为单纯的工程建设，而忽视了人的存在。

而人作为文化的主体，其生存和发展关系到乡村旅游的长久性。在郎德镇工作后退休的陈在先老人说：

民间组织搞旅游的话，力量是很弱小的，因为缺乏人才和资金，不靠国家而专靠自己也是不行的，自身也做不下来，很多时候连自身也难保。但是如果任由政府拍板也不行，政府拍板的话，旅游的味道就变了，政府搞垄断也是不行的，民间活动就失去了。不要政府，自己就会缺乏能力与资金；全部依靠政府，就面目全非了。乡村旅游就是出来看看，大部分人在家很压抑，想出来透透气，多看看一些地方，清静一点，独特一点。乡村旅游就是看乡下的风光，看生产方式，看部落的文化，看变化。以后游客不来了，这个地区也就垮了，不能将原来的风貌完全毁掉。

老人道出了旅游行动者之间的关系问题，他提出的一个核心要点在于人的在场性。当村民不能共享发展的成果时，村民的生存性问题便会凸显出来，如羊排和东引村民的生存权利就应该得到思考，思考村民如何才能通过旅游过上比较满意而有尊严的生活。共享理应成为旅游发展的主要方式，夏银村是集体的，是所有村民的，所有村民理应享受经济发展带来的好处和优惠，需要照顾到“空间里的空间”，即生于斯长于斯的村民。然而现实是，当地人不但不能通过旅游共享发展成果，反而会陷入发展的困境中。发展不仅不能消灭贫困，而且还制造出新的贫困。当地人才是最大的投资商，村民应该持有资源文化股，因为夏银村是村民的夏银村，是公共性质的，否则旅游开发就具有一定的剥削和掠夺性质。但本书也不排除旅游开发而带来的众多好处。制造出来的诸多景观只是外来者观赏和消费的文化而已，景观并不属于游客，游客带走的只是一些记忆和抱怨；同时，景观也并不属于村民，因为景观已经背离了村庄发展的方向。景观属于资

① 王德福：《乡村建设的文化使命》，《绿叶》2014 年第 8 期。

本，是其用来赚取大量金钱的工具。文化出现危机，向景观化的方向发展，文化性的村庄社会已经演变为资本性的景观社会，随着资本的不断流动，景观也在不断地生成和拓展，景观统治的秩序已经蔓延到村社之外的领域。乡村旅游，无论是从游客角度而言，还是从当地人的视域而言，都应该是跟城市发展不同，体现出乡村特色的旅游形式。作为文化持有者的当地人有权决定乡村走向何方，有权享受旅游带来的发展成果和福利，应该让村庄有主动权决定自己的走向，而不是外来强力的干预。坚持主体的自由性，让游客和当地人都能过上“诗意栖居”的生活方式，即一种有尊严的、自由的和愉悦的生活。

第八章

结论和展望

第一节 结论

一 权力、资本与地方

在中国特殊的社会背景下，被塑造出来的景观社会隐藏着权力、资本和地方三股力量。首先是政府发现“景点”并确权和赋权。旅游目的地经历了从民间的“发现”到地方政府的确认以及高层政府的进一步确权和赋权的过程，这看似是由旅游地自身资源禀赋决定其该享有的开发权利，实际上是权力在旅游主义意识形态下的一种隐形表达。中央政府确立了以旅游扶贫的政策来展开对落后地区的援助，于是，作为扶贫重要方式的乡村旅游成为主流意识形态下的价值观。然而，在这个主流观念的指导下，地方政府对民族地区采取的策略往往代表着对边缘地区的一种“俯视性”，有时候会伤害到当地人的民族自尊心和对文化的自信与自觉。在乡村旅游的开发过程中，地方政府的控制权可以延续到整个开发过程。对于地方政府而言，一是在其下设置新的旅游开发公司，管理阶层由国家公职人员担任，这样就严格控制了景观制造的大体方向和节奏。二是政府直接介入平息群体性事件中，使得基层社会对国家的反抗也被日益纳入国家公共政治领域，通过在矛盾中不断博弈，政府的权力也在不断下沉。三是通过与公司签订合同，确保政府财政收入和由此衍生出来的政绩工程。

其次是资本与权力的联袂演出。从目的地被国家赋予权威论证开始，权力和资本就开始联手行动。政府通过项目补贴、现金补助和招商引资等优惠政策为资本下乡和公司的经营扫除障碍并铺好路。对于公司而言，公司在具体的规划和设计方面通过市场的方式来影响景观的生产和消费。一方面，在政府铺好旅游底色的基础上通过旅游景点的打造、旅游空间的规划、旅游线路的设计、寨门的设置等对景观社会进行具体的塑模，在塑模过程中，转移、区隔、遮蔽、淡化、利用和拓展等一套"景观组合拳"被运用得淋漓尽致。另一方面，通过制定旅游手册、宣传册子和规划图等旅游文本，将夏银村这个被制造出来的景观社会通过诸如"天下夏银村、最美苗寨"、"苗疆圣地"、"看夏银村知天下苗寨"等系列口号使其更具有神秘性和传统性。在网站、推介会等传播工具的作用下，现实的夏银村已经变成了一种想象中的夏银村，给游客以极大的想象空间。这是资本直接而集中的霸权，作用于村寨而实践着对村寨的统治，从而影响到村民的抗争。

总之，政府和公司在旅游场域中直接结成了一张坚韧的"权力—利益之网"，这张网既有权力作为支撑，也有利益作为交换的资源，因此，它才显得如此的坚固，难以被打破。这种开发方式就如学者所总结的"经济独裁式的旅游开发思路"①，其最终导致"景观败笔"②、地方社会的边缘化和传统的异化。然而，由大自然的鬼斧神工和人类智慧的结晶在千百年间造就的夏银村社会在短短几年时间就已经被搞得面目全非，成为乡村旅游中最大的"景观败笔"。在这种开发理念下，乡村社会迅速地演变成景观社会。通过宣传，权力可以肆无忌惮地畅游于乡村社会内部，资本可以大肆宣扬一幅美好的、浪漫的、田园诗化的、神圣的乡村图景和画卷。在这幅画卷中，村民被美化，村庄中的人、事、物并未询问村民的意见就被写入宣传话语中去。如翟艳春所说，"当地民族能够成功地管理自己的资源对维

---

① 赵旭东：《人类学视野下的权力与文化表达——关于非暴力支配的一些表现形式》，《民族学刊》2010 年第 1 期。

② 大多数人将"景观败笔"分为两种：一种是本身缺少创意、审美乏味的人工造景，另一种是人工设施侵入与环境背景造成冲突。参见陈文新《盘点中国大地上的景观败笔》，《中国国家地理》2014 年 8 月 13 日。

护其民族发展至关重要”①，然而，当地村民在现实中却处于一种被边缘、被淡化的境地。这些对乡村社会的描述性话语与村民现实和村庄现实往往并不相符合，这只是权力和资本的一套话语。因此，对夏银村浪漫化的表述存在一定的片面性和不当性。在景观秩序的统摄之下，村社将不再有单个的人或地方的文化，而只是一种被贴上交换价值的商品。资本主义在乡村社区的蔓延和扩散在中国社会语境中拥有来自地方权力的支持，两者通过旅游的界面而缔结“盟约”，他们为了获得利润的增值及政绩需要而将传统文化及当地人纳入资本主义生产的链条中来。

总之，在资本和权力的联袂下，地方文化生产和再生产的公共机制被切断，旅游地成为资本和权力运作的天堂，当地的民俗风情等文化都在资本化的包装和运转范围之内，地方文化遭受到很大的冲击和挑战。操纵者对地方符号的权术操弄导致景观以一种“在场”的身份出现，景观的在场又是对传统和文化本真性的最大限度的遮蔽。同时这也排除了当地人的参与，让当地人分享经济发展的成果受到极大的限制。

二　景观、商品和文化

景观概念的定义经历了从地理学、生态学到人类学最后到哲学的研究历程，景观的内涵也愈加丰富，其指涉范围在不断扩大。商品概念在最初并无价值指涉，指的是用于交换的劳动产品而已，到了马克思及马克思主义学派这里，商品具有了超越具体产品的特性，可以用来反观资本主义的霸权性。文化在哲学、人类学、文化人类学和民俗学等学科运用较多，百度百科中对文化的解释是“文化从本质上讲是哲学思想的表现形式，从存在主义的角度，文化是对一个人或一群人的存在方式的描述”。文化的英文名是 culture，含有教化之意，文化在本质上具有共享性和分享性。而在夏银村的乡村旅游开发中，这三个概念是相互等同的。夏银村旅游开发的过程就是将文化视为商品的“景观化”过程，在“景观化”的过程中，当地自然资源、文化资源及生活于其中的人皆成为商品，因为只有将其视为商品，

---

① 翟艳春：《旅游景观的文本化与神圣化——符号学与社会学的双重视野》，《昆明理工大学学报》（社会科学版）2011 年第 11 期。

这些文化才能带来更多的财富。如布希亚所说，“商品的逻辑得到了普及，如今不仅支配着劳动进程和物质产品，而且支配着整个文化、性欲、人际关系，以至个体幻象和冲动。一切都由这一逻辑决定着，这不仅在于一切功能、一切需要都被具体化、被操纵为利益的话语，而且在于一个更为深刻的方面，即一切都被戏剧化了，也就是说，被展现、被挑动、被编排为形象、符号和可消费的范型”[①]。景观化造成的后果仅仅用“景观败笔”来形容还不够，而是在毁灭文化和族群记忆，夷平文化的差异性，剥削文化持有者的权利，挤压村庄生活空间。

景观化主要通过视角的交换、物化及展示的方式将文化与商品等同起来。首先是视角交换。视角交换的逻辑体现在整个旅游过程中，“存在着三种主要交换关系：用财力来交换短暂占用移动财产的权力，用财力来交换短暂拥有远离人们正常居住、工作地点的住宿与设施的机会，用财力来交换视觉财产”[②]。而用视角来交换财产是政府和资本在制造景观过程中的主要策略。景观制造者们在游客的感官上下了很大的功夫，将视角所及之地进行高密度的资本投入和严密的管控。他们将能够观赏的诸如吊脚楼、文化展示点等做得尽善尽美，形成“媒介化乡村”[③]，这是设计者们利用凝视而设计出来的一套封闭性的视角约束系统，从视角上俘虏游客，因为追求神奇性“落后性”而未能遵守历史文化脉络。这同样也预示出当前旅游现象从“冷媒介型景观”向“热媒介型景观”[④]转变的倾向，即“当代新兴的旅游景观表现了一种明显不同于传统景观的特点，即负载的信息越来越多，要求旅游者深度理解和介入却越来越少”[⑤]。购买形象已经成为游客被

---

① 〔法〕布希亚：《消费社会》，刘成富等译，上海人民出版社，2001，第225页。

② 〔英〕斯科特·拉什、约翰·厄里：《符号经济与空间经济》，周宪等译，商务印书馆，2006，第268页。

③ “媒介化乡村”（mediated rurality）这一概念最早由菲利普斯（Phillips）、菲什（Fish）和阿格（Agg）等人在2001年提出，而后左晓斯对其有进一步的界定，他认为这是一种媒体传达的乡村感（senses of rural），即媒体给那些甚少或根本没有直接、真实乡村体验的人们送达的一种“乡村”。具体可参见左晓斯《可持续乡村旅游研究——基于社会建构论的视角》，社会科学文献出版社，2010，第75页。

④ 这两个概念是由麦克卢汉（Mcluhan）提出来的，他将媒介的景观分为冷媒介型景观和热媒介型景观两类，认为正在从冷媒介型景观转向热媒介型景观。

⑤ 赵刘、周武忠：《旅游景观的嬗变与视觉范式的转向》，《旅游学刊》2011年第8期。

动无奈的选择，正是通过收取观赏的费用，政府和公司就能轻而易举地获得报酬。游客通过付费，虽然不能独占资源，但是能利用相机和手机等各种现代化的设备将这些风景给保留下来，然而，这些被保留下来的记忆仅能满足部分游客“到此一游”的“tourism gaze”需求，并不能满足乡村旅游者激发生命意义和提升自我价值的“non-gazing tourism”需求。

其次是展示。展示或展览不仅涉及局部的文化，而且涉及整个村寨及村寨中的人。穿着服装游走在村社中的人、矗立在观景台对面山头的传统房屋建筑、活路头、鼓藏头、拦门酒、歌舞表演等无不成为一种对外展示的窗口，传统文化被组合起来进而形成封闭的进行自我循环的人为景观系统。这种经过过滤、筛选和凸显的文化要素并未构成一套与村庄自然环境和人文环境相契合的文化系统，相反，它们仅仅成为一种供人观赏的旅游景观，甚至世代居住于此的人也演变成一种供人消费的景观。展示出来的文化早已丧失了该文化生存的语境，失去了活力和生命力。市场交易逻辑替代了传统的自然生产逻辑，乡村物质景观、习俗和文化等皆成为可交易和被展示出来的商品。

最后是物化。一切似乎只有成为商品后才具有价值。随着旅游进入乡村社区的是一整套发展的话语，土地、当地风俗习惯、仪式活动、生活于其中的人等皆成为一种廉价的商品，成为资本实现增值目标的重要组成部分。景观制造者们过多地强调视觉感官，注重对基础设施、房屋、观景台、鼓藏头、活路头、刺绣坊等景点的打造，通过对传统文化要素的借用来建构出一套独特的“落后”形象，将“落后”的形象仅仅诉诸简单的物质化的文化上，而忽视了非物质文化所具有的独特魅力。过多地注重对“物”的追求，让乡村旅游丧失了本意，而其中的人与人之间的关系也变成一种物化的和金钱的关系。因此，“即使是所谓的民族文化旅游、探险旅游和生态旅游这类以‘原汁原味’的非工业文化为特征的旅游，在这种强大的力量面前，也只能转变为这个工业文明体系的一个部分，成为新的制度文化建构的一个组成部分”①。

① 马翀炜、陈庆德：《民族文化资本化》，人民出版社，2004，第267页。

三　制造景观

“景观”是一个复杂的术语，其经历了从地理学和生态学学科意义上的物理层面的景点含义到人类学、社会学和哲学学科意义上的非物理层面的景观含义的转变过程。由“景点”到“景观”概念的转变则更多地深化了景观的相关研究。“制造”一词深刻地体现出文化传统从地方场景中被置换出来的过程，文化已经不是基于地方场景生产为当地人生活服务的一套生活方式，而是资本按照自身价值增值的要求生产出来的旅游景观，是按照消费而非真实需求而制造出来的。制造出的宏大的景观是资本获利的法宝，这是一种将文化作为其他商品来打造的思维方式。“他者”的文化限定是指在景观（商品）制造（生产）的过程中，生产出来的景观并不是满足游客的真实需要，而是为资本的价值增值服务，依靠（对景观的）消费来维持制造（生产），景观的使用价值已经服务于交换价值。商品化、理性化、城市化等“他者”文化限定下的产品，跟城市景观并无不同。本书提出“制造景观”的概念具有两方面的来源，一方面是受理论上的马克思主义学派的启发，另一方面直接得益于经验的灵感。

一方面，“制造景观”概念具有强烈的批判意味，这种批判可以从马克思学派中吸取营养。马克思、卢卡奇、马尔库塞、德波、波西利亚等是该学派的集大成者。马克思从商品社会入手分析了资本对人的异化问题，即由人所生产出来的物反过来成为统治人的工具。德波对马克思关于商品化的理论进行了进一步推进，他从消费的角度论述了表征和形象在资本主义高级发展阶段的控制形式，虚假的需求通过不论是集中的、弥散的还是综合的景观的权力形式而得以表达，人在其中丧失了批判和抵抗的力量。马克思将“生产”视为资本主义的核心，而德波则紧紧围绕“消费”展开分析。本书中的“制造景观”概念既具有马克思意义上的生产特性，又具有德波意义上的消费特征。

另一方面，田野中的灵感更能体现出景观制造背后的复杂性。乡村旅游理应是对传统的复兴和激活，然而在现代工业化进程及其所属的整套规则中，在乡村旅游开发实践中，无论是夏银村还是其他地方，皆有现代工业化的印痕和足迹。在政府的宏观规划和资本具体的旅游开发实践中，夏银村的传统歌舞、拦门酒、娱乐文化、农耕文化、刺绣、蜡染和酿酒等传统文化以及活路头和鼓藏头等传统精英都被纳入工业社会的整套运行框架中，而工业化规则下的旅游开发表现出强烈的大众旅游和经济独裁式的特征。在“一切为了发展”等极端的地方发展主义意识形态和资本主义价值增值的指挥下，地方传统包括村庄中的人皆被作为可供出售的商品而展现在外来者面前。夏银村原本各自拥有的村寨特色文化系统却被重组、筛选和制造成在本质上具有同质性的景观，文化被碎片化并重新被工业化生产方式统合起来，丧失了文化的主体性和自觉性，最终被游客观看，物化的景观就压倒性地统治了当地人。人与人之间的关系被景观化了，也就是被物化了，即作为生产者的当地人和作为消费者的游客之间的关系通过景观及景观从这一中介而物质化为“景观—观众，景观—景观”之间的关系。政府和资本常常将自己的意志强行植入地方社区中，将地方传统文明和自然界的尊严任意践踏，这是最为彻底的异化。总之，乡村旅游开发的过程就是景观制造的过程，最终传统的村寨社会被景观社会所替代，景点及景观社会又被外来者所消费，景观消费反过来又加剧了景观的生产。

总之，延续经典马克思主义学派的批判路径，制造景观不仅具有马克思以“生产”为核心概念来说明传统、文化、社会和人的社会观，而且还具有德波以“消费”为核心概念来概述一切的社会观；制造景观既有生产垄断性的面向，同样也具有消费霸权性的面向，无论是生产还是消费皆统一于景观社会的统治秩序中。

四　“行动者在场”和“强介质”的文化商品化理论

（一）“行动者在场”和“村寨车间”

关于文化商品化的研究已较为成熟，但仍有创新空间。目前关于文化商品化的论域几乎形成了两派对立的观点。格林伍德、米切尔、特纳、阿西、努涅斯、乔治·里茨尔和泽普尔等认为文化商品化弊大于利，可谓反文化商品化的一派，而威尔逊、艾斯门、皮奇福德、亚当斯等认为文化商品化利大于弊，可以说是挺文化商品化的一派。然而无论是对文化商品化的“反”还是“挺”，都未能将行动者纳入其中，从而导致行动者的“缺场”。因此，行动者的在场可以成为当前研究新的拓展方向。而马克思主义学派也因过度强调资本对人的管控和异化而遮蔽了作为主体的人所具有的行动力。“行动者在场”是由复杂的基层社会所决定的，尤其是在有宗族的血缘性和地缘性嵌入其中的乡村社会。

景观制造者们将游客和村民打包处理，将其作为一个整体的被动的客体来看待。对于制造者而言，当地人及其携带的传统都是值得开发的商品，可以按照价值增值的原则进行大规模开发。同样，在制造者眼里，游客丧失了身份、个性、兴趣和职业等异质特征，与游客的交往是货币原理在起支配作用。在资本和权力的强势压制和诱导下，部分当地人源于“生存危机”和“发财”的考虑而选择“同意”，部分游客也迷失在景观幻象中。可以说，景观社会是权力、资本与部分游客和村民合谋下的集体产物。然而，也有部分当地人和游客持有不同的态度，部分人则因为景观社会越过了“社会生活的底线”① 而“反对”，部分人则因遭遇“剥削”而奋起反抗。这是一幅类似于布若威所提出的生产的政治图景，他认为“在生产领域中，被生产政治规范工具所规范的、在生产领域内针对劳动关系（relations in production）与生产关系（relations of production）所进行的斗争就称为‘生产政治’（production politics）”②。布若威将政治定位在生产领域，而笔者认为这一政治形态并不只是在生产领域，也出现在消费领域。生产和消费的过程涉及不同的行动者，他们携带不同的目的而聚集在景观社会中，因为不同的利益导向和价值追求，行动者之间的行动和追求就构成了一幅“村寨车间”③ 的政治图景。

因此，在一定程度上，景观制造是集体合力创造的结果，只不过权力和资本占据上风，部分村民和游客则在制造过程中达成共识，成为制造的附和者。但对景观秩序的反抗和斗争也时常爆发。这是从行动者的角度开

---

① 孙立平：《守卫社会生活的底线》，载孙立平《守卫底线：转型社会生活的基础秩序》，社会科学文献出版社，2007。

② 李洁：《重返生产的核心——基于劳动过程理论的发展脉络阅读〈生产政治〉》，《社会学研究》2005 年第 5 期。

③ 布若威提出了“生产政治”的概念，本书将不同行动者在村社中的利益争夺和博弈现象称为“村寨车间”。

展的商品化研究，这也说明了景观统治并非铁板一块，而是有着诸如真正的乡村旅游者和村庄内部人的抵抗。在乡村场域中，无论是地方社会中的当地人，还是来自外地的游客，皆在景观统治的秩序中表现出一定程度的能动性作用，这就是微观的小场域和社区与宏观的结构和关系网络在互动的过程中所形成的一种新秩序。在这幅“村寨车间”图景中，充满着支配和不满，统治和反控制。无论是日常生活中弱者的武器，还是“造反”等暴力和非暴力的反对与抵抗等，这些行为都能凸显出行动者的价值和意义。这些行动者在一定程度上挫败了文化景观化的企图，延迟了文化异化的程度，同时也维护了自己作为文化人的权利——只有他们才是苗家文化的真正生产者。

（二）“强介质化”和统治逻辑

众多学者关于文化商品化理论，要么从东道主的角度要么从游客的角度来展开研究，即具有站在东道主立场来展现旅游地被挤压、异化和商品化的特性。他们将焦点仅仅集中在“商品化谁”和“为谁商品化”的方面，凸显了商品化的开端和结尾，而“谁来商品化”和“怎样商品化”的商品化的过程和机制却被忽视了，连接两者中间环节的探讨也被过滤掉了，即景观社会是如何在地方场所和位置中影响到村民的日常生活和互动的，这种局限性可以被概括为一种“弱介质化”。这里的介质指的是资本、权力、导游、符号等旅游介质，它们起到的并不仅仅是“纽带”的作用，在很大程度上是作为“操盘人”而出现，这就是本书强调的“强介质化”的研究。然而，“强介质化”的研究并不排斥宏观社会的运行规则和规律，而是将地方微观环境和社会宏观环境有机结合起来，达到微观与宏观的相互交融。这样，将旅游客体和旅游主体通过旅游介质而联系起来，突破了中间断层的简化研究的现象，同时也更能突出文化商品化的实质——前者对后者的作用力或后者对前者的反作用力。旅游介质的研究就可以超越两端化研究而成功实现将两者连接起来的目的，填补了商品化的过程和机制环节，凸显出介质的“宰制性”。因此，“强介质化”研究赋予了传统商品化理论较为完整和系统的研究系谱。

在全球旅游文化的大浪潮中，中国不可避免地受到这股浪潮的侵袭。

中国的乡村旅游开发具有浓厚的政治色彩和经济效应。地方财税收入及其衍生出来的政绩需求成为地方政府实施旅游开发的最大动力，即通过旅游实现经济、政治和社会等的泛政治化效应。政府拥有发展乡村旅游的宏观规划上的权力，为景观社会铺上了一层厚厚的政治底色。而与政府密切相关的是资本，两者达成“政经一体”的盟约，资本在政府赋权下快速实现下乡并进行旅游线路的设计、景点的开发和景观的布置，通过一套“组合拳”的布景策略，将村寨社会置换为景观社会，并将后者纳入资本化的大规模生产系统中。它们将地方传统视为可以出售的商品，将当地人排斥在外，将村庄边缘化，从外地来的游客与当地传统和地方文化持有者的“主体间性的诗意化栖居”关系也被“景观和人”的物化关系所取代。

五　乡村旅游的本质——“主体间性的诗意化栖居”

（一）主体间性与“诗意化栖居”

梭罗在《瓦尔登湖》中有一段话：“接受和过着充实的生活而不是过度地消费，将使我们重返人类家园，回归于古老的家庭、社会、良好的工作和悠闲的生活秩序；回归于对技艺、创造力和创造的尊崇；回归于一种悠闲的足以让我们观看日出日落和在水边漫步的日常节奏；回归于值得在其中度过一生的社会；回归于孕育着几代人记忆的场所。一个人的富有与其能够做的顺其自然的事情的多少成正比。”① 同样，孟德拉斯曾在《农民的终结》中写道：“较之工业的高速发展，乡村始终哺育着恬静美满、安全永恒的田园牧歌式的幻梦。”无论是诗人还是学者都在真切地传达着人生的真谛，而这也是乡村旅游的真谛。乡村旅游应该秉承一种价值至善和人文关怀的理念，同样应该是一种社会良心、社会责任和谋求福祉的行为，是“久在樊笼里，复得返自然”，是“各美其美，美人之美，美美与共，天下大同”②。以往对乡村旅游本质的研究并不深刻，并未从更为深层次的角度道出其实质。“乡村旅游是什么”这一元命题在中西方社会的意义是一致的。在西方，乡村

① 〔美〕亨利·大卫·梭罗：《瓦尔登湖》，王金玲译，重庆出版社，2010，第113页。

② 费孝通：《“美美与共”和人类文明》，载《费孝通九十新语》，重庆出版社，2005，第14~16页。

旅游是在工业化和现代化完成之后的一种对其理性反思的结果，工业化、城市化、理性化的过程也伴随着祛魅、世俗化、精神世界的枯竭、价值意义的丧失、人的主体性的消解等，“这已引发了一场特殊的、现代性的价值危机，或者说是社会联系纽带之有效性危机。充分缓解这种危机，需要创造（或突出）某种新的意义复合体（meaning complexes）或道德。宗教的衰落和社会内部制度性基础的蚀变，总会给个体和社会都带来不良影响，留下一片社会价值的真空”[①]。然而，乡村旅游恰好成为弥补这一价值真空领域的一剂良药，因此，乡村旅游的兴起与这种现代危机的出现有密切关联。而在中国，激进城市化话语权一路高歌，对大城市的极度热忱成为人们孜孜不倦的追求，中国的乡村旅游是在工业化未完成的过程中出现的。中西方乡村旅游出现的背景不同，一个是工业化完成之后的阶段，一个是工业化正紧张进行的阶段，虽然背景有所不同，但乡村旅游的宗旨具有一致性，即皆是对现代性的背离和对一种新生活方式的追寻。正如学者所说，“当地社会，尤其是当代都市社会的人们，面临各种各样的巨大压力，面临经济的、社会的、环境的和精神的四大危机，这些危机触发了人类灵魂深处的逃避主义本能，记忆中的田园牧歌开始产生魔力，这种怀旧情结成为今日乡村旅游发展的巨大推力，这在发达国家尤为明显”[②]。可以说，不论是西方还是中国，乡村旅游的出现皆是对现代危机和风险进行反思的结果，其本质是城市人对农村生活的向往和急于摆脱城市窒息环境的一种逃避主义或怀旧主义，是为了体验与他们日常生活和工作环境不一样的文化和生活方式，而这种文化和生活方式理应是根植于当地社区环境的一种他者文化。乡村旅游是农耕社会的产物，是农业文明中的精华部分，它所遵从的是基于地方场景性的多样化和异质性，是当地的文化支撑起了乡村旅游的内涵，游客到乡村旅游为的就是有丰富多样的文化价值体验，这是一条特殊的文化路子。

笔者认为现象学最能理解事情的本质，从存在主义的现象学入手，本

---

① 〔英〕迈克·费瑟斯通：《消费文化与后现代主义》，刘精明译，译林出版社，2000，第163页。

② 左晓斯：《可持续乡村旅游研究——基于社会建构论的视角》，社会科学文献出版社，2010，第1页。

书认为乡村旅游的本质并不是逃避、怀旧和体验，文化性和乡村性也并非其本质特性，而是当地人和旅游者基于共享规则和共识意义而形成的一种“主体间性的诗意化栖居”。一方面，就“主体间性”而言，这个词涉及两大行动主体，即作为主人的当地人和作为客人的旅游者，其中当地人及其文化是乡村旅游的最为关键的主体，而作为外来人的游客则成为一般性的主体。另一方面，就“诗意化栖居”而言，这涉及两者在沟通上达成的共识以及对自由的追求。海德格尔根据荷尔德林的歌词提出人存在的本质是“诗意地栖居在大地上”，杨振之对其有进一步的解释，他认为旅游的本质是人“诗意地栖居”，他从存在论和本体论的角度将“人”作为关键要素，并将其提升到一个突出的位置。他对旅游本质的认识就突破了之前的文化说、体验说、朝圣说、仪式说、帝国说和殖民说等，因为这些学说只是旅游的表象而非本质。他将“人”引入旅游研究中来，将旅游本质向前推进了很大一步。然而，他将“人”的概念仅仅定位于旅游者群体而忽视了其他群体，他从旅游者的视野出发，探讨了旅游者这一群体在异地他乡的诗意化栖居。这是一种较为狭义的处理法，从而使得他对旅游本质的认知受到了限制。旅游者在他乡的诗意化栖居离不开他乡这一特殊的环境，只有置身于这个真正的他乡环境中，旅游者才能真正体会到自身存在的价值和意义。从“人”的角度来思考他乡，真正的他乡环境是由当地人所构建出来的一种独特的环境，而人是大写的人，这是旅游者诗意化栖居的前提条件。只有自由和轻松地体验一种真正的异域感和异域环境，只有与当地人实现充分的和无阻碍的互动，旅游者才能达到在存在层面的诗意化和自我价值的实现。“主体间性”与“生活世界”是贯彻哈贝马斯理论学说始终的两个核心概念。他从主体间性理论来看待人与人之间的交往，对笔者具有重要的启发。他认为沟通行动是一种主体之间通过符号协调的互动，它以语言为媒介，通过对话达到人与人之间的相互理解和一致。他所说的沟通理论是在一个无障碍的平台上进行的，这是主体间性交往的类型，而由这种主体间性构建出来的世界就是他所说的生活世界。哈贝马斯认为生活世界是“交往行为者始终置身其中的境域，是言语者和听者相遇的先验场所，在其中，他们能够交互提出要求，以致他们的表达与世界相协调，在其中，他们能够批判和证实这些有效性要求，排除他们的不一致并取得认同”[①]。这就启发笔者从主体间性的角度来思考乡村旅游的本质问题，突破已有研究对“人”这一单个主体的狭隘化定义而上升到主体间性的角度。托夫勒提出“生产者即消费者”的论点具有浓厚的主体间性的意蕴，他认为“无论是自助运动，还是自己动手干活的趋势，还是新的生产技术，我们都发现消费者更紧密地卷入到生产过程之中。在这个世界中，生产者和消费者传统的区别消失了。‘外行人’变成了‘内行人’”[②]。托夫勒的言外之意是，在未来的世界中，无论是消费者还是生产者，两者在一定条件下是可以相互转换的，作为消费者的人也可以成为文化的生产者，“自己动手干活”的趋势将构建出一种特殊的生活世界，人的主观能动性发挥到了极致。他虽并未直接提出主体交往的概念，但他的理论同样将“人”从一个单个的主体位置摆到了“主体间”的位置。这与哈贝马斯如出一辙，只是后者更加通俗。

受益于这些理论的启发，笔者延续杨振之的“人”的研究视野，认为乡村旅游是“主体间性的诗意化栖居”。笔者将哈贝马斯的主体性概念进行了处理，将主体性概念区分为关键主体和一般主体。关键主体指的是当地人，只有当地人的存在，游客才能悠然地漫步其中并过一种短暂而又诗意化的生活。将人提到重要位置是将乡村旅游研究推向一种既重视文化又重视人的研究境地，文化与人不可分割，人的存在赋予文化以灵魂和生命力。当地人和所属的文化才是乡村旅游的本质和核心，缺少了这一关键主体，旅游者追求的即便是短暂的诗意化栖居也不可能实现。一般主体指的是作为外来者的游客，游客赋予地方传统以一种价值，游客需要在异地诗意化地栖居，这种栖居包含体验异样的文化生活和实现生命的价值等内蕴。作为真正的乡村旅游者，王欣认为他们将“自己生命的理想赋予了这环境，使其有了人文内涵和精神意义。人们看到的山川之雄浑，乡村之宁和，实际都有了人类精神的注入”[③]。人类精神的注入如同对“根”的“浇灌”，

---

① 艾四林：《哈贝马斯交往理论评析》，《清华大学学报》（哲学社会科学版）1995 年第 3 期。

② 〔美〕阿尔温·托夫勒：《第三次浪潮》，朱志焱、潘琪、张焱译，生活·读书·新知三联书店，1984，第 346 页。

③ 王欣、邹统钎：《非惯常环境下体验的意义》，《旅游学刊》2001 年第 7 期。

乡村旅游者将旅游地与自我实现的愿望勾连起来，给目的地一种新的价值和意义，实践一种真正的乡村生活。

分清了“主体”概念的类型和层次后，我们就可以进一步认为乡村旅游的本质是基于“主—主”之间关系而交互达成的一种自由的生活方式。建立在共享知识系统和平等沟通理念基础之上的共识和交流是在践行一种自由的选择权利。两者间的交流和沟通是建立在无障碍和信息对称的基础上的。由于拥有一套较为牢固的信任机制和沟通机制，“主—客”的关系模式就演变成“主—主”的主体间性的关系模式，主体间性可以看成是当地人对于文化的“维系社会生活”的意蕴和游客对于文化的“学习和自我实现”的意蕴的有效结合，并统归为这两大群体对“生存和发展”的诉求。总之，任何对“主体间性的诗意化栖居”的叛离，都将导致对乡村旅游本质理解的偏误。

（二）作为一种自由的诗意化栖居

乡村旅游的本质是“主体间性的诗意化栖居”，这是基于现象学存在主义视角而得出的一种判断。在此基础上，我们就能从一个更高的层面上来解读乡村旅游，那就是将诗意化的栖居视为一种自由的方式。乡村旅游是旅游者自由地行走在大地上，而不是列维－斯特劳斯所描绘的旅游给心理和身体带来负担。阿马蒂亚·森（Sen）认为“自由之所以重要，至少是出于两个原因。首先，更大的自由使我们有更多的机会去实现我们的目标，那些我们所珍视的事物。例如，它有助于提供我们按照自己的意愿生活的能力。自由的这个方面所关注的是我们实现我们所珍视的事物的能力，而不管实现的过程如何。其次，我们可以将注意力放在选择的过程上。例如，我们希望不因他人施加的限制而被迫处于某种状态”[①]。进而，他的自由概念也涵括相互尊重和协商之意，“自由在一个非常基本的层面上对我们的生活产生影响，它要求他人尊重这些人人都有的非常个性化的关注”[②]。同样，诗意化栖居也包含一种自由的选择，游客和当地人都应该通过乡村旅游而获得一种真正的

---

① 〔印度〕阿马蒂亚·森：《正义的理念》，王磊等译，中国人民大学出版社，2013，第212页。

② 〔印度〕阿马蒂亚·森：《正义的理念》，王磊等译，中国人民大学出版社，2013，第279页。

自由。旅游者自由的获得是通过与原有环境彻底决裂的方式来体现的，游客与原有环境决裂后进入新的环境仍具有选择入场和不入场、参与和非参与、体验哪一种文化类型的自由。同样，当地人的栖居生活也有一种选择的自由，当地人有选择自身文化如何变迁及变迁路径的自由权。

除了当地人和旅游者各自保留自身的自由权外，最重要的是，在互动中，两者的自由交往体现出乡村旅游的本质。游客跟当地人在友好、自由和平等的理念下开始的互动将会使得栖居生活更具有诗意化和持久性。“然而对于另外一些人来说，大自然虽是一种原生态的东西，但多少令人感到有些乏味，因为人无法和大自然对话，即便你刻意用镜头去捕捉自然，或组织营火晚会去干扰自然，它依然是没有反应的。另一种接近大自然内部的方法则是与‘大自然之子’——那些被曾经称为土著或原始族群的人——接触，他们被认为是本能地生活着的人，与这些人交往是可能的。他们的自然与纯净体现了大自然本身的一切基点，还有什么比与这些可爱的人同吃同住、共交谈更令人向往和振奋呢?”[①] 因此，乡村旅游的本质蕴含主体间性的交往，一种相互理解和包容的态度，一种对地方文化的多样性和差异性的尊重，一种对自由追求的崇高境界。

第二节　展望

一　乡村旅游与文明的进程

乡村旅游在工业文明形态下的发展必然导致其自身发展遭遇巨大的阻碍，工业社会有着整齐化、统一性和标准化的一套原则和系统，这与乡村旅游寻求多样化、体验性、参与性和文化性等多重目标是相悖的，这就是乡村旅游开发面临困境的根源。乡村旅游的核心是农耕社会长期积淀下来的精髓，是农业文明中的精华部分，是多样化和异质性的地方场景下的产物。当地传统和文化支撑起了乡村旅游的内涵，乡村旅游本身是对地方传

① 〔美〕纳尔逊·格雷本：《人类学与旅游时代》，赵红梅译，广西师范大学出版社，2009，第85页。

统文化的复活，是对地方性知识系统的价值认定。因此，当乡村旅游遇到工业社会时会产生一系列不适应，“发达工业社会的显著特征是它有效地窒息那些要求自由的需要，即要求从尚可忍受的、有好处和舒适的情况中摆脱出来的需要，同时它容忍和宽恕富裕社会的破坏力量和抑制功能”[①]。将乡村旅游作为维持温饱和利益获取的诱导方式，景观制造者们对部分文化持有者实践着“温柔的牵制”。在这人为的制度安排下，人与人之间的关系仍然是主与客之间的关系。西美尔提出“陌生人”的概念，游客成为他的一个理想例子。他认为“陌生人并不真的被认为是一些个体，而被认为是特殊的一类人”[②]。他将主客之间的关系视为一种陌生人的工具性关系，他们的互动是一种普遍性的、非个人层面上的一种互动。这是因为在工业文明下，主客关系还是一种客体关系，并不是一种主体间关系的真实写照。乡村生活的本质是人与自然的合一，传统乡村是人们的劳作之地和诗意栖居之所。而工业文明的生产方式使得乡村日益成为一个商品化的旅游消费空间，资本物化了文化，物化了人与自然的关系、人与人之间的关系及人与自身的关系。工业革命对“原生态”、“异质”、“原汁原味”等的强调，正是借助了乡村旅游多样化和异质性之“名”，而实践着对文化一致化和整齐化的“再语境化”的设置和安排之“实”，名为多元和异样，实质上是统一化和标准化。因此，在一定程度上，在工业文明安排下的乡村旅游的前景具有左晓斯所说的“悲剧性的命运”。

然而，只有当人们普遍认识到乡村旅游在工业文明下的困境之时，新的突破才会发生，这种突破必须发生在新的文明形态下。在旅行社大潮的席卷下，大量背包客和驴友的出现预示着新文明曙光的来临，这实际上是在对乡村旅游未来走向的“去悲观化”。这种新文明并不是对旧文明的完全取代，而是一种继承式的发展。生产力是社会发展的动力和基础，对于边远少数区域而言，发展经济也是一个十分急迫的任务，也是民族文化保护和传承的关键。因此，新文明即知识经济文明或后工业文明是承认工业文明的物质成就的，并且是在工业文明良好的基础上诞生出的文明类型。知识经济

① 〔美〕赫伯特·马尔库塞：《单向度的人》，刘继译，上海译文出版社，2008，第8页。

② 〔德〕西美尔：《金钱、性别、现代生活风格》，顾仁明译，学林出版社，2000。

文明因吸收了工业文明和农业文明良好和优秀的基因而更多地切合了乡村旅游的本质。总之，乡村旅游发展困境的突破理应是一种新型的文明形态，即以知识和信息为核心的知识经济文明或后工业文明。在乡村社会中寻求“诗意化栖居”的背包客、驴友、登山者等的涌现及对景观社会的反叛在很大程度上预示着未来文明的曙光，可以说，这并不是一种乌托邦。

知识经济文明下的乡村旅游，其核心要素——传统和地方文化——可以通过信息和知识有效表达出来。知识和信息也是一种文化，是一种现代的文化。知识经济社会是利用现代文化激活传统文化精髓，这是对传统文化的一种负责任的态度。这样，文化和经济发展之间的关系就得以实现最大限度的和谐。利用现代文化去激活传统文化，遵循的是文化主导经济的发展原则。在这个过程中，传统文化得到了知识和信息最大限度的激发而实现华丽的转型和发展。总之，文化并不必要通过过度商品化来取得经济效益，而是在对传统文化进行提升和转变的基础上实现经济利益、人文精神培育等多元目的。如费孝通所说，“采用乡土本色唤起城市和乡村的互动势在必行”[①]。保存乡土本色，不仅是费孝通所言的乡土社会真实的颜色，也是乡村不可替代的特色。作为旅游的特色区域，乡村地区至少具备了旅游的潜质和条件。保持乡村社会的底色和颜色、人及传统文化是关键。乡村社会是人寄托“乡愁”的场所，“‘乡愁’不是酸气的自作多情，而是对生命源头的眺望和对文化母体的挂念。说到底，是一个人对于归属感的渴望。我始终相信，有‘乡愁’在，香火就会旺盛，宗族就会繁衍，历史就能传承，后来之人，就不会是无根之木、断线风筝。有‘乡愁’在，那些漂泊的灵魂，回家时也不至于迷失方向”[②]。乡村旅游的核心要素是传统文化，而生活于其中的人是根本，因为他们才是文化的传承者。如果没有文化和人作为条件和基础，那么，这样的乡村旅游就不是真正意义上的乡村旅游。在新文明形态指导下的乡村旅游社会中，作为现代知识信息传递者的游客和作为本土地方性知识持有者的村民可以实现主体间的交往，在一定程度上，这也是在实现着传统文化与现代文化的交融和互惠。在这个新时代中，文化的

---

① 费孝通：《乡土中国　生育制度》，北京大学出版社，1998，第 6 ~ 10 页。

② 赵畅：《千城千面，才能留住“乡愁”》，《解放日报》2014 年 3 月 19 日。

逻辑成为主导社会发展的规则。总之，知识经济社会形态与乡村旅游的核心和本质更加具有契合性。

二　乡村旅游的未来走向

“不识庐山真面目，只缘身在此山中”，乡村社会的价值被乡村旅游激活，这是乡村建设和复兴的可行之路。然而，乡村旅游在实践中却遭受巨大的挫折，这需要进一步从学理上进行研究。将乡村旅游置于社会发展阶段中进行解读，我们就可以发现系统配置的问题是目前乡村旅游遭受诟病的关键因素，这也是已有研究值得拓展的空间。这种既破又立的思维方式，不仅可以知晓乡村旅游在工业文明中遭遇的系列困境，而且可以明晰乡村旅游在后工业社会或知识经济社会中潜在的生命力。工业社会模式化的生产方式与乡村旅游多元丰富的形态是不兼容的。一部分人依然沉醉在工业文明制造的幻境中，享受着工业文明带来的安逸、舒服和愉悦；一部分人则对其抱有侥幸的心态，认为工业文明中产生的危机是发展的必然代价，是可以通过发展而解决掉的。对于工业文明带来的危机，乡村旅游并不能在工业文明中进行修修补补，而是要在后工业社会中寻找另外的发展道路。后工业社会追寻多元、异质和丰富的意愿，追求一种生活而非一种生产，这在很大程度上与乡村旅游“主体间性的诗意化栖居”的本质是不谋而合的。后工业社会是知识和信息密集型社会，而乡村旅游早已不是劳动或资本密集型的旅游类型，而是一种传统和地方文化密集型的新旅游形式，利用新知识撬动和激活传统文化，将是传统文化激活和提升的重要方式。在后工业社会的框架中，乡村旅游中蕴含的人对自身自由、权利等的追求将会得到有效的表达。因此，如果将乡村旅游定位在后工业社会，用现代知识激活传统，其发展道路会比较乐观。

（一）“去市场化”逻辑

工业文明下的乡村旅游开发是将市场引入，让市场规则运行于整个乡村社会中。而市场运行的规则最终服务于资本的增值逻辑，市场将包括人在内的资源都商品化了，将神圣领域和私人领域的事项公开化，作为商品来出售。这是将文化进行物质化的处理，而遮蔽了文化的非物质的层面。

文化是以人为载体的，由人构成的是一个社会而非单纯的市场。“去市场化”与“市场化”的概念具有以下的区分：市场仅仅是提供交换的理性场所，它遵循的是平等、效率和理性的原则，而社会是人的情感体验之所，有独特的依附、正义和公平等价值诉求。资本和市场的逻辑是一种单纯的自利逻辑，而“去市场化”是自利和利他相结合的方式。“市场化”代表的是社会嵌入市场，社会为市场服务；而“去市场化”是市场嵌入社会，市场为社会服务。“市场化”涉及市场和交换价值的统摄性，而“去市场化”涉及让市场仅仅作为交换和提供方便的工具。总之，两对概念涉及情感和利益、资本和文化的关系问题，是谁服务于谁的问题。乡村旅游代表的更多的是情感交换关系，是基于自由和平等基础上的学习过程，当然也不排斥利益的追求。“为了息事宁人，不要新的旋律，让当地人永远安详地重复古老歌谣的做法，是不现实的，同时也是对当地人实现发展的可行能力的剥夺。”① 固守过去的做法会限制当地人共享经济发展成果，这是有违乡村旅游宗旨的。在知识经济时代，文化不应作为一种赠送品，而应是一种体验性的资源付费的产业。不过这样的产业排除了资本的主导作用，使文化主导资本，资本扮演的仅仅是一种交换的工具性角色。因此，乡村旅游更多的是基于情感的考量，是一种利他和自利平衡结合的方式。

（二）法则的多样化和包容性

工业文明践行的是一套同一化和标准化的法则，资本利用其自身的霸权，携同权力，寻找代理人，对村民和游客进行剥削和压榨。这样，在后者的强有力的支撑下，资本成为旅游社区的主导性力量，同时利用资本的权势，对旅游私人空间进行有效的干预和破坏。资本异化了文化，成为文化的主导者，文化则被推到次要位置，成为资本的服务者。

在知识经济社会文明下，乡村旅游集成了传统农耕社会的优良文化资源，保持了文化的厚重性和可传承性，使得文化在随时代变迁的过程中不断地进行创造性的改造，更好地服务于当地人。在拥有良好文化根基的社

① 马翀炜：《民族旅游的政治—经济分析》，《广西民族大学学报》（哲学社会科学版）2007年第6期。

区中，游客能找到良好的栖息之所，找到家园的感觉。但若是这样的文化传统固化，那是十分危险的，而这种现象在不合理的景观设计中比较常见。知识经济社会是建立在工业革命的基础上的，它排斥工业文明同一化和标准化的原则，寻求的是一种多样性和多元化的规则。后工业社会是让文化成为主导，资本退到其后，成为辅助文化的中介力量，这样，文化和经济便得到有效的整合和协作。文化不仅不会成为经济发展的阻碍，相反，会成为经济发展的有力支撑。

（三）产销合一

史密斯对乡村旅游的意义和本质进行了独到的解释，他认为，“现在我们又回到了 E 阶段，在此阶段我们会感到一种文化的震荡，我们继承我们的过去，好像继承一个已经死亡了的人的财产一样，因为我们不再是我们自己。我们已是一些全新的人，因为我们已经经历了一种生命的再创造。如果我们没有这种感觉，整个的旅游便失去了意义”[①]。这实际上就是游客在外经历的一种短暂的诗意化栖居的生活，是游客“地方之爱”的情感表达。而这种短暂的“生命再创造”、“诗意化栖居”和“地方之爱”是由当地人和游客共同建构的，体现的是一种主体间性的交往和互动。而在通过了乡村旅游“阈阀”阶段后，作为外来人的游客扮演起了当地人的角色，作为消费者的游客其实已经涌入了地方文化的生产中，游客和当地人的身份边界完全模糊，最终达到产销合一的境地。这并非一种对于文化的消费，而是在平等、尊重和共享基础上的一种新型的“主—主”关系的建构。最终，由消费者和生产者建构的新型结构在很大程度上制约了资本，将资本排挤出旅游核心之外，使其退守到的辅助性地位。

（四）去技术统治

工业社会是一个资金和技术密集型社会，因此，它需要对传统及文化进行物化处理才能得到利润最大化。“现代工业时代的时间安排还使得许多

---

① 〔美〕瓦伦·L. 史密斯：《东道主与游客——旅游人类学研究》，张晓萍、何昌邑等译，云南大学出版社，2007，绪论第 24 页。

的受农时安排的节日活动要屈从于旅游业的需要。这里更多表现出的是乙方受制于甲方，而不是‘客随主便’。这也就是产品的出售受制于现代时间空间安排或者‘档期’安排的结果。”① 规划先行，技术至上，这是工业社会对乡村旅游的一种控制形式。而后工业社会是一个知识和信息密集型社会，人们的知识在量和质上得到不断的增加，知识的增加能够降低不确定性带来的一种无序和混乱。后工业是去技术统治的，即在最大限度上尊重当地文化和当地人的意愿。“村庄里的族谱、祠堂、牌坊、民居、祖坟等与风俗、土地、村民成为村庄历史和生命的重要载体，建立在家园、家庭、家人基础上的乡土情结成为村庄的共同文化纽带。因此，村庄是有灵魂的，每个村庄都有自己独特的文化，每个村庄的过去、现在以及未来也是不同的。而族谱、祠堂、祖坟、古树、牌坊、石碑、石桥、村道等元素形成了村庄独有的历史记忆，承载着一代又一代留下的文化遗产，它们一旦被毁掉，就无法逆转，村庄就成了没有记忆和没有灵魂的村庄。因此，村庄的文化特色与自然环境优势一样，是稀缺资源，哪些应该加以发展，哪些应该得到保护，都必须进行严格区分，必须处理好保护与发展的关系，切切不可为了眼前利益杀鸡取卵。”② 村庄的生命力和灵魂需要当地的传统和文化，而传统又是以当地人为依托和根基的。因此，“不能再把他们视为人类学研究保护区类的原始宠物”③，当地人应该是自由的人，他们对文化的去留问题应该享有决定权。文化的传承和淘汰的规律应该更多地交给文化的主体——文化的持有人，因为是他们在使用文化、传承文化，每一种文化都是在历史长河中不断变更的。因此，只有当地人才能决定文化的去向。

（五）实托邦还是乌托邦

乡村旅游在工业文明形态下的发展必然导致其自身发展遭遇巨大的阻碍，作为上层建筑的乡村旅游和作为经济基础的工业经济在本质上是相冲

---

① 马翀炜：《民族旅游的政治—经济分析》，《广西民族大学学报》（哲学社会科学版）2007年第6期。

② 陈文胜：《论城镇化进程中的村庄发展》，《中国农村观察》2014年第3期。

③ 〔美〕瓦伦·L. 史密斯：《东道主与游客——旅游人类学研究》，张晓萍、何昌邑等译，云南大学出版社，2007，第240页。

突的，这就决定了乡村旅游的当前命运。

文化包括传统文化和现代文化，现代文化是在传统文化积淀的基础上对传统文化的进一步提升，用现代知识和信息更能有效地表达文化并让传统文化得到最大限度的发展。在知识经济时代下的乡村旅游，其核心文化要素可以通过信息和知识有效表达。这样，在保留传统文化精髓的基础上进一步提升传统文化，是对传统文化的一种负责任的态度，而不仅仅是将文化作为获取利润的工具。这样，文化和经济发展之间的关系就得以实现最大限度的和谐。在知识经济时代，作为消费者的游客，携带有大量的知识和信息，这是一种现代的知识，他们是现代知识的承载者。他们在乡村社区进行旅游，是在实现自身价值的最大化，即能够选择自己喜欢的事情而不受到干预，享有最大限度上的自由。利用现代知识去激活传统文化，遵循的是一种文化主义的路径，在这条路径中，知识和信息作为开发传统文化的手段，这样，传统文化也在不断地进步。这实际上是文化主导了发展，在这种社会形态下，文化并不必要通过过度商品化来取得经济效益。“采用乡土本色唤起城市和乡村的互动势在必行。”① 保持乡村社会本有的底色和颜色，这是乡村旅游可持续发展的关键。让游客和村民在这个社会中充分互动，形成良好的沟通渠道，作为现代知识、信息传递者的游客和作为本土地方性知识持有者的村民，实现着传统文化与现代文化的交融，使传统文化在深厚积淀的基础上得到传承和发展。在这个新时代中，文化主导社会发展，资本是为文化服务的。在这个社会中，作为生产者的当地人和作为消费者的游客，其身份的界限是模糊的，达到了产销合一的境界，市场也并不是主要的，“去市场化”成为一种新的趋势。自己动手，自己亲身体验，这就是真正的乡村旅游的内涵和核心。

乡村旅游的核心是传统文化，传统文化是旅游不可或缺的要素，传统文化是乡村旅游发展的基础和支撑，而生活于其中的人才是文化的真正传承者。“不少少数民族没有文字，没有精英文化，只有民间文化。他们现在的所在地往往就是他们原始的聚居地。他们全部的历史、文化与记忆都在他们世袭的村寨里。村寨就是他们的根。少数民族生活在他们的村寨里，

① 费孝通：《乡土中国 生育制度》，北京大学出版社，1998，第6~10页。

更生活在他们自己创造的文化里。如果他们传统的村寨瓦解了，文化消散了，这个民族也就名存实亡，不复存在……文化首先被它的拥有者热爱才会传承。① 如果没有文化和人作为条件和基础，这样的乡村旅游就不是真正意义上的乡村旅游。因为在资本横扫一切的语境下，资本的逻辑占据主导地位，排挤了文化自身运转的规律，使文化失去了内核，而只有形式而已，这是资本对文化的异化。在知识经济时代，以知识和信息的密集为主要特征，这是一种现代文化。这种文化以游客作为载体，与村民实现互动交流，产销合一的状态使得两者充分互动，共同维护传统文化的根基并借助现代科技手段促进文化的进步和发展。

① 冯骥才：《传统村落的困境与出路——兼谈传统村落是另一类文化遗产》，《民间文化论坛》2013 年第 1 期。

参考文献

一　中文文献

[1] 艾四林:《哈贝马斯交往理论评析》,《清华大学学报》(哲学社会科学版) 1995 年第 3 期。

[2] 白鸽:《旅游开发对乡土传统文化的结构和解构——以柳林县三交镇黄河风情游为例》,《理论前沿》2014 年第 2 期。

[3] 保继刚、苏晓波:《历史城镇的旅游商业化研究》,《地理学报》2004 年第 3 期。

[4] 保继刚等:《旅游学纵横——学界五人对话录》,旅游教育出版社,2013。

[5] 陈丽坤:《离析现代化与旅游对民族社区的文化影响——西双版纳三个傣寨的比较研究》,《旅游学刊》2011 年第 11 期。

[6] 陈勤建:《文化旅游:摈弃伪民俗,开掘真民俗》,《民俗研究》2002 年第 2 期。

[7] 陈向明:《质的研究方法与社会科学研究》,教育科学出版社,2000。

[8] 成海、刘静佳:《传统的发明与伪民俗的反思》,《旅游纵览月刊》2013 年第 4 期。

[9] 邓正来:《"生存性智慧"与中国发展研究论纲》,《中国农业大学学报》(社会科学版) 2010 年第 4 期。

[10] 费孝通:《"美美与共"和人类文明》,载《费孝通九十新语》,重庆出版社,2005。

[11] 费孝通:《乡土中国　生育制度》,北京大学出版社,1998。

[12] 何景明:《国外乡村旅游研究述评》,《旅游学刊》2003 年第 1 期。
[13] 何兰萍:《大众旅游的社会学批判》,《社会》2002 年第 10 期。
[14] 贺雪峰:《论乡村治理内卷化——以河南省 K 镇调查为例》,《开放时代》2011 年第 2 期。
[15] 胡海霞:《凝视,还是对话?——对游客凝视理论的反思》,《旅游学刊》2010 年第 10 期。
[16] 黄洁:《从“乡土情结”角度谈乡村旅游开发》,《思想战线》2003 年第 5 期。
[17] 姜辽、苏勤、杜宗斌:《21 世纪以来旅游社会文化影响研究的回顾与反思》,《旅游学刊》2013 年第 12 期。
[18] 亢雄:《“旅游幸福”何以可能》,《华中科技大学学报》(社会科学版)2013 年第 1 期。
[19] 李洁:《重返生产的核心——基于劳动过程理论的发展脉络阅读〈生产政治〉》,《社会学研究》2005 年第 5 期。
[20] 李培林:《村落的终结》,商务印书馆,2004。
[21] 李培林:《村落终结的社会逻辑——羊城村的故事》,《江苏社会科学》2004 年第 1 期。
[22] 林德荣、郭晓琳:《时空压缩与致敬传统:后现代旅游消费行为特征》,《中国旅游发展笔谈》2014 年第 7 期。
[23] 林语堂:《人生盛宴》,湖南文艺出版社,2002。
[24] 刘晓春:《民俗旅游的意识形态》,《旅游学刊》2002 年第 1 期。
[25] 卢晖临、李雪:《如何走出个案——从个案研究到扩展个案研究》,《中国社会科学》2007 年第 1 期。
[26] 路幸福、陆林:《国外旅游人类学研究回顾与展望》,《安徽师范大学学报》(人文社会科学版)2007 年第 1 期。
[27] 马波:《对“新旅游者”的感知与相关思考》,《旅游学刊》2014 年第 8 期。
[28] 马翀炜、陈庆德:《民族文化资本化》,人民出版社,2004。
[29] 马炜、张帆:《想象的真实与真实的商品——经济人类学视野中的现代旅游》,《思想战线》2004 年第 4 期。

[30] 欧阳静：《策略主义与维控型政权——官僚化与乡土性之间的乡镇》，博士学位论文，华中科技大学，2010。
[31] 彭兆荣：《旅游人类学》，民族出版社，2004。
[32] 彭兆荣：《旅游人类学视角下的“乡村旅游”》，《广西师范大学学报》2005 年第 7 期。
[33] 彭兆荣：《现代旅游景观中的“互视结构”》，《广东社会科学》2012 年第 5 期。
[34] 钱钟书：《钱钟书集：写在人生边上・人生边上的边上・石语》，生活・读书・新知三联书店，2002。
[35] 邱建生：《在地化知识与平民教育的使命》，《中国图书评论》2014 年第 6 期。
[36] 屈锡华等：《旅游活动：社会疏离缓解的新视角》，《西南民族大学学报》（社会科学版）2007 年第 2 期。
[37] 世界旅游组织编《旅游业可持续发展——地方旅游规划指南》，旅游教育出版社，1997。
[38] 孙九霞：《旅游发展与边疆的去边缘化》，《中南民族大学学报》（人文社会科学版）2011 年第 2 期。
[39] 孙九霞：《社区参与旅游对民族传统文化保护的正效应》，《广西民族学院学报》（哲学社会科学版）2005 年第 4 期。
[40] 孙九霞、陈浩：《旅游对目的地社区族群认同的影响——以三亚回族为例》，《地理研究》2012 年第 4 期。
[41] 孙九霞、马涛：《旅游发展中族群文化的“再地方化”与“去地方化”——以丽江纳西族义尚社区为例》，《广西民族大学学报》（哲学社会科学版）2012 年第 4 期。
[42] 孙立平：《“过程—事件分析”与对当代中国国家—农村关系的实践形态》，载清华大学社会学系编《清华社会学评论》（特辑），鹭江出版社，2000。
[43] 孙立平：《守卫社会生活的底线》，载孙立平《守卫底线》，社会科学文献出版社，2007。
[44] 唐雪琼、钱俊希：《旅游影响下少数民族节日的文化适应与重构——

基于哈尼族长街宴演变的分析》，《地理研究》2011 年第 5 期。
[45] 王洪光、郑夏、郑克岭：《主体间性：女性人文贫困问题的理性反思》，《大庆师范学院学报》2014 年第 4 期。
[46] 王宁：《旅游、现代性与“好恶交织”》，《社会学研究》1999 年第 6 期。
[47] 王士荣、刘成才：《消费社会意识形态控制与自我殖民——居伊·德波景观社会理论及其批判性》，《江西科技师范大学学报》2012 年第 1 期。
[48] 王晓东：《生存论视域中主体间性理论及其理论误区——一种对主体间类存在关系的哲学人类学反思》，《人文杂志》2003 年第 1 期。
[49] 王欣、邹统钎：《非惯常环境下体验的意义》，《旅游学刊》2001 年第 7 期。
[50] 王昭风：《景观社会的文化——一种否定的文化或文化的否定》，《山东社会科学》2006 年第 1 期。
[51] 吴必虎：《区域旅游规划原理》，中国旅游出版社，2001。
[52] 吴飞：《过日子》，《社会学研究》2007 年第 6 期。
[53] 吴茂英：《旅游凝视：评述与展望》，《旅游学刊》2012 年第 3 期。
[54] 吴育标、冯国荣：《夏银村千户苗寨研究》，人民出版社，2014。
[55] 萧楼：《夏村社会——中国“江南”农村的日常生活和社会结构（1976—2006）》，生活·读书·新知三联书店，2010。
[56] 肖佑兴、明庆忠、李松志：《论乡村旅游的概念和类型》，《旅游科学》2001 年第 3 期。
[57] 谢彦君：《基础旅游学》（第 2 版），中国旅游出版社，2004。
[58] 熊剑峰：《怀旧旅游解析》，《旅游科学》2012 年第 5 期。
[59] 徐赣丽：《民俗旅游的表演化倾向及其影响》，《民俗研究》2006 年第 3 期。
[60] 徐海敏：《从“景观”到“景观社会”：国内外研究现状述评》，《廊坊师范学院学报》（社会科学版）2009 年第 5 期。
[61] 许烺光：《祖荫下：中国乡村的亲属·人格与社会流动》，王芃、徐隆德译，南天书局，2011。

[62] 阳宁东、杨振之：《第三空间：旅游凝视下文化表演的意义重解——以九寨沟藏羌歌舞表演〈高原红〉为例》，《四川师范大学学报》（社会科学版）2014 年第 1 期。

[63] 杨慧、凌文锋、段平：《“驻客”：“游客”“东道主”之间的类中介人群——丽江大研、束河、大理沙溪旅游人类学考察》，《广西民族大学学报》（哲学社会科学版）2012 年第 5 期。

[64] 杨丽娟：《导游：旅游人类学的缺场》，《思想战线》2011 年第 5 期。

[65] 杨丽娟：《西学东渐之后：旅游人类学在中国》，《思想战线》2014 年第 1 期。

[66] 杨明华：《乡村旅游城乡互动与区隔》，《贵州社会科学》2014 年第 5 期。

[67] 杨振之：《论旅游的本质》，《旅游学刊》2014 年第 3 期。

[68] 叶敬忠、孙睿昕：《发展主义研究评述》，《中国农业大学学报》（社会科学版）2012 年第 2 期。

[69] 翟艳春：《旅游景观的文本化与神圣化——符号学与社会学的双重视野》，《昆明理工大学学报》（社会科学版）2011 年第 11 期。

[70] 张敦福：《当游玩变成一种消费机器——中国消费社会形式变迁的旅游人类学研究》，《广西民族大学学报》（哲学社会科学版）2007 年第 1 期。

[71] 张建萍：《生态旅游——理论与实践》，中国旅游出版社，2004。

[72] 张瑾：《民族旅游语境中的地方性知识与红瑶妇女生计变迁——以广西龙胜县黄洛瑶寨为例》，《旅游学刊》2011 年第 8 期。

[73] 张廷国：《现象学不是什么是什么》，《江海学刊》2009 年第 5 期。

[74] 张晓萍等：《民族旅游的人类学透视》，云南大学出版社，2005。

[75] 张玉林：《当今中国的城市信仰与乡村治理》，《社会科学》2013 年第 10 期。

[76] 张载：《张载集》，中华书局，1978。

[77] 赵畅：《千城千面，才能留住“乡愁”》，《解放日报》2014 年 3 月 19 日。

[78] 赵红梅、董培海：《回望“真实性”（authenticity）（下）——一个旅

游研究的热点》,《旅游学刊》2012 年第 5 期。
[79] 赵红梅、李庆雷:《旅游情境下的景观“制造”与地方认同》,《广西民族大学学报》(哲学社会科学版)2011 年第 3 期。
[80] 赵刘、周武忠:《旅游景观的嬗变与视觉范式的转向》,《旅游学刊》2011 年第 8 期。
[81] 赵旭东:《人类学视野下的权力与文化表达——关于非暴力支配的一些表现形式》,《民族学刊》2010 年第 1 期。
[82] 郑向春:《景观意识:“内”“外”眼光的聚焦与融合——以云南迪庆州茨中村的葡萄园与葡萄酒酿制为例》,《青海民族研究》2011 年第 2 期。
[83] 中共中央马克思恩格斯列宁斯大林著作编译局编《马克思 恩格斯共产党宣言》(第 1 卷),人民出版社,1972。
[84] 周春发:《旅游、现代性有社区变迁——以徽村为例》,社会科学文献出版社,2012。
[85] 周大鸣:《人类学与民族旅游:中国的实践》,《旅游学刊》2014 年第 2 期。
[86] 周雷、杨慧:《“凝视”中国旅游:泛政治化的视觉经验》,《思想战线》2008 年第 S2 期。
[87] 周尚意:《人文主义地理学家眼中的地方》,《旅游学刊》2013 年第 4 期。
[88] 周宪:《现代性与视觉文化中的旅游凝视》,《天津社会科学》2008 年第 1 期。
[89] 庄雅仲:《五饼二鱼:社区运动与都市生活》,《社会学研究》2005 年第 2 期。
[90] 宗晓莲:《旅游地空间商品化的形式与影响研究——以云南省丽江古城为例》,《旅游学刊》2005 年第 4 期。
[91] 宗晓莲:《旅游开发与文化变迁——以云南丽江县纳西族文化为例》,中国旅游出版社,2006。
[92] 宗晓莲:《旅游人类学与旅游的社会文化变迁研究》,《旅游学刊》2013 年第 11 期。

[93] 左晓斯：《可持续乡村旅游研究——基于社会建构论的视角》，社会科学文献出版社，2010。

[94] 左晓斯：《现代性、后现代性与乡村旅游》，《广东社会科学》2005 年第 1 期。

[95]〔德〕海德格尔：《海德格尔谈诗意地栖居》，丹明子主编，工人出版社，2011。

[96]〔德〕黑格尔：《法哲学原理》，范扬等译，商务印书馆，1982。

[97]〔德〕卡尔·雅斯贝斯：《时代的精神状况》，王德峰译，上海译文出版社，1997。

[98]〔德〕马克思：《马克思恩格斯全集》（第 31 卷），人民出版社，1998。

[99]〔德〕马克思：《马克思恩格斯选集》（第 2 卷），人民出版社，1995。

[100]〔德〕马克思：《资本论》（第 1 卷），人民出版社，2004。

[101]〔德〕西美尔：《金钱、性别、现代生活风格》，顾仁明译，学林出版社，2000。

[102]〔法〕布迪厄：《实践与反思——反思社会学导论》，李猛等译，中央编译出版社，1998。

[103]〔法〕布希亚：《消费社会》，刘成富等译，上海人民出版社，2001。

[104]〔法〕古斯塔夫·勒庞：《乌合之众——大众心理研究》，戴光年译，中央编译出版社，2011。

[105]〔法〕居伊·德波：《景观社会》，王昭风译，南京大学出版社，2006。

[106]〔法〕列维-斯特劳斯：《忧郁的热带》，王志明译，生活·读书·新知三联书店，2000。

[107]〔法〕米歇尔·福柯：《规训与惩罚》，刘北成、杨远婴译，生活·读书·新知三联书店，1997。

[108]〔法〕米歇尔·福柯：《权力的眼睛——福柯访谈录》，严锋译，上海人民出版社，1997。

[109]〔美〕Dean MacCannell：《旅游者——休闲阶层新论》，张晓萍等译，广西师范大学出版社，2008。

[110]〔美〕阿尔温·托夫勒：《第三次浪潮》，朱志焱、潘琪、张焱译，生活·读书·新知三联书店，1984。

[111]〔美〕道格拉斯·凯尔纳编《波德里亚：批判性的读本》，陈维振、陈明达、王峰译，江苏人民出版社，2005。

[112]〔美〕道格拉斯·诺思：《理解经济变迁过程》，钟正生等译，中国人民大学出版社，2013。

[113]〔美〕格林伍德：《文化能用金钱来衡量吗？——从人类学的角度探讨旅游作为文化商品化问题》，载〔美〕瓦伦·L. 史密斯《东道主与游客——旅游人类学研究》，张晓萍、何昌邑等译，云南大学出版社，2007。

[114]〔美〕赫伯特·马尔库塞：《单向度的人》，刘继译，上海译文出版社，2008。

[115]〔美〕亨利·大卫·梭罗：《瓦尔登湖》，王金玲译，重庆出版社，2010。

[116]〔美〕克利福德·格尔兹：《文化的解释》，纳日碧力戈译，上海人民出版社，1999。

[117]〔美〕路易莎：《少数的法则》，校真译，贵州大学出版社，2009。

[118]〔美〕迈克尔·布若威：《制造同意》，李荣荣译，商务印书馆，2008。

[119]〔美〕纳尔逊·格雷本：《今日东南亚的旅游与人类学：几点比较》，载杨慧等主编《旅游、人类学与中国社会》，云南大学出版社，2001。

[120]〔美〕纳尔逊·格雷本：《人类学与旅游时代》，赵红梅译，广西师范大学出版社，2009。

[121]〔美〕纳什：《作为一种帝国主义形式的旅游》，载〔美〕瓦伦·L. 史密斯《东道主与游客——旅游人类学研究》，张晓萍、何昌邑等译，云南大学出版社，2007。

[122]〔美〕欧廷木：《谁的屯堡文化——屯堡的文化经济学》，载 Tim Oakes、吴晓萍主编《屯堡重塑——贵州省的文化旅游与社会变迁》，贵州民族出版社，2007。

[123]〔美〕乔治·里茨尔：《社会的麦当劳化》，顾建光译，上海译文出版社，1999。

[124]〔美〕瓦伦·L. 史密斯《东道主与游客——旅游人类学研究》，张晓萍、何昌邑等译，云南大学出版社，2007。

[125]〔美〕威廉·瑟厄波德主编《全球旅游新论》，张广瑞译，旅游教育

出版社，2001。

[126]〔美〕约瑟夫·派恩、詹姆斯·H. 吉尔摩：《体验经济》，夏业良等译，机械工业出版社，2008。

[127]〔美〕詹姆斯·C. 斯科特：《农民的道义经济学——东南亚的反叛与生存》，程立显、刘建译，译林出版社，2001。

[128]〔日〕河合洋尚：《景观人类学视角下的客家建筑与文化遗产保护》，《学术研究》2013 年第 4 期。

[129]〔匈〕卢卡奇：《历史与阶级意识》，杜章智等译，商务印书馆，2012。

[130]〔以色列〕埃里克·科恩：《旅游社会学纵论》，巫宁、马聪玲、陈立平译，南开大学出版社，2007。

[131]〔印度〕阿马蒂亚·森：《正义的理念》，王磊等译，中国人民大学出版社，2013。

[132]〔英〕E. 霍布斯鲍姆、T. 兰杰编《传统的发明》，顾杭、庞冠群译，译林出版社，2008。

[133]〔英〕丹尼斯·史密斯：《历史社会学的兴起》，周辉荣等译，上海人民出版社，2000。

[134]〔英〕蒂姆·克雷斯韦尔：《地方：记忆、想象与认同》，徐苔玲、王志弘译，群学出版有限公司，2006。

[135]〔英〕迈克·费瑟斯通：《消费文化与后现代主义》，刘精明译，译林出版社，2000。

[136]〔英〕麦琪·罗、韩锋、徐青：《〈欧洲风景公约〉：关于“文化景观”的一场思想革命》，《中国园林》2007 年第 11 期。

[137]〔英〕斯科特·拉什、约翰·厄里：《符号经济与空间经济》，周宪等译，商务印书馆，2006。

二 外文文献

[138] Amoamo M.，“Tourism and Hybridity: Revisiting Bhabha’s Third Space,” *Annals of Tourism Research*, 2011, 38 (4): 1254 - 1273.

[139] Arie Reichel, Oded Lowengart, & Ady Milman, “Rural Tourism in Israel: Service Quality and Orientation,” *Tourism Management*, 2000

(21): 237 -248.

[140] Bauman, *Postmodern Ethics* (London: Routledge, 1993).

[141] Bender B. , *Landscape: Politics and Perspective* (Oxford: Oxford University Press, 1992).

[142] Bernard Lane, "Sustainable Rural Tourism Strategies: A Tool for Development and Conservation," *The Journal of Sustainable Tourism*, 1994, 1 (1): 17 -18.

[143] Bill Bramwell & Bernard Lane, *Rural Tourism and Sustainable Rural Development* (UK: Channel View Publications, 1994).

[144] Boorstin D. , *The Image: A Guide to Pseudo-Events in America* (New York: Atheneum, 1964).

[145] Bruner E. M. , "Transformation of Self in Tourism," *Annals of Tourism Research*, 1990, 18 (2): 240 -241.

[146] Clare J. A. Mitchell, "Entrepreneurialism, Commodification and Creative Destruction: A Model of Post-modern Community Development," *Journal of Rural Studies*, 1998, 14 (3): 278.

[147] Cloke P. , *Policy and Change in Thatcher's Britain* (Oxford: Pergamon Press, 1992).

[148] Cohen S. & L. Taylor, *Escape Attempts: The Theory and Practice of Resistance in Everyday Life* (London: Routledge, 1992).

[149] Cohen, "Authenticity and Commoditization in Tourism," *Annals of Tourism Research*, 1988 (5): 382.

[150] Dann, *The Language of Tourism: A Sociolinguistic Perspective* (Wallingford: CBA Internation, 1996).

[151] Daugstad K. , "Negotiating Landscape in Rural Tourism," *Annals of Tourism Research*, 2008, 35 (2): 405.

[152] D. Ronald & C. Arnett, *Communication and Community*, *Implications of Martin Buber's Dialogu* (Carbondale: Southern Illinois University Press, 1986).

[153] Erik Cohen & Scott A. Cohen, "Authentication: Hot and Cool," *Annals*

of Tourism Research, 2012, 39 (3): 1299.

[154] Erik Cohen, "A Phenomenology of Tourist Experiences," *Sociology*, 1979, 13 (2).

[155] Erik Cohen, "Authenticity and Commoditization in Tourism," *Annals of Tourism Research*, 1998 (15): 383.

[156] Esman M. R. , "Tourism as Ethnic Preservation: The Cajuns of Louisiana," *Annals of Tourism Research*, 1984, 11 (3): 451 -467.

[157] Gillespie A. , "Tourist Photography and the Reverse Gaze," *Ethos*, 2006, 34 (3): 343 -366.

[158] Graburn, Nelson H. H. , ed. , "Anthropology of Tourism," *Annals of Tourism Research*, 1983, 10 (1): 1 -189.

[159] Graburn, "Tourism, Modernity and Nostalgia", in Akbar Ahmmed & Cris Shore, eds. , *The Future of Anthropology: Its Relevance to the Countm Porary World* (London: Athlone Press, 1995), pp. 158 -178.

[160] Harvey David, *The Urbanization of Capital* (Oxford: Blasil Blackwell Ltd, 1985).

[161] Henri Lefebver, *The Production of Space*, trans. by Donald Nichiolson-Smith (Oxford & Gambridge USA: Blackwell Press, 1991).

[162] Henri Lefebvre, *The Survival of Capitalism* (London: Allison & Busby, 1976).

[163] Hirsch E. , *The Anthropology of Landscape: Perspective on Place and Space* (Oxford: Oxford University Press, 1995).

[164] Huang, Wall & Mitchell, "Creative Destruction: Zhu Jia Qiao, China," *Annals of Tourism Research*, 2007, 34 (4): 103.

[165] Joan D. Laxson, "How 'We' See 'Them' Tourism and Native Americans," *Annals of Tourism Research*, 1991 (18): 65 -91.

[166] John A. Wiens, "What is Landscape Ecology, Really?" *Landscape Ecology*, 1992, 7 (3): 150.

[167] Jurgen Habermas, *The Theory of Communication Action* (Boston: Beacon Press, 1984).

[168] Karoline Daugstad & Christoph Kirchengast, "Authenticity and the Pseudo-backstage of Agri-touriam," *Annals of Tourism Research*, 2013 (43): 173 - 188.

[169] Lane R. & Waitt G., "Inalienable Places: Self-drive Tourists in Northwest Australia," *Annals of Tourism Research*, 2007, 34 (1): 105 - 121.

[170] MacCannell D., "Staged Authenticity: Arrangement of Social Space in Tourist Settings," *American Journal of Sociology*, 1973, 79 (3): 589 - 603.

[171] Maoz, D., "The Mutual Gaze," *Annals of Tourism Research*, 2005 (33): 221 - 239.

[172] Mary Ann Lithell, "What Makes a Craft Souvenir Authentic?" *Annals of Tourism Research*, 1993 (20): 199.

[173] Mitchell C. J. A. & de Waal S. B., "Revisiting the Model of Creative Destruction: St. Jacobs, Ontario, a Decade Later," *Journal of Rural Studies*, 2009, 25 (1): 156 - 167.

[174] Moufakkir O., "The Role of Cultural Distance Inmediating the Host Gaze," *Tourist Studies*, 2011, 11 (1): 73 - 89.

[175] Nunez T., "Touristic Studies in Anthropological Perspective," in V. L. Smith, ed., *Host and Guests: The Anthropology of Tourism* (Philadelphia: University of Pennsylvania Press, 1989), pp. 265 - 280.

[176] Nunez T. A., "Tourism, Tradition and Acculturation: Weekendismo in a Mexican Village," *Ethnology*, 1963, 12 (3): 347 - 352.

[177] Pedford J., "Seeing is Believing: The Role of Living History in Marketing Local Heritage," in T. Brewer, ed., *The Marketing of Tradition* (Enfield Lock: Hisarlink Press, 1996).

[178] Per A. Ke Nilsson, "Staying on Farms an Ideological Background," *Annals of Tourism Research*, 2002, 29 (1): 19.

[179] Pitchford S. R., "Ethnic Tourism and Nationalism in Wales," *Annals of Tourism Research*, 1995, 22 (1): 35 - 52.

[180] Raymond W. K. Lau, "Revisiting Authenticity: A Social Realist Approa-

ch," *Annals of Tourism Research*, 2010, 37 (2): 497.

[181] Rickly-Boyd J. M. , "Through the Magic of Authentic Reproduction: Tourists' Perceptions of Authenticity in a Pioneer Village," *Journal of Heritage Tourism*, 2012, 7 (2): 127 - 144.

[182] George Ritzer, *The McDonaldization of Society* (California: Pine Forge Press, 2000).

[183] Rojek C. , *Ways of Escape: Modern Transformations in Leisure and Travel* (London: Macmillan, 1993).

[184] Simmel G. , "The stranger," in K. H. Wolf, ed. , *The Sociology of G. Simmel* (New York: Free Press, 1950), pp. 402 - 408.

[185] Smith V. , *Hostsand Guests: The Anthropology of Tourism* (Philadelphia: University of Pennsylvania Press, 1989).

[186] Steiner C. & Reisinger Y. , "Understanding Existential Authenticity," *Annals of Tourism Research*, 2006, 33 (2): 299 - 318.

[187] Tuan Yi-Fu, *Segregated Worlds and Self: Group Life and Individual Consciousness* (Minneapolis: University of Minnesota Press, 1982).

[188] Turner, L. & J. Ash, *The Golden Hordes: International Tourism and the Pleasure Periphery* (New York: St. Martins' Press, 1976).

[189] Urry John, *The Tourist Gaze: Leisure and Travel in Contemporary Societies* (London: Sage, 1990).

[190] Zeppel, H. , "Selling the Dreamtime: Aboriginal Culture in Australian Tourism," in D. Rowe & G. Lawrence, eds. , *Tourism, Leisure, Sport: Critical Perspectives* (Rydalmere: Hodder Education, 1998).

后 记

本书是在我博士学位论文的基础上修改而成的。撰写博士学位论文的艰辛，我想大概是所有博士毕业的人都会拥有的一段经历，从选题、调查和文本的撰写，哪一步不是经过了心力交瘁的思考和磨炼？

开展对乡村旅游的研究是老师交给我的命题作文。如何写好这一篇论文，成为我博士阶段的一种焦虑。在田野调查结束后，我的问题意识并不十分清楚。一方面，我极度缺乏乡村旅游的学科知识沉淀；另一方面，在我的认知世界中，旅游就是玩耍，似乎并不构成一个十分重要而又严肃的学术性命题。在查阅文献阶段，面对浩瀚的资料，研究的突破口似乎对我关闭。好长一段时间，我一直迷思于文献之中而无力自拔。为了尽快走出这种文本上的迷茫，我曾多次向老师表示需要尽早下田野找回我的研究问题。但老师“没有文献积累，下去做调查是白做”的斩钉截铁的话语让我暂时打消了这个念头，我只好重新回到文献中，进行刻苦研读。利用过春节返乡的机会，借助朋友的力量，我十分顺利地找到了一个较好的研究点。经验的质感让我模模糊糊地觉得这个村子可以调查出一些东西来，于是我便扎根于此。在田野调查期间，有孤寂也有失落，有失望也有希望，总之是五味杂陈，一起袭来。毕业近三年，本书才成型，甚是惭愧。

首先要感谢的是我的博士老师。多亏了老师的点拨和启发，才让我迅速地转换到一个全新的研究领域，才让我对这个新的研究领域有了一定程度的理解。老师常说的一个字是“悟”，这个字也一直深深埋藏在我心里，并成为我在工作中的座右铭。

其次要感谢的是贺雪峰老师。贺老师对我求学和就业影响甚大。从硕士阶段开始，贺老师就成为我学术道路上的指明灯，让我懂得如何“勤能补拙”和“心想事必成”。贺老师自身对于学术的执着追求和浓烈的家国情怀也一直鼓舞着我。感谢贺老师组建的这个十分优秀而又充满战斗力的团队，让我们可以沐浴其中，吸收精华。

再次要感谢学院所有的老师和同学，感谢 2012 级所有同仁。我们班女生较多，但大家相处十分和睦，就像是一个大家庭，从不为小事而争吵。我们有一个微信群，在群里，我们不仅可以畅聊学术、海谈人生，还经常在群里呼叫一起吃饭。此外，在闲暇，我们还三三两两地约着一起爬百望山，站在山顶，缅怀杨门女将的战斗英姿，畅想未来的美好人生。三年期间建立的深厚情感不会因毕业后天各一方而变淡。感谢团队中的每一个人对我的帮助和关心。

当我要打上这篇后记的最后一个标点的时候，我体会到了一种“完成”的快乐！然而，遗憾的是，本书仍有许多不足，祈望各位专家和读者斧正，不胜感激！

谢小芹

2018 年 2 月 26 日

图书在版编目（CIP）数据

制造景观：基于黔东南乡村旅游实践的叙事 / 谢小芹著. -- 北京：社会科学文献出版社，2018.4
（光华公管论丛）
ISBN 978-7-5201-2059-3

Ⅰ.①制… Ⅱ.①谢… Ⅲ.①乡村旅游-旅游业发展-研究-黔东南苗族侗族自治州 Ⅳ.①F592.773.2

中国版本图书馆 CIP 数据核字（2017）第 325659 号

光华公管论丛
制造景观
——基于黔东南乡村旅游实践的叙事

著　　者 / 谢小芹

出 版 人 / 谢寿光
项目统筹 / 刘　荣
责任编辑 / 刘　荣　孙智敏

出　　版 / 社会科学文献出版社 · 独立编辑工作室（010）59367011
地址：北京市北三环中路甲 29 号院华龙大厦　邮编：100029
网址：www.ssap.com.cn
发　　行 / 市场营销中心（010）59367081　59367018
印　　装 / 三河市尚艺印装有限公司

规　　格 / 开　本：787mm × 1092mm　1/16
印　张：17.25　字　数：270 千字
版　　次 / 2018 年 4 月第 1 版　2018 年 4 月第 1 次印刷
书　　号 / ISBN 978-7-5201-2059-3
定　　价 / 98.00 元

本书如有印装质量问题，请与读者服务中心（010-59367028）联系